U0925721

2014 全球浙商发展报告：国际化发展的浙商

2014
Development Report of
Global Zhejiang Entrepreneur:
Inernationalization

吴晓波 陈 凌 李建华 等 / 著

图书在版编目（CIP）数据

2014 全球浙商发展报告：国际化发展的浙商／吴晓波等著.
—杭州：浙江大学出版社，2014.12
ISBN 978-7-308-14062-1

Ⅰ.①2… Ⅱ.①吴… Ⅲ.①企业发展—国际化—研究报告
—浙江省—2014 Ⅳ.①F279.275.5

中国版本图书馆 CIP 数据核字（2014）第 265473 号

2014 全球浙商发展报告：国际化发展的浙商

吴晓波　陈　凌　李建华　等著

责任编辑　樊晓燕(fxy@zju.edu.cn)
封面设计　续设计
出版发行　浙江大学出版社
（杭州市天目山路 148 号　邮政编码 310007）
（网址：http://www.zjupress.com）
排　　版　杭州中大图文设计有限公司
印　　刷　杭州日报报业集团盛元印务有限公司
开　　本　710mm×1000mm　1/16
印　　张　14.75
字　　数　257 千
版 印 次　2014 年 12 月第 1 版　2014 年 12 月第 1 次印刷
书　　号　ISBN 978-7-308-14062-1
定　　价　42.00 元

浙江大学出版社发行部联系方式：0571—88925591；http://zjdxcbs.tmall.com

总序一

改革开放30多年来，中国的民营企业取得了长足进步，已成为推动国民经济发展和社会进步的重要力量。随着市场化进程的不断深入，民营经济对整个国民经济的贡献将会逐步增强。党的十五大，特别是十六大以来，中央提出了一系列促进非公有制经济发展的方针政策，民营经济发展的外部环境日益改善。宪法修正案对保护私有财产法律制度的完善，"非公经济36条"和"新36条"的相继出台，为民营经济的发展提供了更加可靠的制度保障，也为民营经济的明天注入了更多的信心。

由于地理位置、气候条件、资源禀赋、人文历史环境等因素的影响，不同地区的民营经济在发展过程中通常都表现出一些鲜明的"区域特色"，它们也因此被人们习惯性地冠以区域商帮的标记。晋商、徽商、鲁商、粤商、沪商、宁波帮，这些至今仍为人们熟悉的明清时期和民国初年的代表性商帮，无不具有典型的时代特征和区域特色。改革开放以来，浙商作为一支来自民间的草根力量迅速崛起，在全国各个省份乃至世界各地我们都可以看到浙商勤劳的身影。最近几年来这些浙江籍企业家所创办的企业不断发展壮大，福布斯中国富豪榜上的强大浙商军团，无不向世人昭示了这样一个基本事实：浙商已当之无愧地成为改革开放以来中国最出色的商帮之一。对于这样一个极富活力的商人群体，我们没有理由不去关注。

近年来不少研究者先后从"温州模式"、"台州模式"等侧面对浙商这一主题作过一些有益的探索，可是相较浙商对全国和对全球经济、社会的影响力，这些工作依然尚显薄弱。浙江资源禀赋并不丰裕，国家投资殊为稀少，外商投资相对不多，其经济发展缺乏自然资源的支撑和外部力量的推动，何以能够在短短30年的时间里跃居中国经济最强省？客观评价浙商在过去发展中取得的各项业绩，系统归纳和总结浙商的成功经验和失败教训，无论对指导浙商未来的发展，还是对促进后发地区民营经济的提升，都将具有十分重要的意义。在国家"促进区域协调互动发展"的政策导向下，这项工作的价值无疑将得到更大的体现。

当前，发达国家居高不下的失业率、脆弱的金融系统、主权债务压力，以及主要国际货币兑换汇率的大幅波动，导致世界经济环境依旧比较低迷。同时，面对不断上升的通货膨胀压力和日益加大的经济结构调整难度，国内宏观经济政策仍然偏紧。面对内外部环境的双重压力，民营经济的发展正面临着严峻的考验。可以说，单靠人民币低汇率来扩大产品销路的时代已经接近尾声。如何尽快提高企业的自主创新能力，靠技术进步、提高劳动生产率来打开国际市场，已成为摆在以传统制造见长的浙商面前的一道难题。在此背景下，深入了解浙商，系统总结和分析浙商在发展过程中面临的各种机遇和挑战，指导它们适时创新原有的商业模式，勇于拓展新兴的业务领域，不断培育全新的竞争优势，无疑对促进浙江区域经济，乃至整个国民经济的持续健康发展，都将是大有裨益的。

随着全球化的不断推进，不同国家和地区之间的经济联系将变得日益紧密，由此带来的不确定性风险将会逐步加大。未来，浙商融入全球经济的广度和深度将会进一步提升，在这个过程中，许多崭新的课题将会不断涌现，紧密追踪，甚至提前预判可能出现的新机遇和新挑战，及时指导浙商趋利避害、长善救失，显然是学术界义不容辞的责任和使命。

从学术研究或理论发展的角度看，对浙商这样一支富有创业精神的商业力量开展系统的跟踪研究，无论对现有理论的检验和提升，还是对新兴理论的构建与发展，都是非常有意义的。浙江大学管理学院作为一所深深扎根于浙江这块创业沃土的全国著名商学院，长期以来跟浙商有着密切的联系与合作，对浙商有着全面的了解和把握，由他们组织力量来对浙商进行全面的解剖无疑是最为合适和最具优势的。此外，浙江大学管理学院一直以创新和创业为办学特色，在多个相关领域取得了丰硕的成果积累，这与整个"创新、创业"的大环境、大趋势也是匹配的。相信在其组织和协调下，学者们一定能够围绕"浙商"这一主题做出更多更好的学术成果，相信这些成果的出版和发行对指导浙商乃至更大范围内的民营经济的发展，以及对推动现代商帮和民营经济研究，都将起到积极的推动作用。让我们共同期待！

2011年10月1日

总序二

从古至今，浙江商人都是中国经济社会发展中较为活跃的一股力量。改革开放以来，随着浙江民营经济的异军突起，浙江商人再次活跃于海内外商界，并日渐成为各地经济社会发展中最具活力的商帮之一，形成了“有浙商就有市场”的独特现象。

经济全球化进程的不断深入和国内经济发展方式转变以及产业结构优化升级为浙商的未来发展提供了更加广阔的舞台和空间，但与此同时，也对新时代浙商肩负的历史使命和社会责任有着更多更高的期许和要求。在不确定性日益增强的新一轮全球化浪潮中，浙商如何自我超越，继续勇立潮头，再续辉煌，如何做大做强品牌，成功实现自我延续与更新，已成为浙商的首要课题。在实现自我发展的过程中，如何更好地扮演起“先富者”的角色，发挥示范作用，真正带动落后或欠发达地区共同富裕起来，应是浙商不断追求和勇担的时代责任。充分发挥企业和企业家在文化传承与创新中的重要载体作用，在国际合作与交流中宣扬中国当代企业家精神，传播区域和民族文化，传承和弘扬中华文明，也是浙商肩负的提振文化软实力的另一重要使命。

近年来，随着浙江商人在国内外影响力的不断提升，商帮这个沉寂已久的话题再次成为各类媒体关注的热点，“浙江模式”、“浙江经验”、“浙江现象”，在被各类媒体争相报道的同时，也日渐成为学术界的热门研究议题，许多浙商的成败经历更是逐渐成为国内外知名商学院的经典教学案例。组织一批专业力量对浙商做出全面且系统的解读，在更好地指导浙商发展的同时，为更大范围内民营经济的发展提供参考和借鉴，进而发展出可以影响主流经济和管理理论演变趋势的新理论、新方法，具有十分重要的现实意义。

浙江大学管理学院是国内一流的商学院，长期深深扎根于浙江这片创业沃土，同许多浙商保持着长期的合作，对浙商有着非常深入的了解，先后围绕公司治理、创新创业、产业集群等主题对浙商开展过大量有意义的研究工作，取得了十分丰富的研究成果。无论从已取得的科研成果、锻造的科研能力看，还是从打造科研特色、赢得社会声誉的考虑，浙江大学管理学院都已具备对浙商开展系统研究的基础和实力。我深信并期待，在浙江大学管理学院科研团队的领导下，浙商研究取得重大突破，形成一大批具有国际影响力的学术成果，在为浙商的可持续发展提供全方位智力支持的同时，对国际主流经济和管理理论产生真正深远的影响。

浙江省人大常委会副主任、党组成员，浙江大学党委书记

金德水

2011 年 10 月

摘 要

2013—2014 年，持有新理念的新一届领导人开始全面展现其发展思路和政策基调。以改革促发展、现代政府职能定位、反腐败、发展混合经济、加大开放力度、稳健的经济政策、调整国际关系和对外政策，等等，稳步全面推进新理念日益清晰化。当前全球经济复苏稳步前行，对外投资机会为中国企业释放扩张潜力提供了重要机遇。

在此背景下，浙江社会经济正步入以质量提升为主要特征的阶段，整个社会经济正在新的水平上巩固提升。大企业的并购和海外投资迅速发展，中小企业在结构调整中嬗变，蕴藏民间的创业潜能集中性释放；社会信息化和电子商务开始展现其促进经济结构调整、改变消费习惯和生活方式的巨大能量。同时，民营经济多年积累下、又为扩张性的宏观经济政策所掩盖的诸多矛盾，包括产能过剩、低水平扩张、污染物肆意排放外部性支撑的产出增长模式、有很大盲目性的民间借贷膨胀等等，在质变的意义上表现为人类生存环境迅速全面恶化和以欺诈性特征明显的民间借贷风险阶段性集中爆发。

从全国来看，浙商大企业仍保持全国领先，但其领先优势和相对地位继续减弱。上市公司经营绩效稳中有降。小额贷款公司和村镇银行成长保持领先全国，民营银行在全国率先取得实质性突破。民营大企业积极涉足金融领域。债务危机、房地产金融、灰色金融和金融欺诈事件屡有发生。

30 多年来，当代浙商成长一直没有离开国际化。从起初的对外贸易、“三来一补”起步，到积极参与建设境外经济贸易合作区、境外直接投资，再到当前兴起的跨国并购和海外融资，浙商国际化发展屡屡展示新成就。在参与全球经济和国际化的进程中，浙商应对国际贸易纠纷的技能也在迅速增长。

经济环境、制度环境、市场规模、文化差异、地理距离和投资经验，都是影响海外投资发展的因素。以建立全球营销网络为主要特征，浙商海外投资额度和投资规模稳步提高。在农业、通用设备制造业、批发业，跨国并购发展迅速。东南亚是浙商投

资的集中地，美国、欧洲、南美都是浙商偏爱的海外投资地。对外承包工程是浙商国际化的重要形式。投资方式多样化有一定发展。在支撑国际化的融资能力、海外抗风险能力等方面，浙商还面临很大的挑战，亟待提高。获取战略资源、规避贸易壁垒、降低成本、建立国际营销网络和市场扩展、获得先进技术设备、提升竞争力等，是浙商海外扩张的主要动机。政府可以在风险防范、融资渠道、外汇管制、国际经营人才培养等方面提供支持和服务，并承担必要的监管责任。

2008 年金融危机之后，境外资金成本低廉、境外人民币回流、更有吸引力的中国市场、金融综合改革试验，促动了浙商境外股权融资和境外债权融资两种形式。有 65 家企业实现了境外上市，其中以香港为首选上市地，美国、新加坡、澳大利亚等也是浙商境外上市地点。浙商境外上市地与其国际市场拓展多有重合。引入境外风险投资已经成为新一代浙商成长的一种融资选择。阿里巴巴吸引境外风险投资并在美国成功上市，乃是浙商国际融资发展的典型注解。

国际化提升了企业的机会识别能力和机会利用能力，促进了既有产品和技术水平提升，但鲜对原创性创新有所帮助。创新国际化企业通过进入国际市场不仅获取了创新所需的资源和知识，更为重要的是，企业通过国际化建立了一些特定的组织惯例和程序，能够帮助企业持续提升创新绩效。从组织学习视角来看，研发国际化既是浙商国际化的重要战略，也是浙商国际化的难点，研发短视化、研发网络布局和研发网络治理，是浙商面临的最重要挑战。

从国际化动机来看，浙商大企业国际化可分为市场寻求型、资源寻求型、效率寻求型和战略资产寻求型等。浙商大企业境外投资模式包括建立境外销售渠道、境外加工贸易、创立海外自主品牌的直接投资和对海外品牌、海外资产的并购。本书讨论了浙商大企业通过国际化提升企业实力、规避贸易壁垒、获得战略性资产的三个典型案例：吉利汽车、海康威视、富丽达。

历史上东南沿海的贸易和移民，奠定了海外浙商的深厚历史积淀。改革开放以来，海外浙商回乡创业大大推动了侨乡经济社会发展。根据 2005 年侨情调查资料，海外华侨华人、港澳同胞在浙江省已经注册登记投资企业 3 万余家，约占全省引进外资的六成左右。杭州、宁波、温州、嘉兴成为近年来海外浙商回乡创业的集中地。浙商回归创业投资的规模不断扩大。作为高新技术创业者，不少海外留学归国创业新秀已经崭露头角。政府可以通过改进工作，更好地吸引海外浙商回归创业。

国际新创企业是成立之初就在超过一个国家进行产品销售和使用当地资源并以此来获得竞争能力的组织。国际新创企业更多倾向于大中型企业。国际新创企业的高管人员半数以上具有长期的行业经验。国际市场、企业家、资源状况和企业文化，是影响国际新创企业的重要因素。

Abstract

During 2013—2014, the new leaders have been expressing their ideas of development and reform, and the tone of economic policy become more and more clear. Reforming for development, positioning government function, anti-corruption, developing mixed economy, moderate economic policy, adjustment of international relation and foreign policy, etc. were exercised one by one. On the background of recovery following global financial crisis, investments overseas provide new periodic chance for Chinese enterprises' expanding their potentials.

Big business of Zheshang is still the leading group in top 500 private firms, while the advantage of Zheshang is continually declining. According to the performance of listing company, fiscal status of Zheshang can be thought of as stable or slight drop. Micro-credit company, the town bank and village bank develop well and keep ahead in China. As for development of private bank, another landmark for private sector, Zheshang, who obtained 2 of the 6 licenses to set up private bank, got great breakthrough in 2014. Most big business take active part in finance. On the other hand, debt crisis, financial incidents (especially in real estate), financial gray-market and dishonesty were uncovered continuously among Zheshang .

For more than three decades, Zheshang did not reject internationalization in the course of growth. At the beginning, external trade, processing trade, sample processing, and assemblage business, etc. are main ways for Zheshang to take part in international economy. During 1990s, Zheshang joined the ranks to build Outside Trade and Economic Corporation Zone as well as investment outside. Nowadays, transnational M&A and financing overseas are rising, which represents the new stage of internationalization of Zheshang. Zheshang exercised their performance in different fields of internationalization. Owing to their arduous participation, Zheshang have been acquiring more and more competence to deal with all kinds of barriers.

Economic environment, institutional environment, market volume, culture differences, geographical distance and experiences in investment are factors that influence development of overseas investment. The volume and scale of overseas investment have been improved, the main purpose of which is to build global marketing system. Trans-national M&A growths quickly in such industries as agriculture, general equipment manufacturing and wholesale. Concentrating on Southeast Asia, Zheshang also proffers to invest in U. S. A, Europe and South America. Foreign project contracting is another choice for Zheshang to be international. To some extend, Diversification of investment developed. It is still challenging for Zheshang to finance to sustain internationalization and control overseas risk. They should develop and improve abilities as soon as possible to cope with these challenges. Motivation of Zheshang to expand overseas includes: seizing strategic resource, avoiding trade barriers, controlling cost, setting up global marketing system, opening up market, acquiring advanced technology and equipment, improving competence, etc. The government may do some work to support and serve Zheshang in such aspects as risk prevention, financing channels, foreign exchange control, talent cultivation, while government shoulders the responsibility of supervision.

Following the global financial crisis, such reasons as lower capital cost overseas, returning RMB from outside China, attractive market inside China and comprehensive financial reform experiment induced Zheshang employing direct and indirect financing from outside China. Among the 65 listing companies outside mainland China, the most chose Hongkong, while others chose U. S. A, Singapore and Australia. More often than not, Zheshang decides the listing location coinciding to their global marketing strategy. Attracting venture capitals outside mainland China has become a trend in financial strategy of new generation of Zheshang. Alibaba provided a successful case of Zheshang to illuminate the attracting VC outside China and going public outside China.

Internationalization, which improves opportunity identification and opportunity utilization so that it enhances existing technology and products, can hardly help original innovation. International innovative firms'entry of international market can help themselves acquiring resource and knowledge to sustain their innovation, furthermore, they set up a series of organizational routine and procedure in course of internationalization to promote these firms increase organization performance. On the perspective of organization learning, internationalization of R&D is not only the key but also the difficulties of internationalization strategy of Zheshang. Shortsightedness, layout and governance of R&D net consist of the greatest challenge for Zheshang.

According to their motivation, internationalization of Zheshang can be divided into four types: market, resource, efficiency and strategic asset. Zheshang invest outside China by diverse measures: setting up distribution system, processing trade, investing directly to develop self-owned brand overseas, M&A of overseas brand and assets. Three cases of Zheshang's internationalization were discussed in this book: Geely Automobile's improving its strength, Hikvision's avoiding trade barriers, Fulida group's acquisition of strategic assets.

Southeast Chinese have long lasting emigration and trade in their history, which built a deep basis for overseas Zheshang. With the reform and opening-up, many Zheshang overseas came back home to be entrepreneurs and they improved the social and economic status in their hometown. According to a survey in 2005, overseas Chinese and compatriots in Hongkong and Macao have invested and registered more than 30000 firms in Zhejiang Province, holding about 60% of the total capitals from outside Zhejiang Province. For latest years, returning overseas Chinese centralized in Hangzhou, Ningbo, Wenzhou and Jiaxing. The volume of investment from overseas Chinese is increasing. Many overseas students and scholars, who are entrepreneurs of high and new technology, have made their appearances. Governments may improve their process to attract overseas Chinese well.

International New Venture (INV) is an organization that markets its product or service and utilizes local resources in more than one country at the beginning. International New Ventures are usually big and medium size firms. Half of the executives in INVs hold long time experiences in particular industry. International market status, certain entrepreneur, resources and corporation culture are factors that influence every international entrepreneur firms.

前 言

中国经济规模稳居全球第二，经济增速维持在较高水平，中国开始在世界上产生越来越大的影响。中国发展也进入了一个新阶段，统筹经济结构、自然环境、社会秩序整体协同协调发展的复杂性，开始成为中国发展的主题。新一代领导人正展示他们应对新局面的新理念和新举措。中华民族伟大复兴，中国在全球经济、金融和安全等领域产生战略性影响，开始成为私营领域发展的新的历史背景、经济基础和全球环境。

从20世纪70年代末的游走货郎、80年代的个体经营、90年代的私营经济到21世纪最初10年私营经济的崛起，浙商一直搏击潮头。近年来，在“走出去”的旗帜下，浙商发展开始进入以跨境资本流动为主要标志的全球扩张阶段。商品出口、加工贸易、全球营销网络到参与海外经贸合作区、海外投资等，为浙商积累了参与全球经济活动的经验、基础、资本，全球浙商发展开始进入真正意义上的跨国经营时代。

据此，浙江大学全球浙商研究院组织编写了《2014全球浙商发展报告：国际化发展的浙商》，以期梳理当代浙商走出国门、在世界各地营商的历程，展现当代浙商“走出去”拓展海外经营的成绩，发现优秀企业和杰出浙商企业家们在构建跨国企业上的探索、启示和困难，为促进浙商全面进入跨国经营新阶段提供智力支持，为全球浙商的未来鼓与呼。

本报告由吴晓波、陈凌牵头，李建华具体协调，主要作者包括姚峥、邬爱其、杜健、吴东等，浙江省工商联景柏春提供支持。感谢浙江大学出版社樊晓燕博士付出的辛勤劳动。

全球浙商的国际化经营实践丰富多彩，限于编者水平，本书难免挂一漏万，恳请读者对本书的不足和缺憾提出意见和建议。

我们将继续发掘全球浙商实践的宝库，以学术研究为本，全力助推全球浙商发展。

编著者

2014 年 10 月 16 日

目录
CONTENTS

CONTENTS

绪 论

正如19世纪后期到20世纪初期欧美发达国家现代公司的成长历程，改革开放三十多年来，当代中国民营企业已经在WTO全球贸易体系中实现商品贸易扩张，紧随其后的海外投资方兴未艾。进入21世纪以来，特别是2008年全球金融危机爆发以来，浙商的海外投资、跨国并购屡创佳绩。作为中国私营领域的先锋，浙商发展开始进入大规模国际化阶段。

本报告选择国际化作为主题，以期对迄今为止的浙商国际化做一个阶段性梳理分析。本报告首先综述改革开放新局面下的浙商发展现状，然后在主体部分就浙商国际化的若干主题展开。

一、改革开放新局面下的浙商发展

近年来，浙江经济的增速明显回落，高速增长领跑全国多年的局面已经成为过去。这在一定程度上反映了浙江经济社会发展走在全国前列的事实，这也标志着浙江社会经济发展进入了一个新阶段。深化改革，扩大开放，为浙商提供了新的机遇，也为浙商未来发展开辟了更广阔的空间；风险累积和潜在危机，意味着浙商面临严峻的现实挑战。

1. 新一轮改革开放开启浙商创业热潮，网商发展引领全国，潜在风险爆发

2012—2013年，中国实现了领导人换届，政治、经济、社会等方面都开始展现一些新景象。在社会经济领域，"改革"、"结构"、"开放"、"政府职能"成为关键词，以改革促发展、调结构促发展、以开放促改革等，成为主导经济社会发展的理念。着眼于长远经济发展，行政体制改革、商事制度改革、自由贸易区试点等相继开启并取得明显成效，创新、创业再度成为社会热点。在经济增速减慢的情况下取得就业上升，改革红利进一步释放。在致力于构建市场经济秩序的

同时，大规模的刺激性经济政策退出舞台。从中长期来看，可以预期这些将成为观察理解未来中国社会经济发展的基础性因素。

新一届领导人进一步明确并致力于推进建立现代政府。对企业和市场主体来说，“法无禁止即可为”；对政府来说，“法无授权不可为”、“法定职责必须为”，推进设立政府“权力清单”和企业“负面清单”。改革开放以来，这是中国领导人对政府职能定位最具现代文明特征的清晰表述。

当前提出发展混合所有制经济的特定具体含义是，“国有资本、集体资本、非公有资本等交叉持股、相互融合”以及“实行企业员工持股，形成资本所有者和劳动者利益共同体”的具体方式和思路。浙商作为突出力量的当代中国的私营领域，已经在一般性竞争行业显示出市场竞争优势；在若干具有战略意义的竞争性行业，如汽车、化工、电子、造船等，浙商也开始表现出令人瞩目的成就，为提升全行业发展水平和创新能力做出贡献。混合所有制将为浙商进入先前为国有企业垄断或占优的领域开启新通道。在发展混合所有制的实现形式上，浙商应该有积极表现。

2014 年来，商事制度改革促使新增市场主体数量呈现“井喷式”增长，也催生了新一轮小微企业的繁荣。2014 年 3 月，浙江省工商注册新登记各类市场主体 7.4 万家，比上月新增 3.8 万家，环比新增 115%，与去年同比净增 25.4%。其中新注册各类企业 2.4 万户，同比增长 55.5%；民营(私营)企业 2.3 万户，同比增幅 57.5%。政府主导下为小微企业提供融资担保，在解决小微企业融资难题上取得了一定的成效，但尚难满足大量小微企业的融资需求。

20 世纪末，在互联网兴起之初，浙商又率先迈进网络时代，引领了中国网商发展。2012 年，浙江有电子商务网站 4000 多家，开设各类网店近 90 万家，约占全国的 14.7%，实现网络零售 2027.4 亿元，占全国网络零售额的 16.22%；128 家已登记网上交易市场全年交易额达 12889 亿元；参与网络购物约 1500 万人，网上消费 1305.5 亿元，同比增长 59.15%；网络零售总额相当于全省社会消费品零售总额的 14.97%，同比增长 67%。在各类第三方电子商务平台上注册的中小企业数量达 210 万家(含个体工商户)。

网商发展带动了物流、支付、金融、信息服务等衍生行业发展，浙商在互联网金融领域也遥遥领先。杭州集聚了阿里巴巴、网盛科技、淘宝网、天猫等知名电子商务企业和品牌，在全国百强行业网站中占 40%。在网站数量、B2B 交易、C2C 交易、第三方支付等方面，杭州均处于国内领先地位。网商与产业集群相结合，实现了新的突破。网商发展与传统产业彼此促进，推动浙江经济的转型升级。

另一方面，三十多年来中国经济高速成长的表象，掩盖或者推迟甚或进一步增加了长期积累的诸多问题和风险，这些问题和风险既来自内部也来自外部，所有风险不断演变，最终在金融领域积聚和集中。在现实性上，有效管理和控制在中短期内风险集中爆发的危险，既需要政策智慧，也需要时间。高速成长和风险积累的这一时期，同时也是民营经济发展最快、民营企业在热点领域最活跃的时期。在一定程度上，目前中国经济面临的风险比历史上任何其他时期都更多、更深地涉及民营经济。特别是在房地产领域、高污染且高能耗的竞争性行业、某些所谓新兴行业民营经济在扩张性宏观政策下获得的迅速成长是与经济系统积累的诸多问题同时发生的。

当代浙商是中国私营领域的先锋和主力。整体上看，浙商仍然是中国私营领域最突出的群体，然而其相对优势已经开始呈现衰减趋势。高杠杆率、资产价格高企、泡沫积累、产能过剩、影子银行、地下金融等，都与宽松的货币政策有关。货币政策调整和控制金融风险将是去产能化、挤压泡沫、去杠杆化等的对症之策。浙商应该对此带来的冲击保持足够的警惕。近来，媒体已经频频爆出民营企业老板失联和债务事件，浙商卷入金融风险之程度可见一斑。

2. 浙商大企业相对优势逐步趋向减弱，企业规模扩张的同时伴随经营绩效下滑

从入选全国民营企业的500家情况来看，浙江民营大企业仍长期保持全国领先地位，但相对优势开始逐渐减弱（见图0-1）。

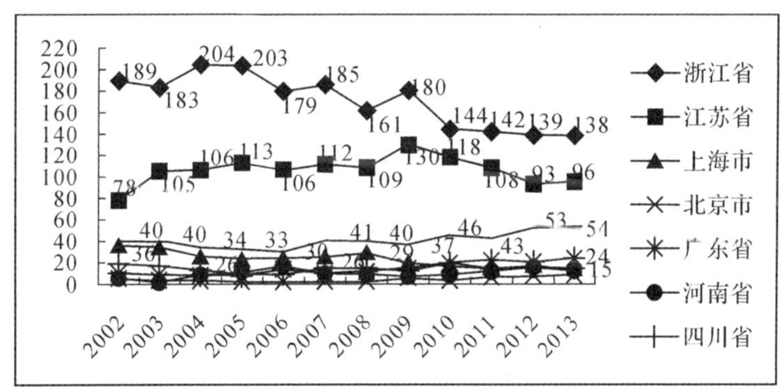

图0-1 八省市入选全国民营企业500家情况

曾经存在的多元化的条件和历史机遇正逐步转化为多元化的危机与困境。多元化经营是目前大多数浙商大企业的现状。正当多元化之困越来越显著地成为普遍问题之时，少数长期奉行专业化或者相关多元化战略的大企业却在寻求多元化的突破。这既体现了民营企业家的积极进取的精神，也反映了民营企

业进一步发展和转型升级的现实困惑。

浙江 251 家非金融上市公司三年来的经营状况表明，销售利润率、净资产赢利率、资产负债率基本稳定，虽然短期负债率偏高，总体上属于稳健经营状态。创业板公司净资产赢利率向大企业平均水平靠拢。从每股净资产和每股收益变化情况来看，经营效益略有下滑（见图 0-2、图 0-3）。

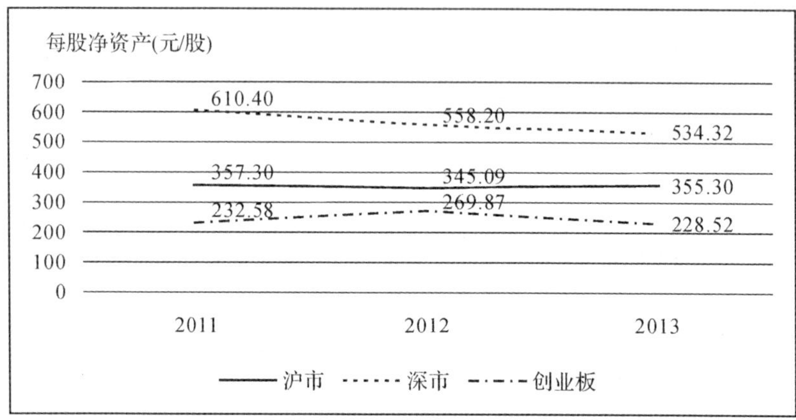

图 0-2　浙江上市公司每股净资产变动情况

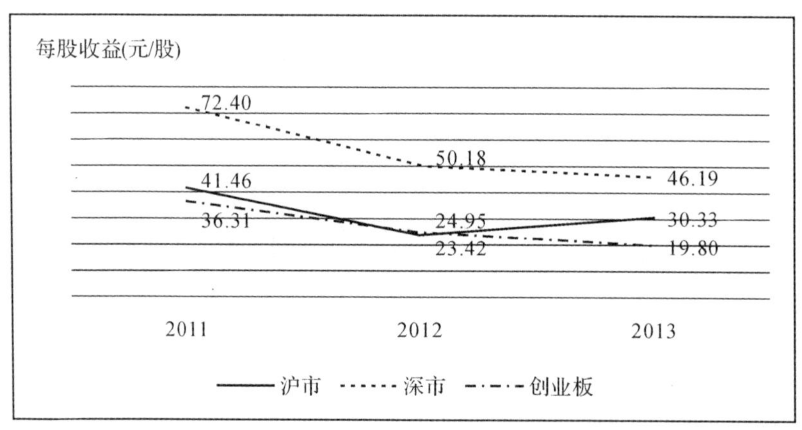

图 0-3　浙江上市公司每股收益变动

3. 民间金融发展迅猛，地下金融频频诱发社会性事件

至 2013 年年底，江苏、浙江两省的小额贷款公司数量分别为 573 家和 314 家，分别位列全国的第 1 位和第 10 位（见图 0-4）；贷款余额分别为 1142.90 亿

元和 899.85 亿元，分别位列全国的第 1 位和第 2 位，贷款余额之和接近全国总量的四分之一。阿里巴巴还取得了小额贷款资产证券化的重要突破。

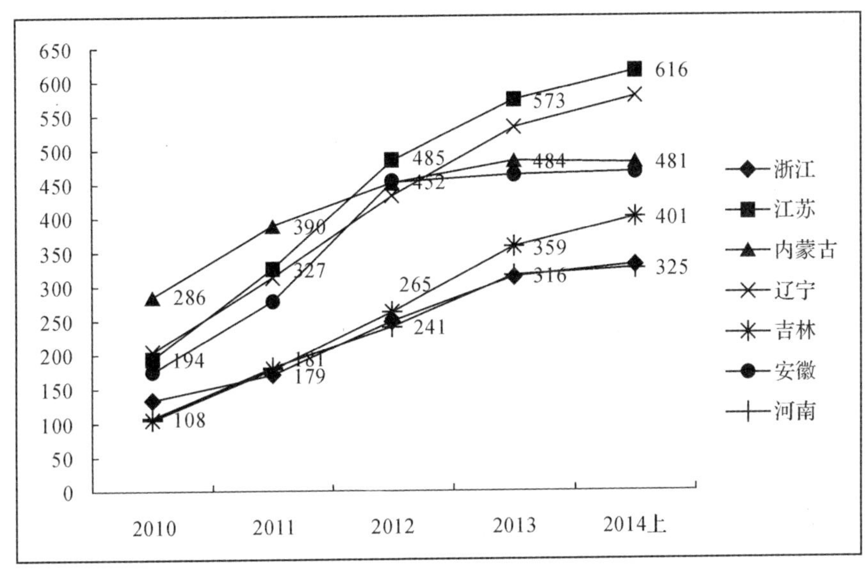

图 0-4　小额贷款公司数变化

村镇银行起步仅有七八年时间。2007 年 3 月首批 6 个省开始试点开办村镇银行；在全国村镇银行前 30 家中，浙江占五家。各省区市比较，浙江村镇银行在数量上并不算最多，但以村镇银行的规模实力比较，浙江处于全国前列。

早在城市信用社改制潮流中，浙江已经事实上率先出现了民营银行，浙江民泰商业银行和浙江泰隆商业银行，早已因其服务三农、服务小微企业的创新而获得广泛关注。当前，在民营银行发展方面，浙商再次表现出探路先锋形象，其成果可期、成就在望。2014 年 7 月 25 日，温州民生银行（华峰集团、正泰集团）成为首批三家获准筹建的民营银行之一。

大企业参与金融领域是一种普遍现象。鲁冠球领导的万向集团拥有多家上市公司，目前持有十余家金融机构股权，已取得银行、保险、基金、信托、期货等金融业牌照，其中包括参股 6 家银行。万向集团可能率先成为中国的民营金融控股公司。

几年来，我们多次提醒浙商要注意的潜在危机是，宏观管理和金融当局为消除金融风险、挤压泡沫而采取的措施，对杠杆率居高不下的行业和企业造成的影响将是致命的。对不少企业来说，过分依赖高杠杆率终于演化为债务危机。在浙江企业家中普遍存在的、相对封闭又无视现代契约精神的“圈子”和互

保网络疯长，也对局部优势产业如纺织、化纤、钢构等造成严重困扰。在房地产这个被过分金融化了的领域，资金链断裂带来的大大小小的企业倒闭案对浙商造成不小的负面影响。更有不少私营老板，在面临债务危机时，回避问题，玩失踪，涉嫌金融犯罪。

在最近一轮资金链危机中倒下的不少企业，大多参与灰色金融，甚至涉嫌金融诈骗。其中还牵涉到银行重要职员"违法圈钱"。多年来，在县域范围内的民间借贷风波已经历了多轮。眼下这一轮似乎爆发得更集中、更普遍。在金融改革试验区的温州，应对处理债务和互保危机已经成为 2014 年 9 月以来不少市县政府的重要工作。

二、国际化发展的浙商

1. 国际化和"走出去"加速发展，海外贸易、海外资源开发、境外经济贸易合作区、国际融资全面推进

中国加入 WTO 的历史机遇，真正开启了浙江民营企业"走出去"的时代。近十年来，浙江企业国际化加速发展，海外投资项目的数量和质量都明显增加，投资规模也明显扩大，从在境外设立生产经营机构发展到向境外延伸研发、生产和营销能力，大企业开始通过跨国收购兼并获取国际领先的核心技术、专利技术和国际知名品牌。中国民营企业 500 家中已开展海外投资的企业数量，从 2008 年的 112 家增加到 2011 年的 150 家、2012 年的 159 家。2013 年 1—11 月，中国民营对外投资首次超过国有企业，达到 50%以上。对外投资领域也从资源性行业向商贸、租赁、物流配送、制造业等行业拓展。

截至 2014 年 6 月底，浙江省经审批和核准的境外企业和机构共计 6686 家，累计对外直接投资额为 228.06 亿美元，遍布 6 大洲、141 个国家和地区，境外企业个数和规模居全国首位(见图 0-5、图 0-6)。

20 世纪 80 年代中后期，浙江个体私营企业就开始生产、加工出口产品。在 WTO 的多边贸易框架下，浙商开始了在境外设立商品专业市场的新创举。2007 年，民营企业占了浙江省"走出去"企业数的 90%，浙江"走出去"的境内主体数量和境外机构数量，分别占全国总量的 22%和 25%左右。2009 年，民营企业出口已占据浙江省出口总额的 55.1%，2.7 万家经营外贸出口的民营企业占全省出口企业总数的 74.6%。近年来，浙江新洲、台州华天、杭州天和家具、宁波华洲矿业、温州广寿等 8 家企业分别在俄罗斯、澳大利亚、加蓬、朝鲜、阿根廷等投资森林、石油、煤炭等矿产资源开采，逐步从房地产主业转向资源开发型企业。

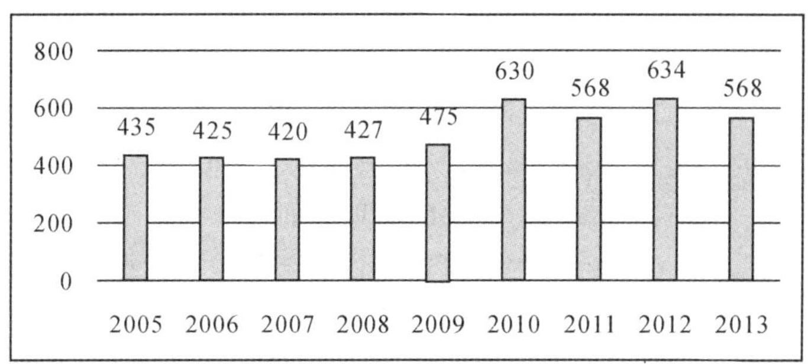

图 0-5　浙江省对外投资企业数(2005—2013)

数据来源:浙江省商务厅。

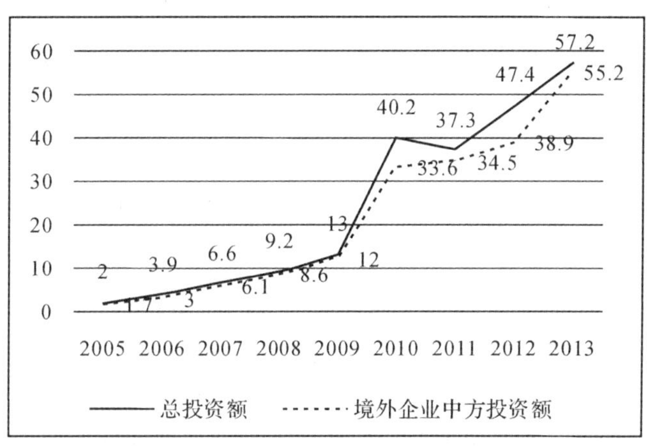

图 0-6　浙江省对外投资额(2005—2013)

数据来源:浙江省商务厅。

2006 年以来,国家实施推动企业"走出去"政策,包括设立境外经济贸易合作区。浙江越美集团 2007 年就开始在尼日利亚投资 5000 万美元建立纺织工业园区,进行纺织产品的生产、加工、包装和贸易。至 2010 年,就有华立集团投资的泰国"罗勇工业区"、康奈集团投资的俄罗斯"乌苏里斯克合作区"、浙江海亮集团有限公司和其他企业共同投资兴建的越南"中国龙江经济贸易合作区"、浙江吉利美日汽车有限公司等投资的"墨西哥中国(宁波)吉利工业经济贸易合作区"等。

低廉的资金成本、人民币升值预期、金融改革和放松金融管制、境外人民币回流意愿,为浙商的国际融资提供了机遇。引入境外风险投资、境外资本市场上市是吸引境外资金的两种直接融资方式。向境外银行借款、在境外发行债

券、向境外投资者募集投资基金是主要的间接融资的形式。从融资结构和来自境外的资金规模看，股权融资形式要大于债权融资形式。至2013年年底，有65家浙江企业在境外上市，其中半数在香港上市，美国、新加坡、澳大利亚是境外三个比较集中的上市地点，英国、欧洲、韩国等地也有涉及。从海外上市企业的地区分布来看，来自杭州、宁波、嘉兴、绍兴地区的占海外上市企业的大多数，海外上市企业的数量基本上与各地经济发展程度正相关。选择在境外上市，在一定程度上反映了企业想通过上市提高全球知名度。

引入境外风险投资始于2003年，在2008—2011年达到高峰期。境外风险投资项目偏重于电子商务等互联网领域。对民营企业来说，风险投资既是资金提供者，更是先进管理理念和商业模式的输入方。在国际融资中，中国民营企业遭遇了反稀释棘轮条款、对赌协议和协议控制，这些工具为民营企业提供了规避行业管制和金融管制的境外融资途径，同时也把企业置于更大的控制权风险之下。2014年9月，阿里巴巴在美国上市创造出了美国最大的IPO案例和全球第三大互联网公司，浙商境外融资又取得一个标志性的突破。

2.海外并购、研发国际化正在催生浙商跨国公司，跨国经营动机各异、形式多样

在国际金融危机背景下，浙商翘楚纷纷进行跨国并购，以获得战略资产，提升技术和管理能力。海外并购渐成“走出去”的重要方式，研发国际化开始成为“走出去”发展的趋势。这是实现浙商跃升式发展的重要机遇。浙江省提出，对外直接投资额累计实现100亿美元，国外经济合作营业额累计完成200亿美元；重点支持100个境外投资合作示范项目；努力培育100家以上具有一定国际竞争力的跨国公司；着力打造10个传统优势产业在境外集聚发展的平台。

国际化(经营国际化与研发国际化)已成为增强企业竞争优势的一种重要的地理多样化战略。国际化可能为企业提供创新所需要的资源，可能为企业提供创新所需要的学习机会。包括机会识别能力和机会应用能力的动态应变能力才是提升企业创新绩效的关键。在国际化进程中建立的特定组织惯例和程序，帮助企业持续提升创新绩效。特别是对于那些新兴经济体的企业来说，实施国际化有利于通过扩大企业的机会搜索范围提升企业的机会识别能力，通过了解国际同行的创新动态获得学习机会。实施国际化战略是国内企业快速实现创新追赶的重要跳板，国际化提升的是既有产品和技术的升级改造，对原创性创新作用有限。

进入21世纪以来，浙江民营企业不断发起一系列并购活动。以万向、华

立、雅戈尔、奥康、吉利等为代表的浙商，完成了许多海外并购案，正在成为中国人的跨国公司。万向集团在十年前就实施了海外并购，在跨国经营上领浙商之先。华立集团的跨国经营布局宏大，涉及产业领域多。吉利集团的跨国并购规模大、影响深，在汽车整车领域成功实现跨国并购，使得吉利集团真正成为中国第一家跨国汽车公司。浙商的跨国并购方兴未艾，相信浙商会继续创造更多成功的跨国并购案例。

在全球经济一体化进程中，研发国际化对企业发展更关键，也是国际化的更高层次。对浙商来说，相比较经营国际化和投资国际化，研发国际化更困难，对企业发展的意义也更重大。研发国际化是决定浙商在多大程度上成为跨国企业的最重要标志。发展中国家企业的研发国际化更多的是学习型的，发达国家企业的研发国际化更多的是创新型的。

浙商的研发国际化属于赶超型的，境外研发中心在创新体系中的作用更突出。收购来的境外研发机构与母公司的融合，可能更需要时间来检验。从经验学习到借鉴学习的“增强型”学习，从消化吸收到研发活动的播种型学习以及咨询型学习，是研发国际化的不断深化。研发短视化影响了技术获取和能力提升。如何将学习获得的知识有效内化、母公司和海外研发点之间如何协同组织、可嵌入性和研发网络治理问题等，是浙商研发国际化尚未解决的问题。

市场寻求型是跨国经营最常见的战略动机，海外投资设厂既能规避贸易壁垒，还能享受东道国的外资优惠政策。我国81%的对外直接投资拥有这一动机。随着国内的资源和能源需求增长，资源寻求型战略动机开始在浙商海外投资战略动机中占有越来越大的比重。收购海外矿产资源来满足国内资源和能源需求的持续增长已经成为民营企业跨国投资的新趋势。随着国内劳动力成本和资源和能源价格的上涨，制造企业开始把生产转向劳动力、资源、能源等要素价格更低廉的国家和地区，在某些发展中国家投资设立生产企业，从而谋求更高的效率，此为效率寻求性国际化战略动机。难以被模仿、难以被替代、非交易性的、积累过程缓慢且符合市场需求的资产构成了企业的战略资产。战略资产是企业竞争优势的关键。对发展中国家企业来说，获得以专利、生产设备、制造图纸、技术人员智力等为代表的战略资产，是跨国投资，特别是跨国并购的主要战略动机。战略资产寻求性战略动机大大提升了浙商的竞争力。

在浙商境外投资和跨国经营中，设立境外营销体系以提升销售额的做法最为普遍，大企业、中小企业都大量采取此种做法。境外加工贸易需要的投资实力、海外运营能力比较高，主要为大中型企业所采用。创立海外自主品牌，需要有技术、管理和投资实力等多方面的综合能力为支撑，通常为在某一行业内居领先地位的企业所采纳，并且面临较高风险，但潜在收益最高。通过创立海外自主品牌，可能实现企业的跃升式发展。

作为赶超战略的措施，吉利集团倾向于直接收购的对外直接投资模式。作为高技术产业的开路先锋，海康威视以搭建全球营销网络为主要动机，在政策、规则和法律不完善的国家采取合资方式，在规则和法律完善的国家则以建立独资公司模式为主。以开拓海外市场、贴近客户、规避贸易壁垒为主要目的的正泰集团、富丽达集团，着力于布局全球销售网点，建立或并购主要原料生产基地并获取专利技术。

3. 浙商回归成绩斐然，海外浙商回乡投资创业稳步推进

随着浙商在全国乃至海外的崛起，吸引浙商回归成为促进浙江经济社会发展的重要议题。近年来，浙商回归也成为一种潮流（见表 0-1）。

表 0-1 浙商回归项目情况

	2012			2013（1—8 月）		
	当年新增回归项目数（个）	累计到位资金		当年新增回归项目数（个）	累计到位资金	
		到位资金（亿元）	占全部到位资金比重（%）		到位资金（亿元）	占全部到位资金比重（%）
合计	1426	1297.9	108.16%	1035	1166.92	
外资	290	314.19	24.21%	151	176.25	
非国有	1360	1136.65	87.58%	999	984.44	
泛珠三角地区（含港澳台）	242	225.19	17.35%		195.69	
境内外其他地区（不含港澳台）	537	399.02	30.74%			

目前，有世界 60 多个国家和地区的海外浙商回乡投资，其中超四成来自港澳地区，来自日本、新加坡、菲律宾等亚洲国家的超过两成，来自美国、加拿大等美洲国家的超过一成，来自澳大利亚、法国、荷兰、意大利等国家的也有一定比例。海外浙商回乡投资企业主要在杭州、宁波、温州以及嘉兴、绍兴等经济发达地区。投资项目和规模不断扩大，从劳动密集型逐渐向资本和技术密集型转化，涵盖基础设施、交通能源等大项目以及生物、IT、制药、先进设备制造等高技

术项目。服务型产业，如物流、咨询、旅游、医院、律师事务所等也有不少涉及。随着海外浙商回乡投资创业的发展，涉侨经济纠纷也很多。归国创业的海外留学人员正在成为浙商回乡投资的中坚力量。公平竞争环境和国民待遇是促进侨胞回归浙江的基础。

目前，国内和浙江省内经济的发展也给海外浙商回乡投资创业提出了新的挑战。特别是土地、人力等资源成本的增加，也使得海外浙商在回乡投资创业的过程中自身亟须转型升级。

4. 新一代知识浙商勇闯天生国际化之路——新创国际企业

在成立之初或幼年期即具有高度国际化特征的企业称为新创国际企业。这些企业的股东构成、股本来源，以及技术、管理、人才等都具有显著的国际化特征。全球化的网络时代催生了国际新创企业。这些企业具有若干特征：全球化视角、广阔的国际网络、领先的技术、产品及延伸服务、彼此紧密配合的全球分布部门、国际经验的管理者、独特的知识和国际网络、积极的创新和风险追求、领先于对手的机会识别和机会寻求能力、突破自身资源限制的能力。相比较非国际化企业，国际新创企业在制造业领域更加集中。

国际新创企业是新一代高学历、高知识的青年创业者的贡献，一般以高技术、创新技术等为技术基础，通常都是首先建立研发部门或者以研发工作为起步基础。在新一代知识浙商创业群体中，国际新创企业已经成为一类标志性企业。

5. 国际化发展的主要障碍

随着民营企业参与国际化经营程度的加深，国际贸易摩擦也呈上升趋势。2012 年民营企业 500 强中有 42 家企业遭遇 93 起国际贸易摩擦。知识产权纠纷和反倾销是其中最主要的贸易摩擦类型。在应对国际贸易摩擦方面，中国民营企业正逐渐学会按照世贸规则积极应对。它们采取的对策包括应诉、协商、起诉和仲裁。针对日益激烈的国际贸易摩擦，政府和同行成为民营大企业的主要依靠力量。民营企业开始借助商会的力量联合应对国际贸易摩擦。

人才缺乏是民营大企业国际化发展的主要困难。2009—2012 年，全国民营企业 500 家中每年都有 200 家以上提到人才缺乏。经验不足、不了解海外投资环境、缺乏商务信息和市场分析等，也对国际化发展有很大的负面影响。对民营大企业来说，应对当前激烈变动的国际政治经济形势，准确把握东道国未来的形势和政策，有一定前瞻性地以长远眼光看待和理解国际关系，将是一项长期而艰巨的挑战。

第一章　浙商发展状况:2014

2012—2013年,中国实现了领导人的换届,政治、经济、社会等方面都开始发生重要的变化。改革、开放、市场经济体制的完善、政府职能转变等,都开始显示新的气象。新一届中央政府的宏观经济政策及其操作风格,也开始渐次显示,总体来说,以改革促发展的主基调已经明朗,形成和完善市场经济的制度和秩序将替代扩张性宏观政策,成为主导未来发展更基础、更深刻、更根本的执政理念。从长远来说,这是民营经济和浙商发展的长久之福。但从眼前来看,此前积累的诸多风险都将集中爆发。浙商发展面临新挑战,需要新突破。

第一节　改革和政策环境

过去一年多时间,是前一个十年向后一个十年转折的关键点。中共十八大和新一届政府实现新老交替,新一届领导人的战略思维、执政特征开始显现,在改革开放、政策基调、政府职能、宏观政策等方面,都开始展现进一步适应市场经济发展、进一步推进市场经济体制完善、进一步体现市场经济属性的特征。对私营领域和浙商发展来说,新的机遇和转型也日益明显和紧迫。

一、发展理念和政府职能定位

中共十八届三中全会确定,坚持社会主义市场经济改革方向,以促进社会公平正义、增进人民福祉为出发点和落脚点,进一步解放思想、解放和发展社会生产力、解放和增强社会活力,坚决破除各方面的体制机制弊端;推进国家治理体系和治理能力现代化;让一切劳动、知识、技术、管理、资本的活力竞相迸发,让一切创造社会财富的源泉充分涌流,让发展成果更多、更公平地惠及全体人民；紧紧围绕使市场在资源配置中起决定性作用的深化经济体制改革，坚持和完善基本经济制度。

经济体制改革是全面深化改革的重点，核心问题是处理好政府和市场的关系，使市场在资源配置中起决定性作用和更好地发挥政府的作用。以公有制为主体、多种所有制经济共同发展的基本经济制度，是中国特色社会主义制度的重要支柱，也是社会主义市场经济体制的根基。公有制经济和非公有制经济都是社会主义市场经济的重要组成部分，是我国经济社会发展的重要基础。必须毫不动摇地巩固和发展公有制经济，坚持公有制主体地位，发挥国有经济主导作用，不断增强国有经济的活力、控制力、影响力。必须毫不动摇地鼓励、支持、引导非公有制经济发展，激发非公有制经济的活力和创造力。要完善产权保护制度，积极发展混合所有制经济，推动国有企业完善现代企业制度，支持非公有制经济健康发展。适应经济全球化新形势，必须推动对内对外开放相互促进、引进来和走出去更好结合，促进国际国内的要素有序地自由流动、资源高效配置、市场深度融合，加快培育参与和引领国际经济合作竞争新优势，以开放促改革。要放宽投资准入，加快自由贸易区建设，扩大内陆沿边开放。

在政府和市场关系、政府和企业关系上，新一届领导人进一步明确并致力于推进建立现代政府，对企业和市场主体来说，“法无禁止即可为”；对政府来说，“法无授权不可为”、“法定职责必须为”，推进设立政府“权力清单”和企业“负面清单”。改革开放以来，这是中国领导人对政府职能定位最具现代文明特征的清晰表述。表明新一届领导人的执政理念开始进入全新阶段。

从厘清发展理念和政府职能定位开始，既表明新一届领导人对社会、经济、政治等重大问题的认识具有新的发展，也表明社会经济政治的转型正在启动。对私营企业和浙商发展来说，这带给大家的是积极信号，起到了明确方向、坚定信念的作用。

二、发展混合所有制

混合所有制是指不同的所有者或性质不同的所有权相结合或融合的所有制形式。从全社会来看，改革开放和建立社会主义市场经济体制，正是改变原有的所有制性质和结构，也是当代中国混合所有制发展形成的阶段。从微观上看，混合所有制是指作为市场主体的经济组织或企业的所有制性质和结构具有混合成分特征，个人或家庭所有企业具有完全私有财产性质，现代股份公司的繁荣代表了“资本社会化”的发展，也是混合所有制的一般形式。作为“基本经济制度的重要实现形式”，发展混合所有制的目的和意义在于实现“国有资本放

大功能、保值增值、提高竞争力”和“各种所有制资本取长补短、相互促进、共同发展”。当前，提出发展混合所有制经济具有特定的具体含义，即“国有资本、集体资本、非公有资本等交叉持股、相互融合”以及“实行企业员工持股，形成资本所有者和劳动者利益共同体”的具体方式和思路。其要点之一在于公有制经济与非公有制经济之间的结合、融合、合作，这里的关键在于两者结合、融合、合作的实现形式。这是一个尚未有效解决的问题。

发展混合所有制有利于国有企业进一步实现股权多元化，进一步完善企业治理，进一步提高市场化程度，进一步提高经营管理效率，从整体上进一步增强国有经济活力、控制力和影响力。对非公有制经济来说，发展混合所有制也是走向股权多元化和现代企业治理的重要通道，有利于其打破进入壁垒、扩展经营和发展空间，从而大大激发非公有制经济的活力和创造力。

浙商作为当代中国私营企业领域的突出力量，已经在一般性竞争行业显示出其市场竞争优势。在若干具有战略意义的竞争性行业，如汽车、化工、电子、造船等，浙商也开始表现出令人瞩目的成就，为提升全行业发展水平和创新能力做出了贡献。混合所有制将为浙商进入先前被国有企业垄断或占优的领域开启新通道。

资源开发产业是国有经济的主导领域。发展混合所有制是民营经济参与资源开发行业的重要形式。在资源开发产业链的不少位点，浙商都有参与和尝试，其间收获颇丰，也经历过惨痛教训。以私营企业为主要成分的社会资本更普遍、更深入地参与资源开发产业是未来的趋势，也是混合所有制的重要突破点。民营经济已涉足若干高技术行业，但浙商在此方面整体上表现稍逊。

近年来，原先被垄断的行政垄断行业如电信、电力、铁路等，一直是民营资本努力进入的领域。此类行业现存的高价格、劣服务，招致消费者的愤懑；而另一方面，此类行业的行政管制都具有程度不同的必要性。民营资本通过混合所有制进入此类行业，将有助于消除或减弱民众的不满。浙商已经在此做了领先性的探索。

网络统一性和不可分割性是支持基础设施和自然垄断产业被垄断的特点，但这并不是排除民营经济参与其中的理由。兼顾历史因素和未来发展，混合所有制既是迅速提升此类行业状况的迫切需要，也是未来此类行业发展的一般趋势。民营经济投资参与基础设施和自然垄断产业，具有促进效率和监督制约的作用。虽然公用事业往往具有自然垄断性，通常也不以营利为首要目标，代表不得损害的公共利益，但这并不否定提高其经营管理效率的重要性。通过混合所有制，国有资本和非国有资本相互监督的机制，有助于提升其效率。

在500多家重点国有企业中，大多数还是国有独资或国有资本“一股独大”，国有股和国有法人股在许多上市公司中也居主导地位。在实现混合所有制发展的过程中，浙商应该有积极的表现。

三、改革促发展

新一届中央政府坚持稳中求进，强力推动改革，大力调整结构，着力惠民生，强调以结构性改革促进结构性调整，把“改革的红利”转化为“发展新动能”、“民生新福祉”。2013年来，有多项改革新措施推出，其中以行政体制改革和商事制度改革与企业发展关系最密切。

从2001年10月全面启动行政审批制度改革至2012年，国务院部门共取消、调整审批项目2000多项，占原有审批项目总数的60%以上，各省(区、市)本级共取消、调整审批项目3.6万余项，占原有审批项目总数近70%。2013年以来，新一届政府加快行政审批制度改革，取消和下放600多项行政审批事项。2014年8月，国务院宣布取消87项行政审批事项，并且明确这些属于取消事项，不下放。李克强总理指出，对于确需设置的行政审批事项，要建立权力清单制度，一律向社会公开。

新一届政府继续推进投融资体制、税收、流通体制等领域改革，进一步放松服务业等新兴产业发展闸门。“定向减税”、“定向降准”等财税金融措施，有力地支持了服务业、“三农”、小微企业、民营企业和新兴业态的发展。此外，政府还扩大了“营改增”试点，推进民营银行试点和多层次资本市场发展，清理规范金融业准入限制，深化国有企业改革，推进价格改革，完善能源产品、药品和医疗服务价格形成机制，深化投资体制改革，推进政府购买服务、公私合作模式和特许经营制度。

2014年上半年，中国经济增长7.4%，居民消费价格涨幅2.3%。电子商务、流通快递等新产业、新商业模式迅速增长；新登记注册服务业企业增幅达70%以上，第三产业增速和比重超过第二产业，在国民经济中处于领先地位；民间投资占固定资产投资比重同比提高1.4个百分点；高技术产业和先进装备制造业增长均快于工业整体增长；单位GDP能耗同比下降4.2%，碳排放强度下降5%左右。

2014年1—8月，新登记注册市场主体800多万户，其中3—8月工商登记制度改革后新登记注册企业同比增长61%，出现了所谓“井喷式”增长，带动了千万人以上的就业。31个大中城市调查失业率保持在5%左右，城镇新增就业970多万人，与去年同期相比增加了10多万人。在所谓经济增速下滑的情况下

实现就业增长，显示了深化改革和进一步开放带来的积极成果。

四、宏观经济政策和开放

近年来，特别是新一届中央政府上任以来，对资产价格高企、经济泡沫风险的警惕越来越明显。面对规模总量已经很大的中国经济，决策者越来越认识到潜在风险和结构性问题。复杂的宏观经济局面，要求既实现结构调整同时也合理把握总量规模，总量政策让位于结构性政策，应该是未来的趋势，也已经在探索实施中。

近两年来，货币扩张支撑经济增长的危险已经几成共识。宽松货币政策的终结也已经成为必然趋势，不过，这种趋势在操作上需要做技术性处理，以把握好时机和轻重。在间接融资主导的金融体系里，信贷控制具有半行政化特征，对高风险行业的信贷收紧，既是为了降低银行风险，也是为了预先化解潜在的金融危机，避免整个经济体系的更大危机。2013 年来，货币供应 M2 增幅仍然不小，这显示货币政策转型受到政治、社会等多方面因素制约的惯性，以及真正退出扩张性经济政策的难度。高杠杆率、资产价格高企、泡沫积累、产能过剩、影子银行、地下金融等，都与宽松货币政策有关。货币政策调整和控制金融风险，将是去产能化、挤压泡沫、去杠杆化等的对症之策。

新一届政府强调结构性的宏观经济政策，实施区间调控、定向调控、定向施策，聚焦“激活力、补短板、强实体”，讲求精准发力。积极平衡国内、国外需求，协调区域发展，缩小城乡差距，稳定农产品供给；加强中西部铁路建设、棚户区改造、污染防治等民生和发展工程建设，把促进新型城镇化与增加公共产品供给结合起来。

在货币政策上定向调控，或称定向货币政策，是新一届政府的鲜明特征。2014 年 4 月 25 日。中国人民银行决定下调县域农村商业银行和县域农村合作银行人民币存款准备金率，5 月 30 日，国务院常务会议表示将加大“定向降准”措施力度。信贷收紧体现的是挤出泡沫和去产能化，定向降准体现推动创新。两种方向的结构性政策结合使用，反映了决策者调结构、控总量的思路。

尽管以投资作为经济增长重要支撑的大多数发展中国家都很难拒绝扩张性财政政策，但新一届政府显然没有把扩张性财政政策作为促进发展的首选方案。在财政政策方面，很难期望再次出现曾经实施的大规模财政刺激。

三十多年来，改革和开放，总是相互促进。新一代领导人明确了要以改革促发展、以开放促改革。新一届政府开局即批复设立中国（上海）自由贸易试验区。确定自贸区内要探索建立投资准入前国民待遇和负面清单管理模式，深化行政审批制度改革，加快转变政府职能，全面提升事中、事后监管水平，并且形成一些做法，三年后可推广。

在中国（上海）自由贸易试验区挂牌后，涌现了设立企业的"井喷"现象。随后，全国各地纷纷提出设立自由贸易区的要求。至2014年初，国务院批复了12个地方设立自贸区，现正处于多部委联合调研阶段。浙江、广东、天津、苏州、无锡、山东、辽宁、河南、福建、四川、合肥、广西、云南等十余个省（区、市）把申报自贸区列入2014年政府工作重点。

自由贸易区

自由贸易区（Free Trade Zone）又称对外贸易区（Foreign Trade Zone）或免税贸易区（Tax-Free Trade Zone）是在境内关外划出的，对进出口商品全部或大部分免征关税，并且允许港内或区内进行商品的自由储存、展览、加工和制造等业务活动，以促进地区经济和对外贸易发展的一个区域。一般设在一个港口的港区或邻近港口的地区，它实际上是采取自由港政策的关税隔离区。

20世纪50年代初，美国率先在自由贸易区发展以出口加工为主要目标的制造业，后来一些发展中国家逐步把自由贸易区发展成为出口加工区。20世纪80年代以来，受高技术、知识和资本密集趋势影响，设立"科技型自由贸易区"成为趋势。截至2013年，全球已有1200多个自由贸易区，其中15个发达国家设立了425个，占35.4%；67个发展中国家共设立775个，占64.6%。

中国（上海）自由贸易试验区，在人民币资本项目可兑换、金融市场利率市场化、人民币跨境使用等方面创造条件进行先行先试。在试验区内实现金融机构资产方价格市场化定价；鼓励企业充分利用境内外两种资源、两个市场，实现跨境融资自由化；深化外债管理方式改革，促进跨境融资便利化；推动金融服务业对符合条件的民营资本和外资金融机构全面开放，支持在试验区内设立外资银行和中外合资银行；允许金融市场在试验区内建立面向国际的交易平台；逐步允许境外企业参与商品期货交易；鼓励金融市场产品创新；支持股权托管交易机构在试验区内建立综合金融服务平台；支持开展人民币跨境再保险业务，培育发展再保险市场。

第二节　浙江经济社会发展

随着中国社会经济发展进入新阶段，近年来，浙江经济增速明显回落，高速增长领跑全国多年的局面已经成为过去。这在一定程度上反映了浙江经济社会发展走在全国前列的事实，这也标志着浙江经济社会发展进入一个新阶段，开始展现新特征。

一、2013—2014年的浙江经济

民营经济早已成为浙江经济的中坚力量，近年来，在社会经济增速减缓的形势下，民营经济仍然保持了旺盛的增长势头。在社会经济统计中，民营经济的成长往往快于其他类别。

2013年，浙江省的国民生产总值(GDP)为37568亿元，比上年增长8.2%。其中，第一产业增加值为1785亿元，第二产业增加值为18447亿元，第三产业增加值为17337亿元，分别增长0.4%、8.4%和8.7%。人均GDP为68462元(按年平均汇率折算为11055美元)，增长7.8%。三次产业增加值结构由上年的4.8∶50.0∶45.2调整为4.8∶49.1∶46.1。城镇居民人均可支配收入为37851元，农村居民人均纯收入为16106元。城镇居民家庭恩格尔系数为34.4%，比上年下降0.7个百分点；农村居民家庭恩格尔系数为35.6%，比上年下降2.1个百分点。

全年规模以上工业增加值为11701亿元，比上年增长8.5%，轻、重工业增加值分别为5029和6671亿元，分别增长6.4%和10.0%(见表1-1)。规模以上工业企业完成出口交货值11600亿元，增长2.2%；出口交货值占销售产值的比重为18.8%，比上年下降0.9个百分点。

表1-1　2013年浙江省规模以上工业增加值

	绝对数(亿元)	比上年增长(%)
工业增加值总计	11701	8.5
在总计中：轻工业	5029	6.4
重工业	6671	10.0
在总计中：国有企业	986	6.2
有限责任公司	1972	11.2

续表

	绝对数(亿元)	比上年增长(%)
股份有限公司	1045	10.0
私营企业	4722	9.2
港澳台商投资企业	1402	6.8
外商投资企业	1508	4.1
在总计中:国有及国有控股企业	1970	6.4

资料来源:2013年浙江省国民经济和社会发展统计公报。

全年规模以上工业企业实现利润3386亿元,比上年增长15.2%。其中,国有及国有控股企业561亿元,增长28.5%;股份制企业413亿元,增长18.3%;外商及港澳台投资企业974亿元,增长17.6%;私营企业1201亿元,增长12.7%。全年固定资产投资20194亿元,比上年增长18.1%。非国有投资13834亿元,增长18.0%,占固定资产投资的68.5%,其中民间投资12396亿元,增长17.3%,占固定资产投资的61.4%。年末全省已登记的商品交易实体市场4316家,交易额为1.78万亿元,增长12.8%;已登记的网上商品交易市场157家,交易额为1.95万亿元,增长52.0%。全年进出口总额3358亿美元,比上年增长7.5%。其中,进口870亿美元,下降1.0%;出口2488亿美元,增长10.8%。民营企业出口1667亿美元,比上年增长18.8%,高于全省出口平均增速8.0个百分点,占全省出口总值的67.0%,比上年提高4.5个百分点,对全省出口增长的贡献率为108.6%。

2014年上半年,全省生产总值17978亿元,按可比价格计算,比去年同期增长7.2%,其中,一产增加值755亿元,增长0.9%;二产增加值8915亿元,增长6.5%;三产增加值8308亿元,增长8.4%。装备制造、高新技术和战略性新兴产业增加值同比分别增长9%、8.3%和7.8%。小微企业工业增加值同比增长8.7%,高于规模以上工业2.3个百分点。1～5月,规模以上工业实现利润1233亿元,同比增长11.4%。主营业务利润率为5.21%,同比提高0.33个百分点;劳动生产率为16.3万元/人(折年率),按可比价计算增长8.2%。2014年上半年,固定资产投资10802亿元,比去年同期增长17%,其中,民间投资6662亿元,增长15.9%,占投资总额的61.7%。进出口总额10356亿元人民币,比去年同期增长3.8%,其中,进口2591亿元,下降2%;出口7766亿元,增长5.9%,增幅高于全国(-1.2%)、广东(-14%)、上海(1.5%)、江苏(1.9%)

二、市场主体和小微企业

浙江民营经济发达，首先表现为各类市场主体数量巨大。2011年年末，浙江省内资企业实有840815户，注册资本356937540万元；个体工商户2301306户，注册资本12070840万元；农民专业合作社35824户，注册资本2802011万元。随后基本稳定。2013年年末，浙江省共有境内上市公司246家，累计融资3031亿元；其中，中小板上市公司119家，占全国中小板上市公司总数的17%；创业板上市公司36家，占全国创业板上市公司总数的10.1%。2013年年末，浙江省有农业龙头企业7492家；规范化农民专业合作社8328家，其中2013年新增1000家；农家乐休闲旅游村(点)3211个。

2014年以来，商事制度改革促使新增市场主体数量呈现"井喷式"增长。2014年3月，浙江省工商注册新登记各类市场主体7.4万家，比上月新增3.8万家，环比新增115%。与去年同期相比增加了1.5万户，同比净增25.4%。台州、衢州、金华同比增幅尤高，分别为47.8%、41.9%、34.3%。3月份新注册各类企业2.4万户，同比增长55.5%，环比增长182.8%；其中民营(私营)企业2.3万户，占新增注册企业数的97.2%，同比增幅57.5%。新设企业在新登记市场主体中的占比由上月的25.9%上升到31.6%。新增企业户数的行业分布为，批发零售业8999户，制造业5361户，租赁与商业服务业2835户，科研与技术服务业1540户，建筑业1207户。从增幅来看，信息传输、软件和信息服务业，科学研究和技术服务业，租赁和商业服务业是新登记企业增幅最高的行业，同比增幅分别达到128.6%、98.8%和76.1%。3月份新登记2万家有限责任公司，新登记注册资本3万元以下的私营公司制企业1411家。

2013年年底，浙江开始涌现工商登记制度改革试点，改革的成效很快显示出来。以杭州滨江区工商登记改革为例，自2013年12月31日至2014年7月31日，杭州滨江试点区共新登记企业3298户，同比增长139.5%；注册资本总额123.4亿元，同比增长518.2%，新登记企业呈现"井喷"式增长。年轻人创业热情高涨，新登记企业中法定代表人年龄在35岁以下的有1906家，占到近六成，同比增长173.1%。企业取名通过率提升6倍；受理中，通过简化事项、优化流程，一日核准率达53.8%，同比提升了13.8个百分点；"五证一章"联发办理9589家次。

杭州的工商登记九项改革

杭州的工商登记九项改革主要包括：1. 放宽注册资本条件；2. 试行"先照后证"；3. 试行名称核准的不重名原则；4. 简化住所登记手续；5. "五证一章"联发；6. 局所登记一体化；7. 试行企业年报制度；8. 畅通审批渠道；9. 建立市场主体信用公示平台。

放宽注册资本条件、试行注册资本认缴登记制就是，除法律、法规对公司注册资本实缴有明确规定外，由股东（发起人）自主认缴出资额、出资方式、出资期限等，并承担缴纳出资不全的法律责任。股东和发起人根据自愿原则，选择认缴制和实缴制。不再登记实收资本，也不再收取验资报告等验资证明文件。注册资本缴付情况的真实性由公司及其股东负责，股东未按规定出资应承担民事责任。

在"先照后证"措施中，除法律法规明确规定须先取得行政许可后才能申办营业执照的行业外，一般情况下由工商部门先行核发营业执照，相关许可审批部门依据法定职责后续审批并加强监管。杭州市工商局清理了现有的前置审批目录共计 297 项，除涉及国家安全、公民生命财产安全及其他与民生密切相关的 54 项予以保留外，其余 243 项前置审批许可均改为后置审批。

企业年报制度和市场主体信用公示就是，每年 3 月 1 日至 6 月 30 日，企业通过市场主体信用信息公示平台向登记机关报送年度报告，包括企业登记备案事项变化情况、公司股东（发起人）缴纳出资情况、资产状况以及企业联系方式变化情况等。企业对年度报告信息的真实性、合法性负责，登记机关对年度报告内容不审查，不再实行企业年度检验制度。除特殊监管的重点企业，一般企业不再需要提交财务审计报告。登记机关设置经营异常企业名录，未按规定期限提交年度报告、通过登记的住所（经营场所）无法取得联系、未取得许可擅自从事许可经营项目经营等情况的企业将被载入经营异常名录。载入经营异常名录企业的法定代表人（负责人）、投资人、董事、监事、高级管理人员的信息纳入信用监管体系。登记机关可对企业年度报告随机抽查，也可根据投诉、举报及其他专项检查的需要对企业提交的年度报告进行监督检查。依托市场主体信用信息公示平台公示企业信息、共享监管信息、提供信息查询等，落实"宽进严管"，促进企业信用体系建设。

在大企业不断走向全国、走向世界的同时，商事等级制度改革催生了新一轮小微企业的繁荣。在金华地区，小微企业发展最为突出。截至 2013 年 10 月

底，金华市小微企业培育与监测平台入库企业数达到1649家。根据对其中763家样本企业调查，2013年1—9月份，这些小微企业实现工业总产值406.4亿元，同比增长13.37%，增速比规模以上工业企业高3.17个百分点，也比全省样本小微企业高6.55个百分点；样本小微企业销售产值372.67亿元，同比增长11.19%，比规模以上工业企业高2.19个百分点。出口产品交货值累计为93.95亿元，同比增长9.59%，增速比规上工业企业高5.39个百分点。这些样本小微企业同期实现利润总额12.59亿元，同比增长13.02%，比规模以上工业企业高4.16个百分点。

在融资需求方面的调查中，基本满足和部分满足的企业占比为56.42%和21.86%；认为无法满足的企业占比为6.75%；无融资需求的企业占比为14.97%。在对企业流动资金充裕情况的调查中，流动资金充裕的企业占比为40.43%，稍显不足占比为55.69%，严重不足占比为3.89%。认为下一阶段企业所在行业整体经营状况、企业总体生产经营状况会变好的企业占比分别为28.47%和33.09%，认为会变差的分别为11.89%和12.47%，认为无变化的分别为59.65%和54.44%。

在小微企业的发展进程中，融资困难是最普遍的。在政府主导下为小微企业提供融资担保，是解决小微企融资难题的一种有益尝试，也取得了一定的成效，但尚难满足大量小微企业的融资需求。资料显示，2013年1—12月，嘉善县担保机构新增担保额2.45亿元。截至2013年12月末，嘉善县9910家中小企业中，只有近600家企业通过担保机构取得融资，仅占中小企业总户数的6%左右。2014年2月，嘉善县有担保机构7家。民营担保机构担保收费一般按照银行同期贷款利率的50%，或依项目风险程度在基准费率基础上下浮动30%～50%。担保公司往往采取保费下浮的方式吸引优质客户，导致担保收益水平较低。截至2013年12月末，嘉善县在保余额2.98亿元，其中正融、众帮两家担保公司在保余额2.33亿元，占比78.19%。

三、网商发展新阶段

从20世纪70年代末开始，浙江个体私营经济在传统商业、手工业和制造业领域兴起。20世纪末，在互联网兴起之初，浙商又率先迈进网络时代，引领了中国的网商发展。阿里巴巴、网盛生意宝等早已成为中国网商的骄傲。

浙江省工商局、浙江省网商协会发布的《2012浙江网商发展报告》显示，2012年浙江开设各类网店近90万家，约占全国的14.7%，2012年浙江实现网络零售2027.4亿元，同比增长89.5%，占全国网络零售额的16.22%，其中销售额超亿元的网络零售企业已达80家。128家已登记网上交易市场,全年交易额达12889亿元。2012年浙江参与网络购物约1500万人,网上消费1305.5亿元,同比增长59.15%;网络零售总额相当于全省社会消费品零售总额的14.97%,同比增长67%。在各类第三方电子商务平台上注册的中小企业数量达210万家(含个体工商户)。浙江网商在C2C和B2B市场上的影响力居全国首位。

网商与产业集群相结合实现新突破。2012年,"童装名镇"织里镇与阿里巴巴电子商务平台合作,设立了电子商务项目中心,共同打造"中国童装产业示范基地"。2012年年中,织里镇在阿里巴巴网站注册卖家1037家,其中902家为会员卖家,85%的注册卖家从事童装生意,在销售旺季日均交易总额超过200万元,全年交易总额在3.5亿元左右。网商发展与传统产业结合,促进了浙江经济转型升级。阿里巴巴的1688平台上,纺织布匹类、包装类产业81%的采购量来自温州苍南,70%的饰品类买家都选择了义乌。

2012年,浙江有电子商务网站4000多家,杭州市网络销售额达902.9亿元。在网站数量、B2B交易、C2C交易、第三方支付等方面,杭州均处于国内领先地位。杭州集聚了阿里巴巴、网盛科技、淘宝网、天猫等知名电子商务企业和品牌,在全国百强行业网站中占40%,在许多B2B垂直电子商务领域,如化工、纺织、服装、机械、五金、食品、电子等行业的市场占有率保持国内第一。淘宝网拥有6亿的注册用户数,每天有超过8000万的固定访客,每天在线商品数已经超过了10亿件,平均每分钟售出4.8万件商品。2012年,淘宝网占C2C市场份额的96.4%,天猫以56.7%的占比领先B2C。

网商发展带动了物流、支付、金融、信息服务等衍生行业发展。2012年中国第三方互联网支付市场份额中,支付宝以46.6%的绝对优势排名第一。有近50万商家和合作伙伴支持支付宝的在线支付和无线支付服务,范围涵盖了B2C购物、航旅机票、生活服务、理财、公益等众多方面。

伴随网商发展,浙商在互联网金融领域也遥遥领先。阿里巴巴创新了"金额小、期限短、随借随还"的小额贷款模式,在截至2012年12月的两年半时间里,阿里金融已经累计为20万客户发放了贷款。

四、浙商回归

随着浙商在全国乃至海外的崛起,吸引浙商回归成为促进浙江经济社会发展的重要议题。近年来,浙商回归已成为一种潮流。

2012年,全省浙商回归新引进项目1426个,累计到位资金1297.9亿元(含

结转）。其中，内资项目 1136 个，到位资金 983.71 亿元，占比 75.79％；外资项目 290 个，到位资金 314.19 亿元，占比 24.21％；国有项目 66 个，到位资金 161.25 亿元，占比 12.42％；非国有项目 1360 个，到位资金 1136.65 亿元，占比 87.58％。从资金来源地看，长三角地区到位资金 420.34 亿元，占比 32.39％；泛珠三角地区（含港澳台）到位资金 225.19 亿元，占比 17.35％；环渤海湾地区到位资金 253.35 亿元，占比 19.52％；境内外其他地区（不含港澳台）到位资金 399.02 亿元，占比 30.74％（见表 1-2）。

表 1-2　浙商回归项目情况

	2012			2013（1—8 月）		
	当年新增回归项目数（个）	累计到位资金		当年新增回归项目数（个）	累计到位资金	
		到位资金（亿元）	占全部到位资金比重（％）		到位资金（亿元）	占全部到位资金比重（％）
合计	1426	1297.9	108.16％	1035	1166.92	—
外资	290	314.19	24.21％	151	176.25	—
非国有	1360	1136.65	87.58％	999	984.44	—
泛珠三角地区（含港澳台）	242	225.19	17.35％	—	195.69	—
境内外其他地区（不含港澳台）	537	399.02	30.74％			

数据来源：省工商联。

2013 年 1—8 月份，全省浙商回归引进新项目 1035 个，累计省外到位资金 1166.92 亿元，完成年度目标任务的 77.79％，同比增幅 21.80％。其中，内资项目 884 个，省外到位资金 990.67 亿元，占比 84.90％；外资项目 151 个，省外到位资金 176.25 亿元，占比 15.10％；非国有项目 999 个，到位资金 984.44 亿元，占比 84.36％；其他项目 36 个，到位资金 182.48 亿元，占比 15.64％；来自长三角地区到位资金 506.21 亿元，占比 43.38％；来自泛珠三角地区到位资金 195.69 亿元，占比 16.77％；来自环渤海湾地区到位资金 281.81 亿元，占比 24.15％；来自其他地区到位资金 183.21 亿元，占比 15.70％。

第三节　大企业的变化

浙商之所以成为中国私营领域最令人瞩目的群体，是因其在多方面都表现突出：一是广大普通民众的创业精神和个体工商户支撑的“遍地开花”的专业市场；二是“群簇式”、“集群化”发展的广大中小企业；三是大量涌现的民营大企业。近年来，真正显示浙商群体力量的，还是浙商中的大企业。

一、浙商大企业的相对地位

根据全国工商联每年发布的民营企业500家名单。2010年，民营企业500强资产总额和净资产分别达到58824.80亿元和21275.10亿元，户均资产总额和户均净资产分别为117.65亿元和42.55亿元。2010年，民营企业500强实现税后净利润3911.34亿元，户均7.82亿元；销售净利率由2009年的4.6%提高到5.6%，资产净利率由5.59%提高到6.65%，净资产收益率由17.88%提高到22.33%。净利润额排名前三的依次是华为技术有限公司200.85亿元、浙江吉利控股集团有限公司139.11亿元、恒大地产集团有限公司80.25亿元。2012年，民营企业500强最低收入规模77.72亿元，比上年增幅为18.31%。2011年民营企业500强增幅远高于2010年和2012年。民营企业500强营收总额合计105774.97亿元，户均211.55亿元，比上年增幅13.56%。有10家企业营收总额超千亿元，17家企业营收总额在500亿～1000亿元之间，350家企业营收总额在100亿～500亿元之间。根据2014年的报告，2013年民营企业500强营收总计132122.46亿元，户均264.25亿元，比上年增幅24.91%，增幅较大。有16家民营企业营收总额超过千亿元，26家企业营收总额在500亿～1000亿元之间，412家企业营收总额在100亿～500亿元之间。从营收总额上来看，2013年较2012年有较大的提高。

表1-3统计了2002—2013年间浙江、江苏、广东、河南、山东、四川、上海、北京等8个不同省份(直辖市)的民营大企业在全国民营企业500强榜单上的变化情况。表中的数据系当年营业收入总额。对应于次年发布的评价报告，2002年上榜单的浙江省民营企业为189家，依据的也是2002年的营业收入。目前浙江民营大企业在全国长期保持领先地位，但优势开始逐渐减弱。

根据企业住所地区分，浙江与江苏在全国民营大企业中最突出。从2002—2013年趋势来看，浙江入选民营大企业500家的户数呈下降趋势，曾经鹤立鸡

表 1-3　浙江省民营企业在全国民营企业 500 强情况变化

年份	2002	2003	2004	2005	2006	2007	2008	2009	2010	2011	2012	2013
浙江省												
入选户数	189	183	204	203	179	185	161	180	144	142	139	138
最前排名	3. 万向	6. 广厦	5. 广厦	5. 广厦	5. 广厦	7. 广厦	7. 海亮	4. 广厦	6. 吉利	6. 吉利	6. 吉利	9. 吉利
最前收入（万元）	1182647	1564435	2561390	3165835		4420488		5085054	6827951	15099498	15489452	15842925
最后排名	495. 方太厨具	500. 黄岩洲煌	496. 杭州兴耀	499. 康奈	482. 沪光集团	500. 亚太高科	498. 杭州发达齿轮箱	497. 华瑞集团	499. 华迪钢业	500. 伟星集团	497. 富阳申能	497. 公元塑业
最后收入（万元）	40318	60810	134202	183011		296956		367068	506065	656858	781135	918114
江苏省												
	2002	2003	2004	2005	2006	2007	2009	2009	2010	2011	2012	2013
入选户数	78	105	106	113	106	112	109	130	118	108	93	96
最前排名	2. 江苏沙钢	3. 江苏沙钢	2. 江苏沙钢	2. 苏宁	2. 苏宁	1. 江苏沙钢	1. 江苏沙钢	1. 江苏沙钢	2. 江苏沙钢	1. 江苏沙钢	1. 苏宁电器	1. 苏宁电器
最前收入（万元）	1456060	2040198	4054752	6095237		14523215		14631303	17862398	20752771	23272272	27981625
最后排名	496. 诚德钢管	495. 常熟市汽车内饰件厂	491. 江苏万顺	484. 交通工程	486. 天雨环保	499. 常州轨道车辆牵引	472. 常州老三	498. 鹰翔化纤	490. 雅鹿集团	494. 华亚光纤	499. 江中集团	498. 弘盛建筑工程
最后收入（万元）	40231	61337	135001	188737		300001		366536	510771	662691	780519	914301

续表

年份	2002	2003	2004	2005	2006	2007	2008	2009	2010	2011	2012	2013
上海市												
	2002	2003	2004	2005	2006	2007	2008	2009	2010	2011	2012	2013
入选户数	36	35	26	24	23	26	29	19	17	15	16	15
最前排名	6.复星高科技	2.复星高科技	4.复星高科技	4.复星高科技	4.复星高科技	4.复星高科技	11.东方希望	14.复星高科技	19.东方希望	20.复星高科技	26.复星高科技	7.中国华信能源
最前收入（万元）	1011695	2696921	3213900	3853200		4881041		3609215	4831000	5798111	5290594	20998533
最后排名	500.上海市北家电	484.星城石油有限公司	497.华普汽车	468.巨盈实业	462.上海家饰佳	478.上海春冶钢铁	482.上海题桥纺织染纱	459.上海国美电器	454.上海亚龙投资	387.上海致达科技	500.上海龙宇燃油	429.上海奥盛投资
最后收入（万元）	40000	62393	134114	194953		314492		388503	538055	805973	777174	1052932
北京市												
	2002	2003	2004	2005	2006	2007	2008	2009	2010	2011	2012	2013
入选户数	6	5	4	3	3	3	3	7	4	7	8	10
最前排名	1.联想控股	1.联想控股	1.联想控股	1.联想控股	1.联想控股	2.联想控股	2.联想控股	3.联想控股	4.联想控股	4.联想控股	2.联想控股	2.联想控股
最前收入（万元）	3554249	4033096	10318936	13894689		11455850		10637514	14669743	18307800	22664582	24403077
最后排名	465.海诚电讯技术	454.京卫医药科技	454.北京华普产业	65.新华联	64.新华联	56.新华联	48.新华联	500.北京城建道桥建设	375.北京京奥港	440.北京京奥港	459.北京京奥港	500.北京明天
最后收入（万元）	42939	66774	148901	915349		1491769		366046	619105	716595	824937	912226

续表

年份	2002	2003	2004	2005	2006	2007	2008	2009	2010	2011	2012	2013
广东省												
	2002	2003	2004	2005	2006	2007	2008	2009	2010	2011	2012	2013
入选户数	11	9	8	7	13	9	12	13	20	23	21	24
最前排名	46.惠州侨兴	23.惠州侨兴	111.乐从供销	82.深圳海王	11.怡亚通供应链	15.比亚迪	46.广东温氏食品	10.比亚迪	1.华为技术	2.华为投资	3.华为投资	4.华为投资
最前收入（万元）	312744	695632	450000	737465		2678825		3976518	18517600	20392874	22019800	23902500
最后排名	402.广东天健实业	496.广东明珠集团	384.金盛卢氏	438.健康元药业	489.爱商精密电子	437.中山丝绸进出口	490.番禺大龙玻璃厂	495.健康元药业	489.广州大优煤炭销售	479.珠海秦发贸易	456.广东东凌粮油	471.朗华供应链
最后收入（万元）	50000	61278	168394	207620		350000		368325	511006	680427	831682	975235
河南省												
	2002	2003	2004	2005	2006	2007	2008	2009	2010	2011	2012	2013
入选户数	6	3	9	11	16	10	10	8	9	12	16	14
最前排名	187.益海粮油工业	141.定角实业	249.定角实业	134.蓝天集团	132.济源钢铁	80.济源钢铁	71.济源钢铁	112.天瑞	150.天瑞	147.天瑞	69.金龙精密铜管	99.金龙精密铜管
最前收入（万元）	101068	180500	240003	501279		1171922		1060201	1315527	1792252	3181653	3258333
最后排名	472.河南大永实业	474.豫北金属冶炼厂	495.河南财鑫	458.思念食品	491.通宇冶材	475.金利冶炼	492.通宇冶材	437.思念食品	472.万洋冶炼	499.林州市林丰铝电	498.河南凤宝特钢	452.建业住宅
最后收入（万元）	42369	64038	134419	200015		315961		400033	522130	656926	780702	1005324

续表

年份	2002	2003	2004	2005	2006	2007	2008	2009	2010	2011	2012	2013
四川省												
	2002	2003	2004	2005	2006	2007	2008	2009	2010	2011	2012	2013
入选户数	19	17	12	9	9	16	15	11	18	13	17	13
最前排名	28.四川宏达	31.通威	13.新希望乳业	20.四川宏达	20.四川宏达	6.新希望	8.新希望	5.新希望	11.新希望	12.新希望	14.新希望	20.新希望
最前收入（万元）	411025	616512	1634737	1674146		4469679		4606739	5596432	7538106	8063941	7789271
最后排名	462.遂宁市高金食品	475.四川怡和	483.华侨凤凰	500.四川龙蟒	499.巴尔农牧	493.四川富临实业	486.四川博力投资	464.四川龙蟒	500.成都华西希望	495.成都红旗连锁	455.四川濠吉食品	393.福华农科
最后收入（万元）	43287	63913	137520	182740		300495		385297	505984	662388	832810	1127516
山东省												
	2002	2003	2004	2005	2006	2007	2008	2009	2010	2011	2012	2013
入选户数	40	40	34	33	30	41	40	37	46	43	53	54
最前排名	16.山东金锣	38.山东金锣	20.临沂新程金锣肉制品	38.华盛江泉	38.华盛江泉	27.临沂新程金锣肉制品	4.日照钢铁	68.华泰	16.山东六和	5.山东魏桥创业	5.山东魏桥创业	3.山东魏桥创业
最前收入（万元）	556018	539000	1359429	1260000		2229815		1514832	5068613	16101478	18651498	24138650
最后排名	451.山东华氏实业	459.冠县冠星纺织	494.山东晨曦	494.齐鲁特钢	487.昌乐世纪阳光纸业	497.齐鲁特钢	499.山东冠蒙建设	499.山东金升	492.临沂三德特钢	454.胜利油田高原石油装备	488.临清三和纺织	490.兴源轮胎
最后收入（万元）	45000	65700	134814	185584		300051		366224	510677	705563	798023	937159

群的显著优势逐步降低（见图 1-1）。2004、2005 年是浙江民营大企业的巅峰时刻。随后呈明显下降趋势。受 2008 年国际金融危机冲击，浙商大企业在全国地位出现三次陡然降低，第一次出现在 2006 年，第二次出现在 2008 年，第三次出现在 2010 年。经过三次台阶式下降，浙商大企业的总体优势地位明显下降，持续降低的总体趋势已定。从中国经济的宏观基本面来看，这一趋势是合理的。另一方面，直到 2013 年，从绝对优势来看，浙商大企业群体仍然是最突出的，其总体绝对优势仍能保持若干年。

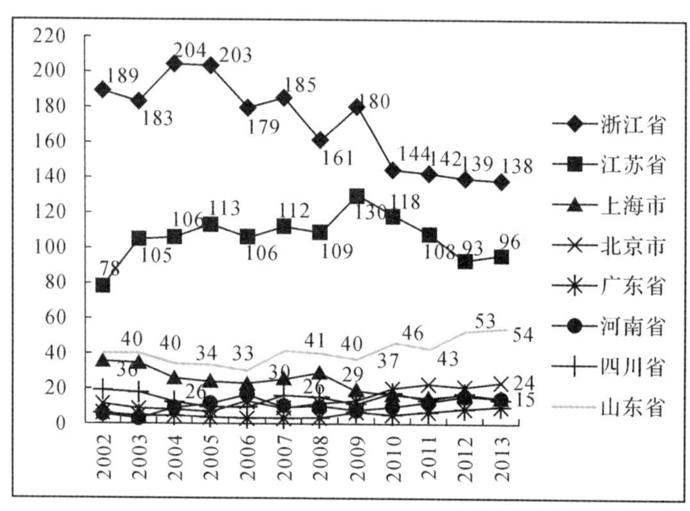

图 1-1　八省市民营大企业比较

同处长三角地带的江苏，入选全国民营大企业的户数呈现总体升势。由 2002 年的 78 家上升到 2009 年的 130 家，此后几年有所下降和波动，至 2013 年江苏入选全国民营大企业户数为 96 家。江苏也有 2006、2008、2010 年三次下降，但降幅远远低于浙江。长期来看，浙江的下降趋势和江苏的上升趋势是显著的。江苏、浙江在民营大企业的表现上，正在逐步趋向减小波幅。但是江浙两省的合计数，长期看基本上是持续降低的。江苏的升幅难抵浙江的降幅。上海入选民营大企业户数，也呈明显下降趋势，从 2002 年的 36 户下降到 2013 年的 15 户，降幅最大。十多年来，江浙沪合计从 303 家下降到 249 家。长三角地区可能是唯一一个呈下降趋势的大区。

作为经济第一大省的广东，在全国民营企业 500 家中所占席位一直不高，与江浙沪三省市形成强烈反差。山东、河南、北京基本稳定，略有上升。另一经济大省四川表现平平。

自全国民营企业 500 家名单发布以来，浙商大企业从未占据过榜首位置，最前排名曾达到第3位，近几年最前排名稳定在第6位，而在过去的2013年，最前排名下跌至第9位。排名靠前的浙商大企业所属行业依次为机械加工和制造业的万向、建筑业的广厦、汽车整车的吉利；同期，江苏的领先民营企业沙钢排名在第2位甚至第1位，属于冶金原材料行业，而且属于零售业的苏宁电器在2012、2013连续两年蝉联第1位。北京市的联想控股有限公司比较稳定，从2002年到2013年稳定在前5位，曾占据第1、2位。上海复星高科技自2002年以来常常是上海市的领先民营企业，然而排名不断下降，从2003年的第2位到2012年的第26位，2013年更是被中国华信能源所取代，后者成为上海市民营企业的领头羊。隶属于广东省的华为投资近年来风头强劲，连续四年进入排名前五。河南省、四川省以及山东省，三省进入榜单的民营企业大多数属于能源行业，与本省资源条件紧密相关。

从2002—2013年间入选的浙商大企业情况看，排名最前的浙商大企业营业收入提高为起初的13.4倍，江苏的领先民营企业营业收入提高为起初的19.2倍，上海市提高为起初的20.8倍，北京市提高为起初的6.9倍，广东省、河南省、四川省以及山东省依次为76.4倍、32.2倍、19.0倍以及43.4倍。排名最后的浙商大企业营业收入提高22.8倍，江苏提高22.7倍，上海提高26.3倍，北京提高21.2倍，广东省提高19.5倍，河南省提高23.7倍，四川省提高26.1倍，山东省则提高20.8倍。

二、多元化和再定位难题：娃哈哈和奥康

在浙商大企业的发展进程中，大多数都经历过多元化扩张的阶段，近年来，曾经存在的多元化的条件和历史机遇，正逐步转化为多元化的危机与困境。多元化经营是目前大多数浙商大企业的现状，其中不相关多元化占有相当大比重。正当多元化之困越来越显著地成为普遍问题之时，少数长期奉行专业化或者相关多元化战略的大企业，却在寻求多元化的突破。这既体现了民营企业家积极进取的精神，也反映了民营企业进一步发展和转型升级的现实困惑。近期媒体报道的娃哈哈多元化和奥康转型，对浙商大企业可能具有普遍的启示意义。

娃哈哈多元化：突破还是陷阱？

娃哈哈集团从20世纪90年代初开发儿童饮料起步，迅速成为中国饮料行业的翘楚。娃哈哈领袖宗庆后也曾登临中国首富之位。至2012年，娃哈哈销售收入出现下滑情况，其多元化步伐明显加快。2012年开始，娃哈哈进入零售业，首家娃欧商场开始营业；2013年娃哈哈进入白酒行业，其时被称为

白酒行业所谓的“黄金十年”终结。

2014年来，媒体关于娃哈哈的负面消息纷纷出现。有质疑富氧水玩概念忽悠消费者的，有关于其唯一实体项目娃欧商场拖欠物业租金的，还有关于强制内部员工购买公司生产的老批号快过期的爱迪生奶粉的，还有关于宗庆后意外受伤的。进一步的，关于其多元化战略的批评开始主导有关娃哈哈的舆论。

娃哈哈集团的发展历程：

1989年，“娃哈哈”品牌从儿童营养液起步。

1995年，娃哈哈实施品牌延伸，推出饮用纯净水。

世纪之交，娃哈哈涉足碳酸饮料，随后又在新世纪初创造了营养快线的辉煌。

至此，娃哈哈奉行的都还是专业化战略或者相关多元化战略。

2002年，娃哈哈曾经涉足童装市场，这可以视为娃哈哈多元化时代的真正开端。但这一多元化尝试并未引起多大关注。

2010年，娃哈哈进军婴儿奶粉领域，并由荷兰皇家乳品公司为娃哈哈代工生产“爱迪生奶粉”，目标是3年后冲刺年销售额100亿元。

2012年，娃哈哈开始涉足房地产领域和零售商业，一年多时间里，娃哈哈集团创设的欧洲精品商场——娃欧商场，就爆出了拖欠物业租金的消息。

2013年，娃哈哈集团声称以150亿元投资高调涉足几乎是中国人唯一不依赖外国核心技术的白酒行业。

目前，可能尚未到对娃哈哈多元化战略做结论的时候，但是，娃哈哈的多元化之困，却对浙商大企业具有普遍意义。

奥康转型：天价代言这么简单？

浙江奥康鞋业股份有限公司是中国最大的民营制鞋企业之一，是北京2008年奥运会皮具产品供应商，中国领先的零售服务运营商，连续四年位列中国工业行业效益十佳企业第一位。奥康品牌定位“时尚、舒适、科技”，拥有奥康、康龙、美丽佳人、红火鸟四个自有品牌，2010年成功收购意大利valleverde品牌大中华区品牌所有权。

在温州企业高价请明星代言的潮流过后，2014年，奥康在产品收入全线下跌的背景下，以千万元代言费高价聘请韩剧明星“都教授”金秀贤，期冀树立品牌年轻化形象。

根据2013年财务报告，奥康国际实现营业收入27.96亿元，与上年同期相比下跌19.07%，其中归属于上市公司股东的净利润为2.74亿元，与上年同期相比大幅下滑46.57%；奥康国际旗下的男鞋、女鞋、皮具等产品营业收入，与上年同期相比，分别下跌11.52%、30.37%、7.75%；2014年一季度，奥康国际实现营业收入7.42亿元，同比下滑11.21%，其中，归属于上市公司股东的净利约1亿元，同比下滑20.31%。

三十多年来积累的社会经济文化变化，让中国的消费市场开始显示新特征。为此，奥康应对之策是确立朝向“品牌年轻化”的方向走。面向消费市场的企业和企业家们，将以何种策略应对市场变化再创辉煌呢？

第四节　上市公司经营状况

近年来，浙江的上市公司数量增长很快，其中大部分新增上市公司都是浙商新秀。2010—2014年间，浙江上市公司的数量增加了105家。2010年8月，浙江上市公司数量为152家，包括沪市A股63家，深市中小板80家、创业板9家。至2014年8月，在沪深股市交易的浙江上市公司共有254只股票，其中包括沪市A股86家、沪市B股1家、深市A股12家、深市中小板110家、深市B股1家、深市创业板44家。这些上市公司的财务数据在很大程度上可以反映浙商企业的经营状况。

一、总体表现

在全部254家浙江上市公司中，剔除2家B股上市公司和宁波银行后，以251家非金融上市公司作为考察对象。总的来说，近年来浙江上市公司的成长性表现不错。大公司、中小公司、创业板公司三类企业的资产负债率都比较低，大公司的净资产率基本保持稳定(44%)，中小企业净资产率也呈持续降低趋势，从30%左右的水平降到30%以下上，创业板公司的净资产率也基本稳定(70%左右)，长期负债占所有者权益的比重不高，大公司的长期负债/所有者权益有所提高，但并不足以影响企业经营，中小公司的长期负债/所有者权益比率持续上升，但也维持在较低水平，创业板公司长期负债很少。三类上市公司都既不存在短期偿债压力，也不存在长期债务风险，总体上看，三类公司的经营都比较稳健(见表1-4)。

表 1-4　浙江上市公司财务状况

年份	资产负债率（长短期负债/资产总额）			净资产率（所有者权益/资产总额）			短期负债/利润		
	2013	2012	2011	2013	2012	2011	2013	2012	2011
沪市	57.37%	55.75%	55.47%	42.63%	44.25%	44.53%	987.97%	1497.68%	844.67%
深市	73.04%	71.1%	66.94%	26.96%	28.9%	33.06%	699.14%	725.56%	571.29%
创业板	30.38%	29.31%	31.80%	69.62%	70.69%	68.20%	362.31%	374.91%	273.56%
年份	长期负债/所有者权益			利润率（利润/收入）			净资产赢利率（利润/所有者权益）		
	2013	2012	2011	2013	2012	2011	2013	2012	2011
沪市	37.39%	30.45%	29.93%	8.67%	7.43%	9.10%	11.60%	6.79%	8.54%
深市	16.38%	13.20%	9.66%	8.53%	8.40%	10.16%	8.64%	8.99%	11.86%
创业板	8.33%	8.06%	8.38%	13.62%	12.59%	16.76%	8.76%	9.24%	15.61%

从利润率来看，大公司利润率波动不明显，基本能维持住8%左右的赢利水平，中小公司的赢利水平有波动，但波动比大公司略小，创业板公司赢利水平最高，三类上市公司的利润率波动属正常。从资产赢利率看，大公司波动中趋稳，中小公司资产赢利状况好于大公司，资产赢利水平向大公司靠拢趋势明显，创业板上市公司资产赢利水平持续降低这一趋势值得注意(见表1-5)。

从短期负债/利润来看，大公司这一比率最高而且波动剧烈，鉴于大公司抗风险能力强，当年利润支撑其偿还短期债务的压力比较小，高比率对企业经营影响并不大；从赢利能力管理和偿债能力比较的视角看，大公司的经营状况还有大幅提高的空间，也有大幅提高的必要。中小公司的短期负债/利润比率提升很快，反映中小板上市公司规模扩张很快，其偿债能力和融资能力也大幅提高，已经接近大公司水平。创业板公司的短期负债/利润比率上升也很快，上市对于提升企业融资能力管理很有必要。对创业企业来说，短期债务水平普遍迅速上升和净资产赢利率显著降低同时发生，虽然尚不足以对当下的经营产生严重压力，但这种趋势应当引起注意。

企业上市在提升治理规范性、增强抗风险能力、提升融资能力方面有显著功效，但是，对应规模扩张，资产赢利率降低也是普遍趋势，但公司规模扩展，有利于增强其经营稳定性和可持续性，同时也能促进其赢利能力向全社会平均水平靠拢。

二、主要财务指标变动情况

1.资产变动情况

2011—2013年，浙江的沪市88家上市公司资产总额合计由5487.66亿元增长到7055.87亿元，增幅28.58%；深市122家上市公司资产总额合计由6130.16亿元增长到9307.42亿元，增幅51.83%；创业板42家上市公司资产总额合计由712.38亿元增长到934.47亿元，增幅31.18%。大公司规模已经较大，以经营稳定为主要特征，资产增长并不显著，但稳定。中小企业资产增长最快，规模扩张特征明显。创业板公司资产增长比大公司快些，但也远低于中小企业。企业规模不同、在不同发展阶段上，资产规模增幅呈现显著的阶段性特征。三类公司资产都持续增长，只是增幅不同(见图1-2)。

表 1-5　浙江上市公司经营情况合计汇总表

年份	总资产合计(亿元)			每股净资产合计(亿元)			每股收益合计(元)		
	2013	2012	2011	2013	2012	2011	2013	2012	2011
沪市	7055.87	6147.79	5487.66	355.30	345.09	357.30	30.33	23.42	41.46
深市	9307.42	7796.87	6130.16	534.32	558.20	610.40	46.19	50.18	72.40
创业板	934.47	856.77	712.38	228.52	269.87	232.58	19.80	24.95	36.31
年份	总收入合计(亿元)			主营业务收入合计(亿元)			利润总额合计(元)		
	2013	2012	2011	2013	2012	2011	2013	2012	2011
沪市	4034.11	3513.98	3441.79	4030.47	3509.88	3437.73	349.42	260.70	312.93
深市	3730.33	3231.17	2887.68	3728.88	3229.85	2886.31	318.05	271.19	293.31
创业板	539.10	491.35	467.31	539.10	491.35	467.31	73.43	61.84	78.32
年份	短期负债合计(亿元)			长期负债合计			所有者权益合计(元)		
	2013	2012	2011	2013	2012	2011	2013	2012	2011
沪市	2923.54	2599.43	2312.61	1124.58	828.20	731.36	3007.74	2720.16	2443.69
深市	1694.94	1731.86	1490.02	410.98	297.41	195.79	2508.97	2253.40	2026.50
创业板	229.67	202.31	185.84	54.17	48.81	40.71	650.62	605.65	485.82

注释:至 2014 年 8 月底,浙江省内上市股票共 254 只,其中 2 只 B 股上市公司不纳入本表统计,股票以人民币计价的上市公司共 252 家,其中沪市 88 家,深市 122 家,创业板 42 家。

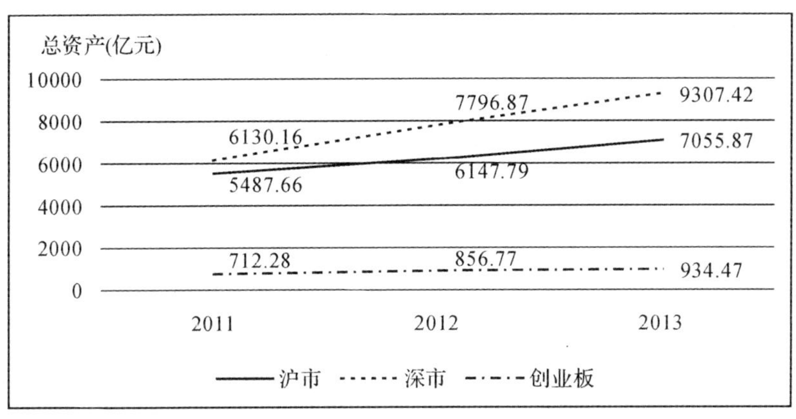

图 1-2　浙江上市公司资产变动情况

2.营业收入和主营业务收入变动情况

2011—2013 年,浙江的沪市 88 家上市公司总收入合计和主营业务收入合计分别由 3441.79 亿、3437.73 亿元增长到 4034.11 亿、4030.47 亿元,增幅 17.21%、17.24%;深市 122 家上市公司总收入合计和主营业务收入合计由 2887.68 亿、2886.31 亿元增长到 3730.33 亿、3728.88 亿元,增幅 29.18%、29.19%;创业板 42 家上市公司总收入合计和主营业务收入合计由 467.31 亿、467.31 亿元增长到 539.10 亿、539.10 亿元,增幅 15.36%。中小企业总收入合计和主营业务收入合计两项增幅都超过大公司和创业板公司,创业板公司的收入增长幅度几乎无差异,比中小企业和大公司增长更平稳(见图 1-3 和图 1-4)。

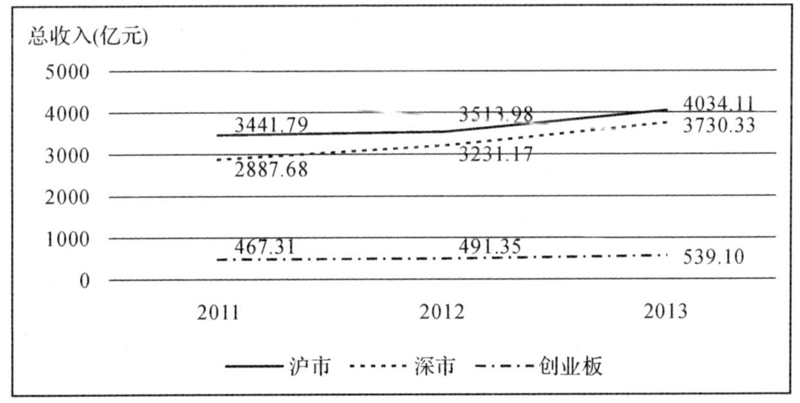

图 1-3　浙江上市公司收入变动

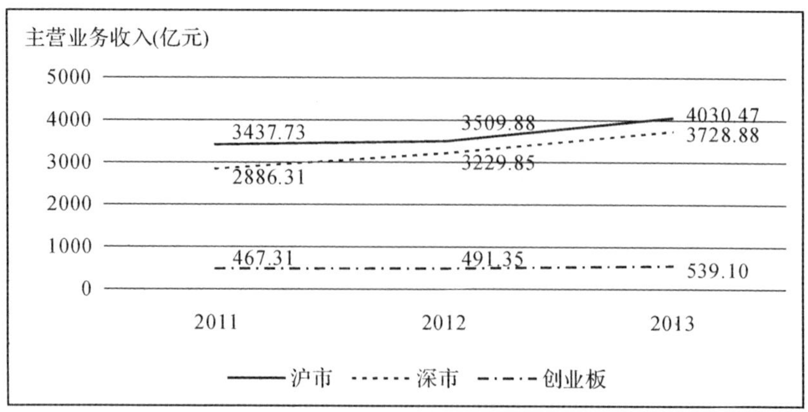

图 1-4 浙江上市公司主营业务收入变动

3. 负债情况

2011—2013 年，浙江的沪市 88 家上市公司短期负债合计和长期负债合计分别由 2312.61 亿、731.36 亿元增长到 2923.54 亿、1124.58 亿元，增幅 26.31%、53.76%；深市 122 家上市公司短期负债合计和长期负债合计由 1490.02 亿、195.79 亿元增长到 1694.94 亿、410.98 亿元，增幅 13.75%、109.90%；创业板 43 家上市公司短期负债合计和长期负债合计由 185.84 亿、40.71 亿元增长到 229.67 亿、54.17 亿元，增幅 23.58%、33.06%。创业板公司长期负债很少，中小企业的负债增幅远超过资产增幅，显示中小企业规模扩张主要是由负债增加支撑的。三类企业的负债增幅都超过其资产增幅，反映出企业经营状况普遍不如以前。分析负债增加的部分，三类公司的负债增加更多地体现为长期负债增加，尤其是中小企业。这与企业不同发展阶段的融资特征显著相关(见图 1-5 和图 1-6)。

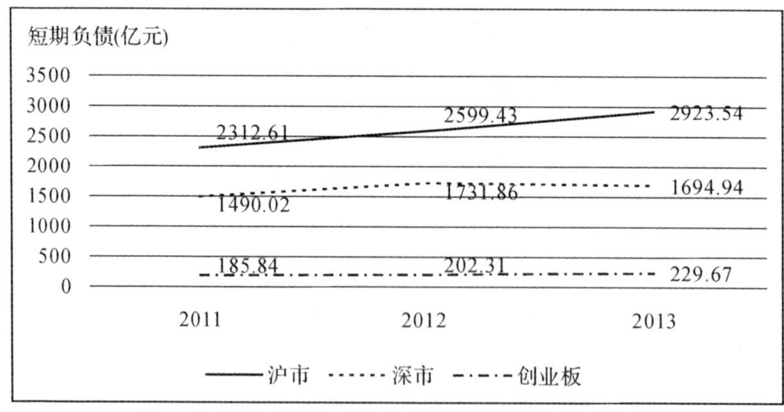

图 1-5 浙江上市公司短期负债变动

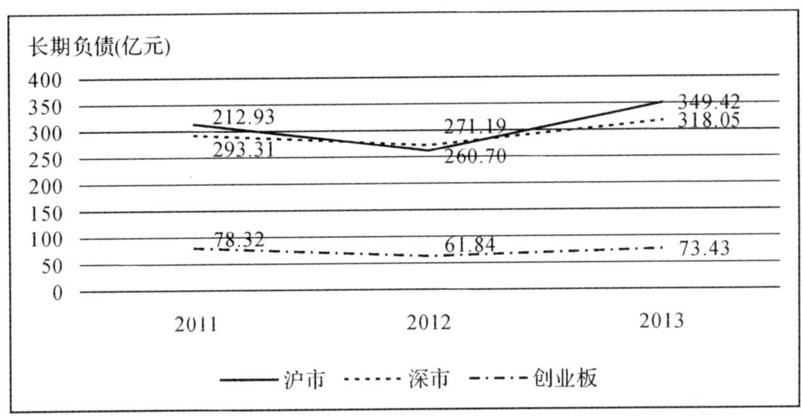

图 1-6　浙江上市公司长期负债变动

4. 赢利状况

2011—2013 年，浙江沪市 88 家上市公司利润总额合计首尾基本持平，2012 年有显著下降，经历利润显著下降和恢复；深市 122 家上市公司利润总额合计由 293.31 亿元增长到 318.05 亿元，增幅 8.43%，其中 2012 年比 2011 年有所下降，2013 年又比 2012 年有所上升；创业板 43 家公司利润总额先是 2012 年显著下降，随后在 2013 年有回升但不及 2011 年水平，显示出创业板公司经营最不稳定，波动剧烈。大公司抗风险能力比较强。中小企业经营灵活、环境适应性和赢利能力都处于上升期，但是，抗风险能力不如大公司（见图 1-7）。

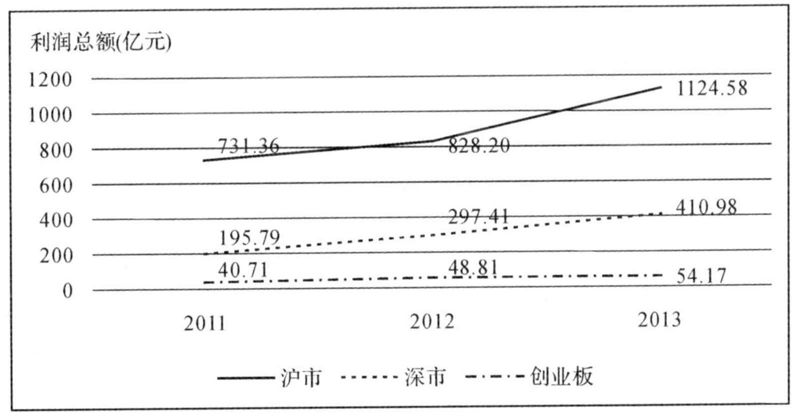

图 1-7　浙江上市公司赢利状况

5.所有者权益变动情况

2011—2013年，浙江的沪市88家上市公司所有者权益由2443.69亿元增长到3007.74亿元，增幅23.08%；深市122家上市公司所有者权益由2026.50亿元增长到2508.97亿元，增幅23.80%；创业板43家上市公司所有者权益由485.82亿元增长到650.62亿元，增幅33.92%。所有者权益都呈现持续增长，其中，大公司和中小公司所有者权益增长稳定，创业板公司所有者权益增幅最大。不同规模公司在所有者权益方面显示出均等化趋势（见图1-8）。

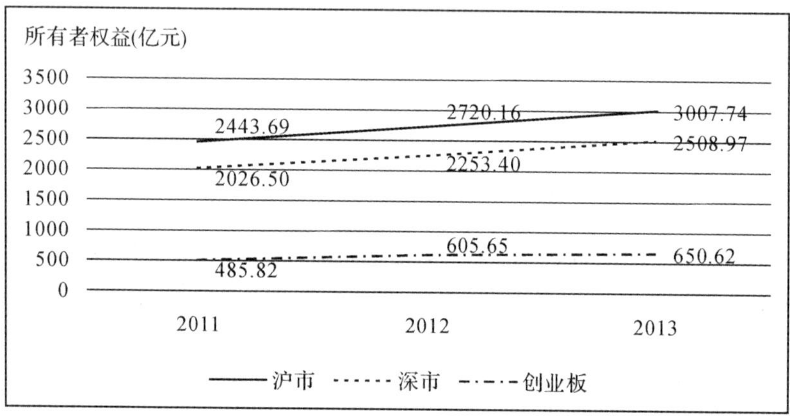

图1-8　浙江上市公司所有者权益变动情况

6.股东投资回报变动（每股净资产和每股收益变动情况）

2011—2013年，浙江的沪市88家上市公司每股净资产合计在2012年显著下降，2013年部分恢复；深市122家上市公司每股净资产合计由610.40亿元下降到534.32亿元，降幅12.46%；创业板43家上市公司每股净资产合计由2011年的232.58亿元上升到2012年的269.87亿元，随后在2013年又下降至228.52亿元。沪市88家上市公司每股收益合计在2012年由41.46元大幅下降到23.42元，随后又回升至2013年的30.33元；深市122家上市公司每股收益合计由72.40元大幅下降到46.19元，降幅36,20%；创业板43家上市公司每股收益合计由36.31元大幅下降到19.80元，降幅45.47%；三类公司投资回报都在下降（见图1-9和图1-10）。

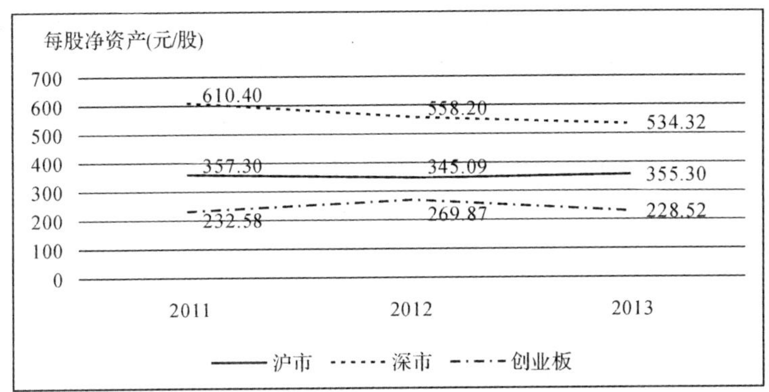

图 1-9 浙江上市公司每股净资产变动情况

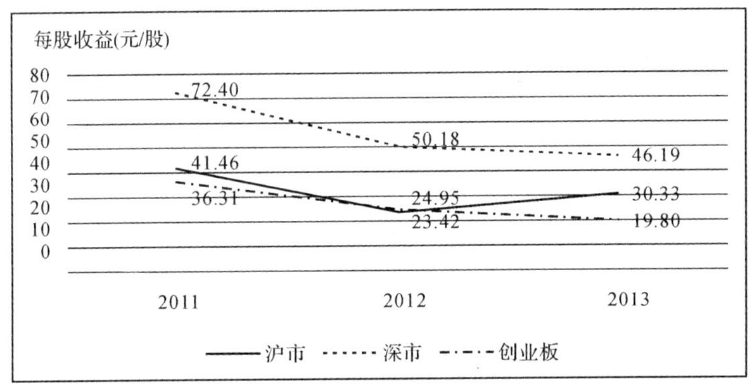

图 1-10 浙江上市公司每股收益变动

第五节 民营金融发展

在私营经济发展的进程中，无不伴随着民间金融活动。个体工商户起步资金多涉及亲朋好友之间的借款，民营企业从无到有、从小到大每一步成长也往往都涉及私人间借贷，即使具有相当规模和实力的民营企业，也还在不同程度上继续依赖民间借贷。另一方面，经营绩效良好、积累了一定资金实力的个体户和私营企业，也会为追求资金的高赢利而从事民间借贷活动。个体私营企业发展与民间金融活动，彼此关联，相互依赖，不可分割，有此即有彼，有彼即有此。在个体私营企业的市场经济框架里，民间金融活动始终存在，有其必然性与合理性。关于民间金融的争论集中于其是否获得承认、是否合法以及在何种程度上合法的问题。

与所谓正规金融体系的职能定位不同，民间金融服务于、来源于无处不在的交易活动，并且主要是为个人或者小微企业提供形式多样、灵活的金融服务，并且还往往具有隐性契约特征。当前，民间金融的合法形式包含小额贷款公司、村镇银行和民营银行三类，其中小额贷款公司开办已经8年，首批村镇银行开办至今也有7年。在全国范围内，由原城市信用社改制后保留下来的、可以算作民营银行的4家民营银行，有更长的历史。不过，现在讨论的民营银行，是指在近期开放民间金融和金融改革话题下，允许民营企业新开办的民营银行。

一、小额贷款公司的发展

2005年10月，为了推动农村金融的创新，中国人民银行在山西、四川、贵州、内蒙古和陕西五省区各选择一个县开展小额贷款公司的试点，由央行再贷款承担风险处置责任(见表1-6)。

表1-6　首批小额贷款公司的情况

试点地区	公司名称	开业时间	注册资金(万元)	贷款余额(万元)(2007年9月30日)	平均利率(%)
山西平遥	晋源泰	2005.12	1600	2716.5	20.65
	日升隆	2005.12	1700	3524.2	18.55
四川广元	全力	2006.6	2000	990.9	24.13
贵州江口	华地	2006.8	3000	110.3	18.10
陕西户县	信昌	2006.9	2200	468.0	22.32
	大洋汇鑫	2006.9	2100	1499.7	23.40
内蒙古鄂尔多斯	融丰	2006.10	5000	5922.7	23.37

2006年12月，银监会启动农村金融改革进程，小额贷款公司被纳入试点框架。2008年5月，银监会联合央行出台了《关于小额贷款公司试点的指导意见》，旨在引导资金流向农村和欠发达地区，改善农村地区的金融服务，促进农业、农民和农村经济发展，支持社会主义新农村建设。从2008年开办以来，小额贷款公司发展很快，小额贷款公司的经营实力也显著增强，对缓解中小企业融资难、促进县域经济发展等方面作用明显。

数据显示，2010年全国有3614家小额贷款公司，贷款余额1975亿元；截至2014年一季度，全国小额贷款公司数量已达8127家，贷款余额8444亿元，一季度新增人民币贷款251亿元。4年多来，我国小额贷款公司增加了5500多家，累计新增贷款近6500亿元。小额贷款公司迅猛发展的态势，体现了私营经济参与金融服务的迫切热情和强劲动力。

从业务特点看，小额贷款公司具有数额小、周期短、审批快的显著特点，贷款无须第三方机构评估，贷款条件主要是保证还款，以抵押和质押作为条件的很少，小额贷款公司利率上限为央行基准利率的 4 倍。贷款期限可长可短，主要以短期贷款为主，还款方式灵活，是商业银行开展中小企业金融服务的有益补充。小额贷款公司既是私营企业参与金融服务的重要形式，也是工业反哺农业的新形式。同时，小额贷款公司还形成了与高利贷等地下金融的竞争，客观上抑制了高利贷等地下金融活动。

浙江个体私营经济发达，为小额贷款公司提供了良好的发展基础。浙江从 2008 年才开始在工商行政管理机关的监督管理下成立小额贷款公司。在 2008 年至 2009 年的两年时间，浙江省 90 个县(区)行政单位中的 81 个县(市、区)出现了 105 家小额贷款公司。2009 年，浙江小额贷款公司最高年利率 21.24%，最低年利率 1.458%，年均贷款利率从年初的 14.33%降低为年底的 13.83%，年均资本收益率大致在 9%～11%。

2011 年 11 月，浙江省政府办公厅发布《关于深入推进小额贷款公司改革发展的若干意见》，2012 年 2 月份浙江省工商局出台的《浙江省小额贷款公司融资监管暂行办法》，进一步放宽了小额贷款公司的准入条件，主发起人及其关联股东首次入股比例上限可达 30%，融资比例可以提高到资本净额的 100%，取消借款银行家数限制，可以向主要法人股东定向借款；对运行情况良好、合规经营、连续两年考评为优秀的公司，可与银行业金融机构、地方金融资产交易平台合作开展资产转让等业务。

若干省区市小额贷款公司数量增长趋势如图 1-11 所示。

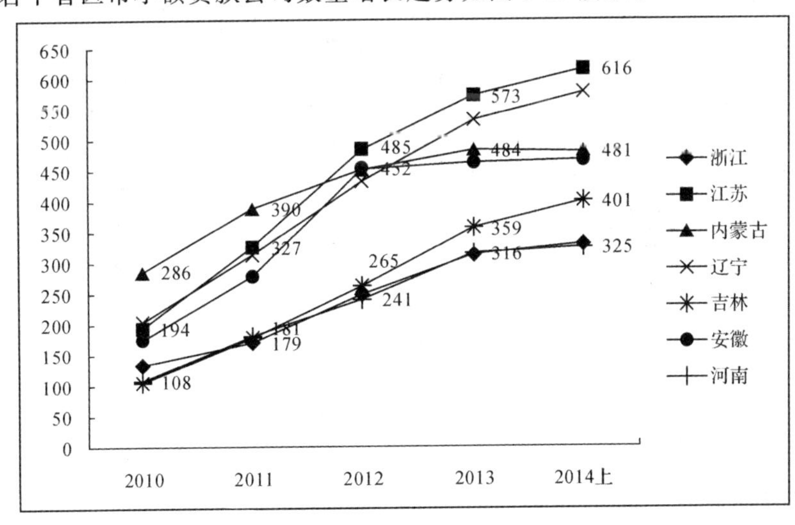

图 1-11 小额贷款公司数变化

江苏、浙江是我国小额贷款公司发展最快的地区。江苏省苏南地区农村小额贷款公司的数量超过全省总量半数。截至2013年年底，江苏、浙江两省的小额贷款公司数量分别为573家和314家，分别位列全国的第1位和第10位；贷款余额分别为1142.90亿元和899.85亿元，分别位列全国的第1位和第2位，贷款余额之和接近全国总量的四分之一。

若干省区市小额贷款公司实收资本情况见图1-12。

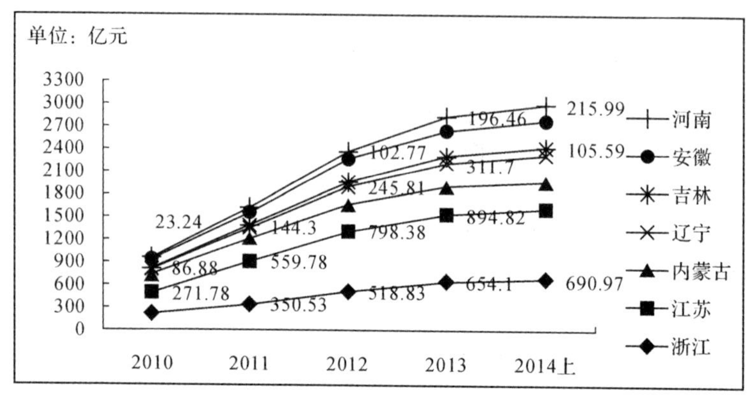

图1-12　小额贷款公司实收资本

若干省市小额贷款公司年末贷款余额情况见图1-13。

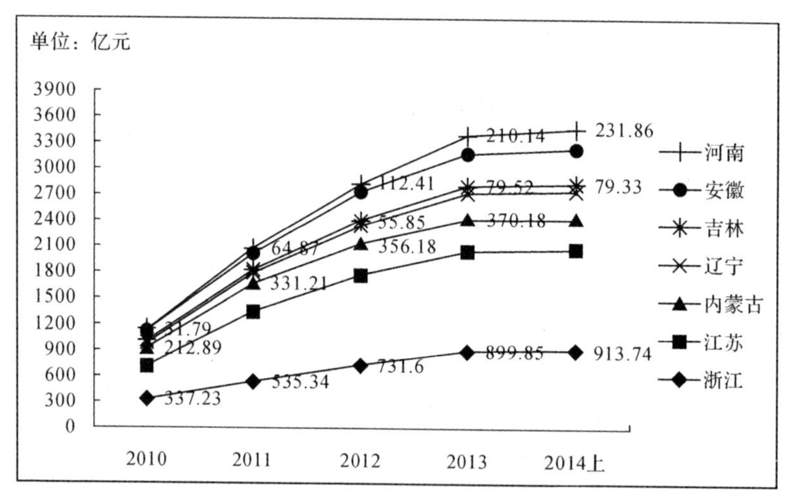

图1-13　小额贷款公司年末贷款余额

截至2014年6月末，全国共有小额贷款公司8394家，贷款余额8811亿元，上半年新增人民币贷款618亿元(见表1-7)。

表 1-7　小额贷款公司发展情况

	机构数量					从业人数					实收资本					贷款余额				
	2010	2011	2012	2013	2014 上	2010	2011	2012	2013	2014 上	2010	2011	2012	2013	2014 上	2010	2011	2012	2013	2014 上
全国	2614	4282	6080	7839	8394	27884	47088	70343	95136	102405	1780.93	318.66	5146.97	7133.39	7857.27	1975.05	3914.74	5921.38	8191.27	8811.00
北京	20	33	41	64	69	203	374	458	781	847	19.35	37.75	49.95	95.50	100.70	18.78	39.55	49.85	104.38	111.75
天津	19	33	63	100	110	183	360	741	1344	1445	12.76	32.55	72.31	114.37	129.77	10.23	33.51	69.47	119.30	136.21
河北	152	186	325	439	459	1738	2215	3766	5093	5336	87.89	109.15	194.76	256.33	263.42	85.94	117.89	205.43	273.10	277.56
山西	151	209	243	311	315	1501	2098	2390	3197	3271	87.53	121.49	153.60	205.39	213.94	77.27	114.68	151.24	206.05	212.61
内蒙古	286	390	452	484	481	2808	3765	4341	4772	4743	231.42	313.29	345.40	360.46	353.25	212.89	331.21	356.18	370.18	357.40
辽宁	204	312	434	533	578	1481	2334	4116	4912	5238	86.88	144.30	245.81	311.70	352.48	64.96	122.83	222.84	306.60	327.35
吉林	106	179	265	359	401	822	1479	2231	3117	3421	23.24	40.49	69.84	99.93	105.59	17.31	30.51	55.85	79.52	79.33
黑龙江	98	172	229	249	249	851	1511	2030	2218	2208	22.94	44.26	73.23	113.30	114.46	19.12	40.80	66.36	104.20	106.43
上海	49	66	80	107	112	383	570	695	1069	1309	50.85	77.08	98.15	147.75	155.95	64.12	109.31	136.95	187.41	201.40
江苏	194	327	485	573	616	1744	3019	4614	5658	6119	271.78	559.78	798.38	894.82	933.30	374.12	805.16	1036.62	1142.90	1147.66
浙江	134	170	250	314	330	1513	2039	2805	3867	3718	225.63	350.53	518.83	654.10	690.97	337.23	535.34	731.60	899.85	913.74
安徽	176	278	454	463	466	1638	3122	5409	5583	5913	91.91	160.25	301.96	329.80	357.21	106.43	189.54	325.00	381.03	407.17
福建	6	42	58	95	104	61	499	743	1447	1551	13.38	83.67	127.97	213.60	236.20	19.44	99.83	160.80	259.99	279.99
江西	39	115	175	214	221	480	1336	1940	2812	2888	27.25	98.38	167.44	230.60	242.10	31.86	110.63	191.25	265.07	275.15

续表

	机构数量					从业人数					实收资本					贷款余额				
	2010	2011	2012	2013	2014上	2010	2011	2012	2013	2014上	2010	2011	2012	2013	2014上	2010	2011	2012	2013	2014上
山东	97	184	257	294	308	1005	1985	2934	3556	3704	87.73	186.01	278.17	335.22	358.82	95.13	222.53	331.38	404.84	424.42
河南	108	181	241	316	325	1362	2425	3375	4758	4885	34.53	63.74	102.77	196.46	215.99	31.79	64.87	112.41	210.14	231.86
湖北	52	96	154	219	243	399	883	1712	2990	3342	20.57	59.27	130.74	237.88	270.53	25.21	69.76	150.12	270.81	295.23
湖南	30	59	77	113	124	316	649	921	1376	1561	13.95	34.63	50.19	82.37	93.47	14.22	39.13	56.63	90.62	101.32
广东	98	167	234	326	373	3261	4358	6569	6775	7823	85.04	164.42	262.45	423.79	518.43	90.67	178.78	284.49	441.07	530.85
广西	46	109	159	257	293	460	1309	2192	3458	3915	14.64	45.92	90.06	189.27	236.88	13.07	47.85	113.02	263.71	307.83
海南	6	13	21	32	34	67	150	230	383	402	6.00	15.30	21.90	31.50	33.00	5.12	12.23	24.30	34.66	34.63
重庆	75	110	157	207	235	1042	2164	3500	5008	5566	55.28	127.10	247.11	407.25	516.30	60.32	139.29	302.05	508.10	627.17
四川	42	81	177	293	326	579	1339	2828	6249	7036	51.60	110.28	246.88	452.81	529.18	54.79	130.84	286.49	520.09	597.30
贵州	79	131	204	256	278	834	1330	2168	2829	3106	18.46	39.22	60.71	74.39	83.21	16.05	37.56	59.42	71.62	79.67
云南	127	213	276	370	391	1128	1857	2443	3538	3813	42.00	83.47	126.41	178.35	188.22	40.92	83.94	129.75	182.94	195.11
西藏	1	1	1	6	10	9	9	9	55	93	0.50	0.50	0.50	5.40	6.50	0.75	0.73	0.65	2.25	3.60
陕西	60	155	187	208	222	498	1244	1555	2140	2290	40.82	104.55	131.90	160.28	182.19	33.00	93.43	128.86	161.82	182.20
甘肃	65	102	171	282	325	568	892	1510	2657	3042	13.90	21.71	56.94	112.44	130.49	10.49	18.62	44.95	90.88	105.72
青海	5	18	19	37	41	46	205	225	437	472	0.91	9.29	14.44	29.06	31.79	0.79	12.36	21.98	33.68	36.16
宁夏	61	90	90	117	116	692	1088	1088	1473	1470	26.86	43.38	45.49	65.47	66.82	26.00	37.74	43.52	63.44	62.49
新疆	28	60	101	201	239	212	480	805	1584	1878	15.36	36.90	62.67	123.80	146.12	17.02	44.28	71.89	141.02	161.70

小额贷款公司奉行“只贷不存”模式，资本金和募集、扩大资本金来源，成为小额贷款公司发展的关键。近年来，随着经营规模扩张，增加资本金成为小额贷款公司面临的现实和迫切的问题，通过资产证券化和上市融资，一些小额贷款公司提供了成功经验。2013 年 8 月 14 日，苏州吴江市鲈乡农村小额贷款股份有限公司在纳斯达克实现首单 IPO 融资，所募净资金用于增加鲈乡小贷的注册资本，以支持公司扩大放贷能力。2013 年 7 月 8 日，上海东方证券资产管理有限公司设立的东证资管“阿里巴巴 1 号—10 号专项资产管理计划”获准在深交所综合协议交易平台挂牌转让。该产品以阿里巴巴小额贷款公司面向小微企业发放贷款形成的债权为基础资产，计划在 3 年内不定期发行 10 期产品，每期发行额度为 2 亿～5 亿元。该项交易采用循环购买的方式，买者可以用偿还基础资产相关债权获得资金，循环购买新的合格小贷资产。阿里小额贷款此举代表资产证券化的重要突破。

二、村镇银行发展

村镇银行起步仅有七八年时间。2007 年 3 月首批 6 个省开始试点开办村镇银行；2007 年 10 月银监会把村镇银行试点扩大到 31 个地区；2007 年 12 月首家外资村镇银行曾都汇丰村镇银行开业。至 2008 年 10 月，全国共开设村镇银行 20 多家。2011 年 5 月全国共组建村镇银行 536 家；2012 年年底全国共组建村镇银行 876 家；2013 年月 10 月甘肃永登开办了全国第 1000 家村镇银行。

根据中国银行业监督管理委员会发布的报告，2013 年年底，全国共有 1134 家新型农村金融机构（含筹建盒开业），其中 1071 家村镇银行、14 家贷款公司、49 家农村资金互助社。中西部占比 62%，直接和间接入股村镇银行的民间资本占比 71%。31 省村镇银行覆盖 57.6%的县（市），“立足县域、支农支小”。在全部贷款余额中，农户和小微企业贷款余额 3208 亿元，占 90%。累计向 129 万户农户放贷 3808 亿元，向 35 万户小微企业放贷 6427 亿元。有 4000 余家企业股东和 8000 余名自然人股东。2013 年年底，村镇银行资本充足率 23.3%，拨备覆盖率 517%。

在村镇银行监管方面，银监会确立了法人监管与并表监管结合的审慎监管框架。中国村镇银行发展论坛组委会、中央财经大学中国银行业研究中心、对外经济贸易大学中小金融机构研究中心联合若干家村镇银行的主发起行，在 2013 年 6 月根据各村镇银行申报的 2012 年经营状况组织评选了全国村镇银行业务发展前 30 名（见表 1-8）。

表 1-8 全国村镇银行综合业务发展情况排名全国前 30 强
(2013 年 6 月)

排名	所属省区市	名称	排名	所属省区市	名称
1	浙江	长兴联合村镇银行	16	上海	崇明沪农商村镇银行
2	四川	仪陇惠民村镇银行	17	黑龙江	依安润生村镇银行
3	辽宁	庄河汇通村镇银行	18	新疆	五家渠国民村镇银行
4	山西	榆次融信村镇银行	19	黑龙江	巴彦融兴村镇银行
5	江苏	邗江民泰村镇银行	20	辽宁	昌图民祥村镇银行
6	山西	长子融汇村镇银行	21	四川	什邡思源村镇银行
7	浙江	嘉善联合村镇银行	22	广东	福田银座村镇银行
8	新疆	石河子国民村镇银行	23	湖北	宜城国开村镇银行
9	上海	奉贤浦发村镇银行	24	浙江	慈溪民生村镇银行
10	浙江	三门银座村镇银行	25	河北	围场华商村镇银行
11	浙江	乐清联合村镇银行	26	山西	盂县汇民村镇银行
12	广西	东兴国民村镇银行	27	上海	松江民生村镇银行
13	四川	绵竹浦发村镇银行	28	河南	巩义浦发村镇银行
14	山西	陵川县太行村镇银行	29	广东	中山小榄村镇银行
15	甘肃	会宁会师村镇银行	30	四川	彭州民生村镇银行

在全国村镇银行前 30 家中，浙江占五家。各省区市比较，浙江村镇银行在数量上不算最多，但在村镇银行的规模实力比较，浙江处于全国前列(见表1-9)。

表 1-9 浙江省村镇银行名单

浙江建德湖商村镇银行	浙江玉环永兴村镇银行有限责任公司
浙江永嘉恒升村镇银行股份有限公司	浙江三门银座村镇银行股份有限公司
浙江苍南建信村镇银行股份有限公司	浙江临海湖星村镇银行股份有限公司
浙江乐清联合村镇银行股份有限公司	浙江温岭联合村镇银行股份有限公司
浙江平阳浦发村镇银行股份有限公司	浙江天台民生村镇银行股份有限公司
浙江文成北银村镇银行股份有限公司	浙江青田建信华侨村镇银行
浙江泰顺温银村镇银行股份有限公司	浙江庆元泰隆村镇银行
瑞安市马屿镇汇民农村资金互助社	浙江缙云杭银村镇银行股份有限公司
浙江平湖工银村镇银行股份有限公司	浙江龙泉民泰村镇银行股份有限公司

续表

浙江嘉善联合村镇银行股份有限公司	浙江丽水莲都建信村镇银行
浙江桐乡民泰村镇银行股份有限公司	缙云县五云镇欣禾农村资金互助社
平湖市当湖街道新当湖农村资金互助社	浙江岱山稠州村镇银行股份有限公司
安吉交银村镇银行	浙江舟山普陀稠州村镇银行股份有限公司
长兴联合村镇银行	浙江淳安建信村镇银行有限责任公司
德清县乾元镇德农农村资金互助社	浙江义乌联合村镇银行股份有限公司
浙江嵊州瑞丰村镇银行股份有限公司	浙江德清湖商村镇银行股份有限公司
浙江新昌浦发村镇银行股份有限公司	浙江余杭德商村镇银行股份有限公司
浙江永康农银村镇银行有限责任公司	浙江遂昌富民村镇银行股份有限公司
浙江磐安婺商村镇银行股份有限公司	浙江秀洲德商村镇银行股份有限公司
浙江浦江嘉银村镇银行股份有限公司	浙江萧山湖商村镇银行股份有限公司
浙江兰溪越商村镇银行股份有限公司	浙江诸暨联合村镇银行股份有限公司
浙江武义建信村镇银行有限责任公司	浙江绍兴县联合村镇银行股份有限公司
浙江龙游义商村镇银行股份有限公司	浙江云和联合村镇银行股份有限公司
浙江常山联合村镇银行股份有限公司	浙江洞头富民村镇银行股份有限公司
衢江上银村镇银行	浙江东阳富民村镇银行股份有限公司
浙江江山建信村镇银行有限责任公司	浙江台州黄岩恒升村镇银行股份有限公司
开化通济贷款有限责任公司	浙江富阳恒通村镇银行股份有限公司

三、民营银行新突破

银行业一直是国有经济主导的领域。长期以来，民营资本参与金融行业的热情很高。多年来，民营企业努力通过各种形式积极参与银行业。2013 年 11 月，股份制银行和城市商业银行的民间资本占比已经分别由 2002 年的 11%和 19%，提高到 42%和 54%，民间资本在农村中小金融机构占比已超过 88%，还有 46 家非银机构由民间资本控股(阎庆民在 2013 年 11 月 25 日在新浪金麒麟论坛上的讲话)。早在 10 年前的城市信用社改制潮流中，浙江的民营银行事实上已经出现，浙江民泰商业银行和浙江泰隆商业银行，早已成为服务三农、服务小微企业、服务创业的著名银行机构，获得广泛关注。

从中国银行业监督管理委员会 2014 年 8 月 15 日发布的“商业银行主要指标分机构类情况表(法人，2014 年一、二季度)”来看，在大型银行、股份制银行、

城市商业银行、农村商业银行、外资银行五大类金融机构中，外资银行的资本充足率最高，农村商业银行的资本充足率高于大型银行、股份制银行和城市商业银行；农村商业银行的不良贷款率、资本利润率最高，显示以民营银行为重要支柱的农村商业银行高收益、高风险的现状。

当前，开放民营经济开办银行，成为改革的重大举措，也是民营经济发展新的标志性事件。浙商在申请开办民营银行方面，表现积极踊跃。

2012 年 3 月 28 日，国务院常务会议决定设立温州市金融改革试验区，并批准实施《浙江省温州市金融综合改革试验区总体方案》，开启了民间金融改革的新阶段。2014 年 3 月，银监会公布将分别在天津、上海、浙江和广东四地，进行首批 5 家民营银行试点，包括 10 家提出申办的民营企业：阿里巴巴与万向（浙江）、腾讯与百业源（深圳）、均瑶与复星（上海）、商汇与华北（天津）、正泰与华峰（温州）。银监会确定，试点民营银行采取共同发起人制度，每家试点银行至少要有两家发起人。在这 10 家发起人中，阿里巴巴、万向、均瑶、复星、正泰、华峰六家均属浙商。2014 年 7 月 25 日，深圳前海微众银行（腾讯、立业、百业源）、温州民生银行（华峰集团、正泰集团）、天津金城银行（麦沟、华北集团）成为首批三家获准筹建的民营银行。

深圳前海微众银行定位于以个人消费者和小微企业为主要服务对象；温州民生银行定位于主要为温州小微企业、个体工商户和特惠三农服务；天津金城银行主要做对公业务。阿里巴巴申请开办的是网络银行，不要实体网点，主要在互联网上开展业务。在民营银行发展方面，浙商再次表现出探路先锋的形象，其成果可期、成就在望。

四、民营大企业参与金融

无论是从近现代大企业发展历史还是发达国家大企业状况来看，大企业涉足金融行业是一种普遍现象。在中国民营企业的成长历程中也不例外。鉴于中国大陆对金融行业的严厉管制，大企业参与金融领域尚处于战略探索阶段，还需要假以时日来判断民营大企业通过涉足金融行业谋求产业转型升级的普遍意义。不过，少数民营大企业，已经在通往金融控股公司的道路上取得了长足的进展。例如万向集团已经展现了民营大企业在金融行业的战略远见和初步成效。

鲁冠球领导的万向集团，已取得了银行、保险、基金、信托、期货等金融业牌照。万向集团目前持有十余家金融机构的股权，其中包括参股 6 家银行，同时拥有多家上市公司。万向集团可能率先成为中国民营的金融控股公司，万向集团也可能成为浙商大企业涉足金融领域的成功典范。

万向控股是万向集团的金融控股平台。1995年，深圳通联投资有限公司成立，此后变身为通联资本。1996年，万向租赁成立。1999年，万向期货成立，后变身为通联期货。2000年，万向创业投资股份有限公司成立，后变身为通联创投。2002年，万向财务公司成立。2002年，万向出资1.2亿元投资民生人寿，持有民生人寿14.45%股权(与泛海集团并列第一大股东)。2003年，万向集团受让浙江省工商信托投资股份有限公司24.85%股份，成为第二大股东。2007年浙江省工商信托投资股份有限公司增资扩股后，中国万向控股有限公司成为第一大股东，此后变身为万向信托。2004年，万向参股浙商银行。2008年，万向在上海参与组建通联支付。2010年万向参股浙商基金。2012年，民生人寿保险公司(万向控股集团持有54.91%的民生人寿股权)出资设立民生通惠资产管理有限公司，属于保险资产管理公司；2014年7月，民生通惠资产管理有限公司收购浙商基金50%股权，使万向合计持有浙商基金75%股权。

万向集团在金融行业的布局还远及海外。2001年万向美国公司出资参股美国最大的非上市保险公司——霍顿保险集团公司，双方共同出资在美国芝加哥设立万向—霍顿保险经纪公司，万向持有51%控股权。

浙商基金连年亏损致股东出售股权

浙商基金成立于2010年10月，注册资本3亿元，是一家国有参股的小型基金管理公司。浙商证券、通联资本、浙大网新、养生堂分别持有25%股权。浙商基金自成立以来就没有赢利过，2011年亏损6815万元，2012年亏损1.16亿元。2013年度，浙商基金总资产为1.7亿，负债1515万元，营业收入2540万，亏损2923万元，净亏损2808万元。2014年截至5月31日，资产总计1.6亿元，负债859万元，营业收入1424万元，营业利润-440万元，亏损509万元。2014年7月9日，浙江产权交易所项目信息显示，浙商证券和养生堂合计持有的浙商基金50%股权挂牌转让，挂牌转让价格为1.77亿元。

第六节 危机显现

几年来，我们多次提醒浙商要注意潜在危机。随着高强度扩张性宏观政策逐步退出，尤其是作为中国特色货币政策重要特色的、半行政管理式的信贷政策调整，在消除金融风险、挤压泡沫的同时，对高杠杆率居高不下的行业和企业

造成的影响将是致命的。多年积累的问题，近期开始在不少企业和某些行业表现为危机，这种危机并非出现在个别企业。

一、债务危机

就企业经营来说，中短期的高杠杆率并非什么坏事。在中国经济高速成长的近几十年，高杠杆率往往还是企业快速发展的积极促进。眼下不少民营大企业之所以取得今天的成就，都离不开高杠杆率的贡献。然而，这种高负债的做法，严重依赖于宏观经济政策，特别是宽松货币政策。当货币扩张风险面临终结之时，也就是高负债企业的危机来临之日。

几年前，曾经出现因资金链和相互担保圈诱发的危机，其时，浙江许多中小企业深陷其中，不少企业自此破产，也有不少企业在政府救助政策的支持下渡过了难关。然而，长期宽松货币政策环境和地方政府的危机应对措施，助长了企业对高杠杆率的深度依赖。经济形势转好时，不是积极地去杠杆化，而是无视潜在风险，继续扩张。宏观政策收紧时，又往往依赖政府的救助措施。在特殊阶段形成的这种依赖心理，在奉行更重制度形成、强调秩序而非所谓政策支持的市场经济理念的新时期，已经成为企业发展的严重拖累和包袱。

其实，即使在货币政策宽松之时，就已经出现过因债务危机致使企业垮掉的案例。如曾登上中国民营企业500强榜单和胡润百富榜的正菱集团董事长廖荣纳及其家族成员集体失联。廖氏涉嫌非法吸收公众存款，负债规模高达百亿，已被当地警方立案调查。2013年，传闻曾以收购悍马汽车声名大振的四川腾中重工出现资金链紧张，成都市金融办在2014年4月底曾经调查四川华通投资有限公司的融资情况，后传闻腾中重工实际控制人李炎欠债跑路。

据报道，在浙江，一些企业和企业家之间早已形成了所谓的"圈子"，"圈子"在浙江普遍存在，"圈子"内彼此帮助可以无视现代契约，"圈子"外的人很难涉足其中。经济情况好的时候，80%的企业都有互保的关系，某些担保链圈内涉及债务估计为五六十亿元。某轻纺龙头企业互保的担保链涉及债务恐达百亿元。某些地区的优势产业如纺织、化纤、钢构都事涉互保网络泥潭。其中不少濒临倒闭的企业是行业前景良好、自身经营没有大问题的优质企业。

2011—2012年间，浙江中小企业因为互保导致资金链紧张，倒闭了不少。但这并没有警醒企业家们把去杠杆化作为一个重大问题来应对。及至2013年，不少大企业再度面临此种危机。2013年以来，浙江不少地方出现新一轮资金危机，不少业务经营状况尚可的企业也被拖入困境，而且，这一轮资金紧张涉及更多大企业。多家民营大企业致函各级政府，请求政府给予帮助或者政策解困。其直接诱因在于银行抽贷对于企业互保网络的打击，其根源还在于长期高负债积累的危机，更深层的原因在于企业理念中对高负债的依赖心理。有银行业内人士声称，近一年来，某国有大银行浙江省分行下属各地负责人因互保贷款出现问题而被就地免职的就多达数十人。

在债务危机爆发之时，不少老板们回避问题玩失踪，若不是另有不可告人的“秘密”，则属愚蠢之举。

“美女老板”失踪案

2014 年 2 月，浙江百舸进出口有限公司法人代表、总经理，永康“美女老板”俞优静“失踪”，53 家为其提供担保的中小微企业主、民间借贷掮客纷纷在政府登记债权，并到永康当地公安机关报案，事涉工、农、中、建、浦发 5 家银行约 1.5 亿元（每家 3000 万上下）相关贷款。浙江奥锐工贸公司提供百舸公司及俞优静个人贷款担保 7000 万元左右。贸易供应链上的货代、退税代理等机构也近乎风声鹤唳。俞优静在广州离境逃往非洲乌干达共和国。当地时间 7 月 1 日晚上，俞优静被缉拿归案。此案涉及债务之详情，目前尚未可知。

萧山一老板跑路案

2014 年 5 月，杭州世帛时尚家纺有限公司老板，42 岁的俞某，经历 80 天携家带口的逃亡生涯，回到萧山，进了看守所。

2010 年初，俞的一个朋友的公司破产。因为两家公司互为担保，俞也陷入资金链紧张，他开始借钱，且承诺月息由 2%～3%上涨到 5%～9%。至 2014 年初，他已经欠了银行 1.8 亿元，民间借款还有 1 亿元以上。逃亡前，他每月光是支付民间借款的利息就要 300 多万元，每年还要支付银行利息 2000 万元以上。2014 年 2 月 25 行将结束时，迫于还款压力的俞某逃亡青海西宁。至 5 月 16 日，俞及妻儿在西宁被抓。因涉嫌非法吸收公众存款，目前俞某夫妻已被萧山警方刑拘。

杭州世帛时尚家纺有限公司曾被评为 2009 年度杭州市萧山区信用等级 AAA 级企业；曾入选 2011 年度萧山区缴纳税费 500 万元以上独立企业荣誉榜。该公司厂房在萧山，有 300 多员工，产品出口美国，年销售额超过 3000 万美元。据萧山经侦的民警初步估算，全盛期的他，身家轻松过亿。

二、房地产危机

房地产成为近十年间成长性最突出的行业，也是与扩张性货币政策关联程度最高的行业之一。与政府权力高度关联、很大程度上被异化为金融工具的房地产业，潜藏着当前最深重的危机。随着房地产行业若干利好政策的退出，特别是信贷收紧，房地产领域成为这一波危机最集中的领域。

房地产行业的问题是全国性的，而在发达地区，房地产积累的风险似乎更重些。债务违约和资金链断裂，在东南沿海地区房地产商特别是中小房地产商中，具有普遍性。这些中小房地产企业高度相似，前期不惜高负债率极度扩张，中后期遭遇行业调整，进一步借入高利贷，终陷债务漩涡而不能自拔。

2012 年上半年，杭州金星房地产企业破产。2013 年上半年，银监会发布《2013 年大型银行监管工作要点》特别提示与经济周期变化密切相关行业、产能过剩行业及五类重点企业的风险，其中包括房地产。2014 年 2 月 28 日，中国银监会发布的《中国银行业运行报告》显示，银监会将积极防范房地产贷款风险，要加强房地产开发贷款风险管理，严控房地产贷款风险，高度关注重点企业，继续强化"名单制"管理，防范因个别企业资金链断裂可能产生的风险传染。

宁波房企大佬倒下

2014 年 3 月，宁波地产界曾经的房企大佬浙江兴润置业投资有限公司，企业资金链断裂，留下超过 35 亿元的巨额债务，其中银行欠贷达 24 亿元，涉及十多家银行，已经严重资不抵债。该公司 2000 年 9 月 5 日成立，注册资本 4 亿元，法人代表为沈明崇，其父沈财兴为实际控制人。根据奉化市金融办通报，沈财兴和沈明崇因为涉嫌非法吸收公众存款罪，已经于 2014 年 3 月 11 日被移送奉化检察院起诉。有证据证实的非法吸收公众存款 7 亿多元，涉及 98 人(其中机关事业人员 7 人)，还有 4 亿债务是工程款和人员工资。欠贷事涉 19 家银行，其中建行近 12 亿元，浦发近 3.8 亿元，而其资产不足 30 亿元。

三、灰色金融和金融诈骗

在最近一轮资金链危机中倒下的不少企业，大多参与了灰色金融，甚至涉嫌金融诈骗。

涉嫌金融诈骗案例

2012 年 1 月，温州商人林春平吹嘘出资 6000 万美元收购"美国大西洋银行"。不久，林春平因虚开增值税专用发票用于抵扣税款罪，被法院判处无期徒刑，剥夺政治权利终身，并处没收个人全部财产。

2014 年 5 月，温州腾旭服饰有限公司董事长徐云旭失联。腾旭服饰公司创办于 1993 年，是一家集设计、开发、生产、营销为一体，并拥有进出口自营权的外向型服饰企业。创始人徐云旭 1974 年生于温州瓯海，任中国纺织服装商贸委员会副会长、浙江省九届妇代会代表、温州市第十届、十一届人大代表，曾荣获中国百名杰出女企业家等百余种荣誉称号。2013 年，腾旭服饰位列瓯海区纳税千万元以下企业首位，其中地税 456.87 万元，国税 474.3 万元。

在此轮爆发的金融违法犯罪案中，涉及银行重要职员“违法圈钱”案件的有长三角地区建设银行、工商银行、农业银行、温州银行、义乌市农村合作银行和温州市龙湾区农村合作银行、中信银行等基层支行行长或信贷经理。他们以“帮助客户转贷、放贷和理财”为由，向其亲属和客户许诺高额利息回报，涉及金额从数千万元至数亿元不等。

银行涉案

2014 年 6 月，浙江宁波本土知名海产品品牌“史翠英”和史翠英控股集团接连遭遇诉讼纠纷，意外带出平安银行宁波分行和该银行原经理涉嫌借高利贷事件。平安银行宁波分行营业部原总经理陈渊，多次以个人名义向自然人和企业高息借款，涉及金额在 10.4 亿左右。而平安银行宁波分行则以银行名义高息借款，并由陈渊做担保。6 月 3 日，陈渊从平安银行突然离职。

2014 年 5 月 15 日，建行绍兴城西支行原行长陈惠君因涉嫌“普通诈骗”被刑事拘留。知情者透露，陈惠君以“帮助客户转贷”之名义，许诺高额利息对外借款。陈惠君因涉嫌集资诈骗罪已被刑拘，目前涉案金额已超 2 亿元，受害者 30 余人，其中最大一笔借款为 3800 万元。

武义民间借贷风波

2012 年年底，浙江武义心红制伞厂老板王玉珍欠款上亿元跑路了。心红伞厂民间借款起码有上亿元，仅在县法院起诉的案件就有二三十起，涉案金额达四五千万元。2013 年 12 月，在全国医用敷料行业很有影响力的武义卫生用品有限公司(以下简称卫生用品公司)老板黄亚平被警方刑拘，涉案金额达 7 亿元。

两人均参与高利贷。2013 年还有某链条公司、某酒店、某印刷公司涉及民间借贷而跑路、重整或倒闭。但坊间传言，黄亚平被抓是因为涉及公务员、甚至领导的借款。有传言说，某县领导借给黄亚平 1000 多万元。黄亚平被

抓后承认的借款数据比债权人申报的数据多出六七千万元，有人认为是因为“有的干部不敢去申报”。华铭认为，几百债权人中肯定有公务员，但是不是以家属或者其他名义参与就不好说了。此前武义某酒店老板民间借贷上亿元还不上，这位老板把所有债主召集起来，告诉大家真实状况，最后大家愿意把债务转成股份，目前酒店正常营业。

中都集团停业事件

2014年6月18日，位于杭州庆春路的中都百货突然关门歇业，随后，位于杭州城区、临平、安吉等地多家中都百货门店相继“暂停营业”。“中都集团董事长杨定国失联”的消息见诸报端。事发几天后，中都集团核查的对外债务约20亿元。估计中都集团现有资产大约为10亿元左右。2014年6月24日晚，余杭警方在厦门找到了杨定国，杨定国因涉嫌非法吸收公众存款罪，已被公安机关依法刑事拘留。

中都集团成立于2002年，目前主营业务有房地产、商业百货、酒店、富绅特系列(物业管理、置业、诺维园林、金融等)四大事业体，旗下共有全资子公司20余家，产业涉足房产、百货、酒店、金融、园林、物业等，业务涉及浙江、安徽、江西、河南等多个省份。2012年4月，中都百货的总资产为4.45亿元。截至2012年年末，中都百货的负债率一直高达80%。

中都集团的债务至少包括2.1亿元银行和信托融资，且将于2014年年底左右到期。杨定国失踪前，以个人或公司名义向中都集团内部员工借款多年，集资数额约8000万～9000万元。杨定国用员工身份注册公司融资，也是中都集团公开的秘密。杨定国掌控的子公司多达50～60家，这些未被纳入集团名下的子公司就是杨定国以员工身份注册、但实为杨定国所有的公司。这些没有公开的子公司，用途繁多，或用于实际经营业务，或用于贷款融资，或为了做账需要。2014年5月份，杨定国办理离婚手续、变卖个人名下的房产、豪车，还在近期转移了部分公司名下的资产。

2012年6月14日，中铁信托为中都百货提供了1.3亿元的信托贷款，期限为30个月，年化收益率水平为8.7%～11%。华鼎控股(03398.HK)公告显示，2012年12月24日，该公司通过交通银行向杭州中都购物中心放贷3000万元，期限24个月，贷款利率为18%。2013年7月15日，长城信托向浙江临安中都置业有限公司发行了5000万元的信托贷款，产品期限18个月。

(本章执笔：李建华、孙璐薇、周丹萍)

本章参考文献

[1]女老板俞优静失踪案涉银行贷款约 1.5 亿元[EB/OL]. 21 世纪网—21 世纪经济报道,2014-02-27.

[2]浙江永康美女老板乌干达被抓 传卷款上亿跑路[EB/OL]. 中国新闻网,2014-07-03.

[3]郑亿,张科顶. 杭州 42 岁亿万富翁举家跑路 80 天 被捕时先笑后哭[N/OL]. 杭州网—都市快报,2014-05-23.

[4]中都董事长杨定国跑路:搬走 8 个神秘箱子 留下 20 亿巨债[N]. 证券时报,2014-06-23.

[5]中都困局非地产之殇 项目部分现房土地被抵押[N]. 钱江晚报,2014-06-26。

[6]温州服企奇女子徐云旭失联 或因虚开增值税发票[N]. 第一财经日报,2014-05-30.

[7]徐杰. 美女行长借"融资"诈骗 2 亿:受害者以房抵押[N]. 每日经济新闻,2014-06-12.

[8]杭州现今年首个开发商失联 逾 2 亿融资年底到期[N]. 广州日报,2014-06-21.

[9]平安银行宁波分行涉嫌放高利贷 原经理放贷 10 亿[N]. 华夏时报财经综合报道,2014-06-26.

[10]浙江小县城陷高利贷危机 传县领导放贷千万[N]. 中国企业报,2014-07-15.

[11]房产停贷风波样本:宁波房企大佬倒闭负债超 35 亿[EB/OL]. 搜狐财经,2014-03-17.

[12]浙江危局:百强或批量死亡 民企重镇变信贷危险区[EB/OL]. 搜狐财经,2014-04-17.

[13]江浙闽中小房企自救倒计时 70 天:降价都卖不出去[N/OL]. 中证网—中国证券报,2014-05-21.

[14]信贷挤泡沫进入实质阶段:老板跑路案多发[N]. 投资时报,2014-06-08.

[15]娃哈哈多元化被指从错误走向错误:不是砸钱就行[N]. 第一财经日报,2014-06-24.

[16]娃哈哈折戟零售业 首家商场拖欠业主千万元租金[EB/OL]. 21 世纪网,2014-06-10.

[17]四级担保圈危局 浙江 600 民企紧急上书求助省政府[EB/OL]. 21 世纪网,2012-07-17.

[18]浙江民间借贷危机正向中小县城蔓延[EB/OL]. 易富网,2014-07-17.

[19]疑因地产项目资金断裂"跑路"旗下杭州中都百货骤停[EB/OL]. 房产中国网,2014-06-21.

[20]中国银行网站 http://www.boc.cn/

[21]彭甜甜. 都教授千万元代言能否救奥康:产品收入全线下跌[N]. 第一财经日报,2014-05-22.

[22]中国银行业监督管理委员会年报(2013).

[23]薛玉敏. 万向系构建金融版图[N]. 投资者报,2014-07-2.

[24]万向又拿下一块金融牌照竞得浙商基金 50%股权[N]. 今日早报,2014-08-15.

[25]万向集团目前持有十余家金融机构股权,包括参股 6 家银行,旗下拥有多家上市公司[N]. 证券日报,2012-03-06.

[26]浙江省统计局、国家统计局浙江调查总队. 2013 年浙江省国民经济和社会发展统计公报[R].

[27]浙江省政府办公厅. 2014 年上半年度经济运行情况[R].

[28]2013 年 10 月金华市小微企业运行监测分析报告.

[29]浙江省中小企业局.关于嘉善县融资性担保公司现状、存在问题及监管对策的思考[R].

[30]2010年1月，浙江省工商局、浙江民营企业发展联合会发布.浙江民营企业国际竞争力报告[R].

第二章　民营企业国际化

从改革开放之初个体经营的崛起、建立社会主义市场经济到国有经济的战略性调整，这一阶段是私营经济萌芽成长的阶段，民营企业开始形成。以中国加入 WTO 为标志，包括个体工商户和民营企业在内的私营领域开始加入国际贸易体系，从那时起，民营企业的国际化就开始了。然而，从更严格的意义上看，21 世纪初开始以私营领域的海外投资为标志，民营经济的国际化时代才算真正开启。规模扩张和不断增强的实力，为民营企业参与国际竞争提供了更多支撑、更大动力和更大压力。在促进民营企业"走出去"的政策引导下，加上国际金融危机的历史机遇，中国大陆民营企业国际化时代已经来到了。

第一节　民营大企业的国际化

随着全球范围内自由贸易和金融开放的进一步深入发展，发达国家和发展中国家都面临深刻的变革。发展中国家经济成长的内在动力为中国企业提供了市场机遇，这从海外贸易和海外投资两方面为中国企业国际化提供机遇。发达国家遭受金融危机，也为中国企业提供了重要的战略机遇。对于中国民营大企业来说，通过海外并购等国际化举措，可以从发达国家学习技术、知识、管理。金融危机促进了全球资产重组，一些中国民营大企业积累了可进行兼并收购的资本，而发达国家拥有关键技术、品牌、研发、营销网络等领先优势的企业可能遭短期经营窘境，由此形成了中国民营大企业并购海外企业获得战略资产的潮流。自 2008 年美国以及一些欧洲国家发生金融危机以来，中国企业获得了很多海外并购机会，也完成了多起成功的企业并购的案例。

从宏观总体上看，国际化既是民营大企业内部扩张冲动的表现，也是全球

化经济发展的必然趋势。在产业水平上看，在某些行业和领域，产能过剩可以通过拓展国外市场空间实现，企业实力提升需要国际先进的技术、管理、人才等要素支撑。从微观市场主体来看，规避贸易壁垒、技术壁垒、非贸易壁垒，是企业国际化发展的重要动力和原因。跨国公司的形成，是中国企业的追求，也是中国经济发展的必然结果。中国民营企业国际化发展还有有其独特性。与国有企业相比，民营企业的国际化较少受到反垄断、公共利益保护等障碍，可以规避国有企业海外扩张面临的某些政治或法律障碍。

根据全国工商联发布的报告，积极实施"走出去"战略、参与国际竞争，在入选中国民营企业500家的大企业中，已成为一种潮流。近年来，民营大企业中进行海外投资的企业、项目数量的增长速度较快，投资规模增大，采取独立投资方式进行国际化经营占比逐渐提高。民营企业500家中已开展海外投资的企业数量，从2008年的112家，增加到2011年的150家、2012年159家；涉及海外投资的企业或项目从2008年306家(项)增加到2011年的584家(项)、2012年的730家(项)；2012年新增海外投资额为55.52亿美元(见表2-1)。

表2-1　民营企业500强海外投资状况

	2012年	2011年	2010年	2009年	2008年
已开展海外投资企业(家)	159	150	137	117	112
海外投资企业/项目(家/项)	730	584	592	481	306

资料来源：全国工商联2013民营企业500家报告。

2012年，民营企业500强累计海外投资额达到160.50亿美元，同比增长29.98%。其中，投资额达到10亿美元以上的企业从2家增加到4家，投资额为1亿～10亿美元的企业从24家增加到29家，投资额为0.1亿～1亿美元的企业从61家变为60家，投资额为100万～1000万美元的企业由40家增加到42家。

2013年1—11月，中国民营对外投资首次超过国有企业，达到50%以上。对外投资领域也从资源性行业向商贸、租赁、物流配送、制造业等行业拓展。

从民营企业500家的国际化动因看，"走出去"最主要的动因是开拓国际市场，其次是国内外资源和市场相结合，企业全球战略布局。获取品牌、技术和人才以及获取资源和原材料等要素也是重要的驱动因素(见表2-2)。

表 2-2　民营企业 500 强“走出去”的主要动因

动　因	企业数量(家)	
	2012 年	2011 年
开拓国际市场	250	230
国内外资源和市场相结合	186	174
企业全球战略布局	155	140
获取品牌、技术和人才等要素	104	114
获取资源、原材料	88	93
规避汇率风险	37	33
缓解国际贸易摩擦	29	25
产业转移	23	22
其他	2	3

资料来源:全国工商联 2013 民营企业 500 家报告。

从海外投资形式来看,随着企业自身实力的增强和海外经营经验的积累,民营企业 500 强海外投资多选择新建独资公司的方式。2009—2012 年四年间,采取独资新建方式的企业数量持续增加并领先于其他方式。2009—2012 年以兼并方式开展国际化经营的企业数量明显增加,显示民营企业 500 强海外投资的整合能力正在提升(见表 2-3)。

表 2-3　民营企业 500 强海外投资主要方式

投资方式	企业数量(家)			
	2012 年	2011 年	2010 年	2009 年
独资新建	117	114	104	103
合资新建	77	77	56	82
兼并海外企业	47	42	31	22
参股海外企业	37	38	31	37

资料来源:全国工商联 2013 民营企业 500 家报告。

从“走出去”的形式来看,民营企业 500 强采取独立形式略多于联合形式,联合形式中又以与外商企业联合为主。2012 年民营企业 500 强有 204 家以独立的形式“走出去”,比 2011 年增加 27 家;有 94 家企业与外商企业联合,比 2011 年增加 6 家(见图 2-1)。

目前,亚洲地区及东盟十国是民营企业 500 强海外投资的集中地,采取的方式主要是建立营销网络。2012 年民营企业 500 强有 225 家在亚洲地区经营,其中有 140 家在港澳台经营、95 家在日本韩国经营、105 家在东盟十国经营、

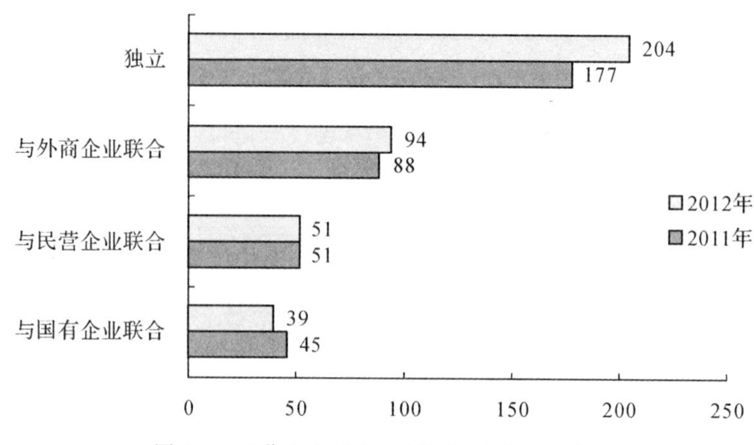

图 2-1 民营企业 500 强“走出去”采取的形式

124 家在亚洲其他国家经营；在欧盟、非洲、美国加拿大等地经营的企业数量也较大。建立营销网络的方式为民营企业普遍采取，遍布世界各国及港澳台地区；建立生产企业、开展承包工程主要集中在东盟十国、亚洲其他国家以及非洲等劳动力低廉、与中国具有良好关系的国家和地区；从事资源开发主要在东盟十国、非洲、南美洲等资源丰富的国家和地区；设立研发中心则集中在美国、加拿大、欧盟、东盟等技术先进、人才集聚的地区(见表 2-4)。

表 2-4 民营企业 500 强海外经营类型情况

国家或地区	已经营企业(家)	建立营销网络	建立生产企业	设立研发中心	从事资源开发	开展工程承包	建设工业园区
港、澳、台	140	122	5	7	5	6	1
亚洲其他国家	124	90	20	7	9	22	3
东盟十国	105	86	23	8	11	11	4
日本、韩国	95	81	4	5	0	4	1
欧盟	94	85	7	9	1	4	2
非洲	94	61	10	2	11	18	1
美国、加拿大	92	82	7	11	5	6	1
南美洲	78	64	6	2	9	8	0
俄罗斯	66	54	4	0	1	9	0
欧洲其他国家	54	45	5	2	2	3	0
大洋洲	54	49	4	1	5	7	0
北美洲其他国家	39	34	2	1	1	2	1

资料来源：全国工商联 2013 民营企业 500 家报告。

随着民营企业参与国际化经营的程度加深，国际贸易摩擦也呈上升趋势（见图2-2）。2012 年民营企业 500 强中有 42 家企业共遭遇 93 起国际贸易摩擦，比 2011 年增加 10 家。知识产权纠纷和反倾销是最主要的贸易摩擦类型。民营企业 500 强遭受的反倾销事件数量从 2011 年的 20 起增至 2012 年的 32 起。

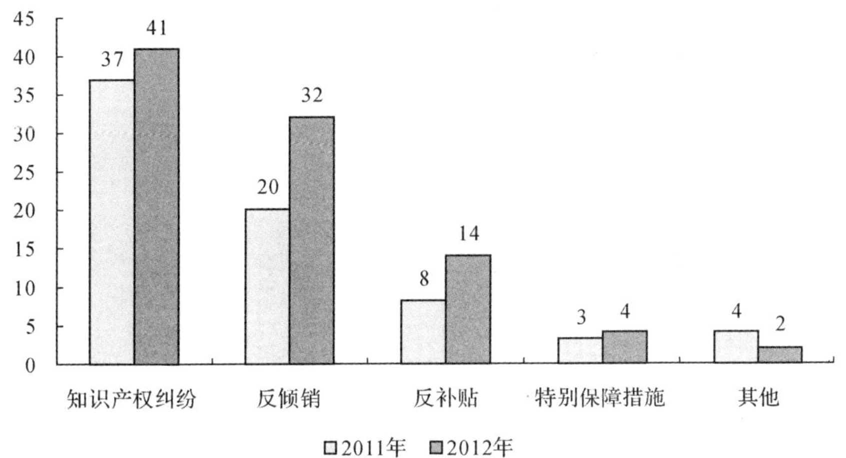

图 2-2　民营企业 500 强遭遇贸易摩擦类型

在应对国际贸易摩擦方面，中国民营企业正逐渐学会按照世贸规则积极应对，维护自身利益。2012 年，无企业采取不应对措施，它们采取的对策包括应诉、协商、起诉和仲裁。采取应诉和起诉的企业数量分别从 2011 年的 11 家、8 家增至 2012 年的 32 家、15 家（见图 2-3）。

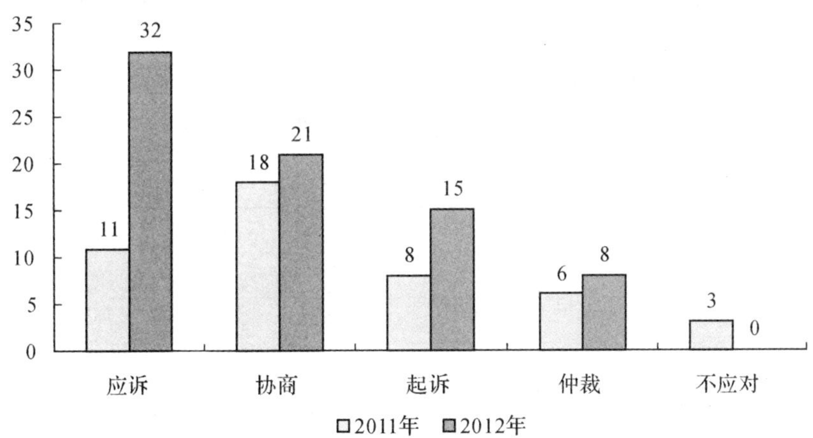

图 2-3　民营企业 500 强应对国际贸易摩擦策略

针对日益激烈的国际贸易摩擦，民营企业 500 强依靠多种外部力量应对。调研结果显示，2012 年依靠外部力量应对贸易摩擦的企业有 49 家，比 2011 年增加 18 家。政府和同行成为民营企业 500 强主要依靠的外部力量，选择依靠政府的企业从 2011 年的 19 家增至 2012 年的 27 家，联合同行共同应对的企业增幅更大，从 2011 年的 14 家增加到 2012 年的 27 家。另外，借助商会力量也是民营企业 500 强遭遇国际贸易摩擦时的重要选择，2012 年有 20 家企业选择借助商会力量，比 2011 年增加 7 家(见图 2-4)。

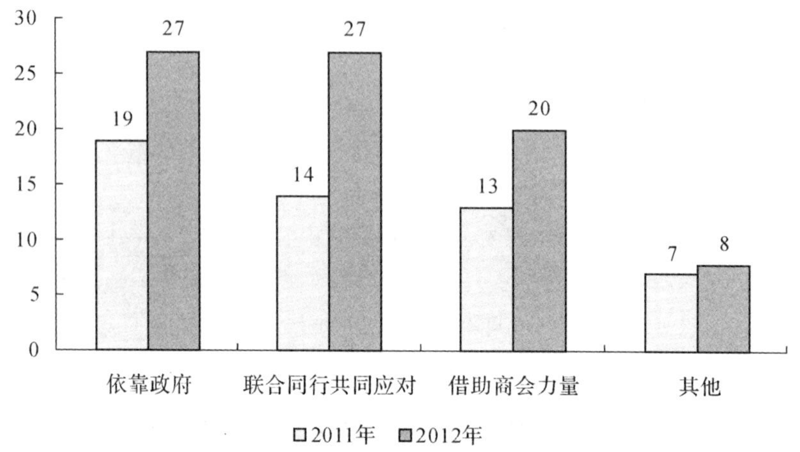

图 2-4 民营企业应对国际贸易摩擦时主要依靠的外部力量

中国民营大企业的国际化也面临不少现实挑战，还需要付出很大努力来提升其国际化能力。这些难题包括海外经营人才缺乏、审批程序复杂、国际政治经济形势复杂多变。

2009—2012 年，提到海外人才缺乏问题的企业数量都在 200 家以上，经验不足、不了解海外投资环境、缺乏商务信息和市场分析等也有很大影响(见表 2-5)。

表 2-5 2009—2012 年民营企业 500 强开拓海外市场面临的困难

企业内因	企业数量(家)			
	2012 年	2011 年	2010 年	2009 年
缺少海外经营人才	212	211	227	219
经验不足	138	135	126	127
不了解海外投资环境	123	106	103	99
缺乏商务信息和市场分析	103	107	119	117

续表

企业内因	企业数量(家)			
	2012 年	2011 年	2010 年	2009 年
缺乏对政策的理解和有效使用	83	82	73	76
缺乏资金	52	40	40	22
产品或服务缺乏国际竞争力	47	55	48	52
缺乏自我保护和维权能力	28	35	42	30
外因——国内				
审批程序复杂	130	127	128	120
外汇管制严格	88	84	73	64
缺乏本国企业之间的有序协调	83	94	112	108
缺少针对企业外贸的中介服务	75	61	64	57
我使馆对企业指导不够	29	36	33	23
外因——国际				
国际政治经济形势多变影响	200	189	137	145
东道国政策多变	87	82	155	142
东道国审批程序复杂	62	41	46	44
企业合法权益得不到保障	54	43	42	26
东道国出入境管制过严	52	42	54	38
东道国市场秩序较差	46	38	47	26
东道国基础设施落后	45	46	46	31
海外员工安全不能保障	35	27	17	—
东道国行业垄断	34	27	—	—
其他	7	—	40	48

资料来源:全国工商联 2013 民营企业 500 家报告。

从外因来看,本国方面,民营企业 500 强面临的首要困难一直是审批程序复杂,且选择该困难的企业有明显上升趋势。外汇管制严格、缺乏本国企业之间的有序协调等困难,在逐年减少,显示出国内企业竞争市场秩序有改善。应对国际政治经济形势多变是 2012 年民营企业国际化的最主要困难,选择该项的企业数量继 2011 年显著增加后,2012 年又有增加(见表 2-5)。

第二节 浙商国际化

20世纪80年代初，浙江企业的"走出去"就开始了。初期以设立境外窗口公司和办事处为主，国有企业占主导地位，政府机关发挥着关键作用。后来国有外贸公司开始越来越多地代理民营企业生产的出口产品。这种局面一直维持到20世纪末。世纪之交时中国加入WTO的历史机遇，真正开启了浙江民营企业"走出去"的时代。此时的浙商"走出去"以境外投资设立贸易性公司和境外商品专业市场为主要表现。近十年来，浙江企业国际化加速发展，海外投资项目数量和质量都明显增加，投资规模也明显扩大；在境外设立生产经营机构，向境外延伸研发、生产和营销能力，在更多的国家和地区合理配置资源，更是一种潮流。实力强大的企业，开始通过跨国收购兼并，获取国际领先的核心技术、专利技术和国际知名品牌，实现浙商跃升式发展。

国家一系列推动企业"走出去"的政策，加上浙江省实施了一系列配套措施，都是浙商"走出去"的重大促进。浙江省近年来在香港、澳门、美国、法国、德国和俄罗斯等地举办"浙江周"等境外大型经贸活动，为"走出去"构筑了良好的平台。浙江还率先设立了对发展中国家投资贸易的专项资金，有力地促进了企业的境外投资。

一、海外贸易

海外贸易是浙商国际化最初级的形式。20世纪80年代中后期，浙江个体私营企业就开始生产加工出口产品。企业自营出口以后，浙商更是显示了在海外贸易方面的天才。在中国加入WTO之前，浙江个体私营企业就已经成为赚取外汇的重要力量。在WTO的多边贸易框架下，崛起的浙商更是成为中国民营企业"走出去"的重要代表，并且开启了在境外设立商品专业市场的新创举。1998年，浙江成为民营企业"走出去"的首个试点省份。2003年，在浙江省的出口总额中，民营企业占比(36%)首次超过国有企业和外资企业。2009年，民营企业出口已占据浙江省出口总额的55.1%，为全国各省(市、区)最高。据杭州海关统计，2009年，浙江省2.7万家经营外贸出口的民营企业占全省出口企业总数的74.6%。

2007年，机电产品出口超过纺织服装，成为浙江省第一大类的出口产品，占全年出口总额的43.3%。据商务部2007年不完全统计，全国有1.5亿件服装、

5000万双鞋的产能转移到海外，其中浙江省分别贡献了30%和50%以上。遍布全省的中小企业，生产了大部分的外贸出口产品。2009年浙江民营企业出口传统劳动密集型产品331.4亿美元，占全省民营企业出口总值的45.3%。

外贸出口也是大企业普遍奉行的国际化战略之重要组成部分。国际贸易是支撑著名浙商和大企业国际化的重要基础。

正泰集团的国际化以产品销售为主导，各子公司分别组建了低压电器、输配电、仪表、汽配等产业的国际贸易部，在包括德国、英国、意大利、西班牙、法国等在内的90多个国家铺设代理商网络，产品遍及全球各地。2008年集团国际业务额突破10亿元人民币，占集团总销售额约16%。2009年在国际金融危机背景下，正泰集团国际业务仍增长80%，超过18亿人民币。

二、境外经贸合作区

抱团是浙商的一个特色。在企业自发"走出去"的过程中，浙商把这一优良做法带出国门。早在20世纪90年代初，率先跨出国门做服装生意的个体工商户们，就把亲戚带亲戚、同乡带同乡、同行带同行、朋友带朋友的做法逐步带到东欧、中欧和西欧。在纺织行业向境外转移产能那一波境外投资潮中，浙江越美集团2007年就开始在尼日利亚投资5000万美元建立纺织工业园区，进行纺织产品的生产、加工、包装和贸易。

2006年以来，国家实施推动企业"走出去"政策，包括设立境外经济贸易合作区、设立纺织业"走出去"专项资金，放宽境外投资外汇审批要求，下放5000万美元以下企业境外投资外汇来源审查权。境外经济贸易合作区建设的做法，始于2006年，商务部牵头与关系较好的国家达成一致，在国外合作建设经贸合作区，以国内审批通过的企业为建设经营主体，与外国开发主体签约实施建设经济贸易合作区，即境外经贸合作区，为国内企业实施"走出去"战略提供途径。这正契合了浙商抱团出击的一贯做法，加快了从单个企业"走出去"深化为集群"走出去"。

浙江企业积极参与境外经贸合作区建设。在首批8个国家级境外经济贸易合作区中，浙江占有两个(分别为华立集团和康奈集团投资)。2010年，浙江拥有4个境外经济贸易合作区，占全国总数的20%。这4个境外经贸合作区分别是：华立集团投资的泰国"罗勇工业区"、康奈集团投资的俄罗斯"乌苏里斯克合作区"、浙江海亮集团有限公司和其他企业共同投资兴建的越南"中国龙江经济贸易合作区"、浙江吉利美日汽车有限公司等投资的"墨西哥中国(宁波)吉利工业经济贸易合作区"。浙商参与的境外经贸合作区模式，带动更多浙商企业成批地"走出去"，把浙江的产业集群带出国门，也创造了浙商境外集群发展模式。

三、境外直接投资和境外融资

浙江境外投资的境内主体数量和境外机构数量连续多年位居全国第一。2007年，民营企业占了浙江省“走出去”企业数的90%。2007年，浙江“走出去”的境内主体数量和境外机构数量连续多年居全国第一，分别占全国总量的22%和25%左右。

至2007年6月底，浙江省经政府部门核准的境外企业和机构累计达到2809家，其中包括1910家民营企业，民营企业占总企业数的68%，民营企业投资额9.12亿美元，占所有中方投资额的70%。对外直接投资领域主要涉及机械、纺织、电子、轻工等行业。2008年，浙江对外直接投资额为8.6亿美元，比全球金融危机爆发前的2007年增长40%以上。2003—2008年的五年间，浙江民营企业实施境外投资项目1959项，占全部浙江境外投资项目的近三分之二，总投资额15.13亿美元，约占浙江全部境外投资总量的四分之三。

近年来，境外投资向生产加工、资源开发、营销网络、房地产、研发机构和商品专业市场等多领域发展。2009年1—11月，浙江省境外投资总额达到11.2亿美元，中方投资额达10.4亿美元，超出“十五”历年总和，较2008年同期分别增长22%和21%。单个项目投资额分别为215.6万美元和201.6万美元，同比增长36.8%和39.7%。多数企业投资于国外的资源能源项目。

至2007年6月底，浙江省经政府部门核准的境外企业和机构累计达到2809家，其中包括1910家民营企业，至2007年年底，浙江省经政府部门核准备案的境外企业和机构累计已达3039家，投资总额20.9亿美元，中方投资17.4亿美元，遍布六大洲121个国家和地区。至2009年11月，浙江民营企业境外投资企业数共计405家，是中国拥有境外企业数量最多的省份。至2010年12月底，浙江审批和核准境外企业和机构4564家，累计投资83.61亿美元，覆盖131个国家和地区。浙商对外投资项目平均规模，2003年为28万美元，2010年增加到416万美元，增幅近13倍。

浙江新洲、台州华天、杭州天和家具、宁波华洲矿业、温州广寿等8家企业分别在俄罗斯、澳大利亚、加蓬、朝鲜、阿根廷等国投资森林采伐、加工或者矿产资源开发，其投资目标包含世界各地“含金量”很高的煤、铁矿及石油、天然气资源等。浙江新洲集团通过投资俄罗斯境内的森林、石油、煤炭等矿产资源开采，逐步从房地产主业转向资源开发型企业。

在境外直接投资迅速发展的同时，浙商的境外融资也取得了一些成功的经验。2001年12月，浙江玻璃在香港主板上市，筹资5亿港元；一年后永隆实业登陆香港创业板，筹资5000万港币。在此前，杭州新利软件、浙大兰德和中程科技3家高科技企业在香港创业板上市。

四、跨国并购

进入21世纪以来，浙江民营企业不断发起一系列并购活动。海外并购渐成"走出去"的重要方式。钱江集团2005年成功收购具有百年历史的意大利Benelli(贝纳利)公司，2006年增资，将其建设成进军欧美高端市场的基地。杭州机床集团收购德国一家老牌磨床生产企业(aba z&b磨床公司)，提升了自身的技术和管理水平。纳爱斯集团通过收购一举获得了3家香港日化企业的知名品牌，为开拓国际市场打下了良好的基础。浙江佳力公司在德国设立"佳力德国研发中心"，聘用德国专家，研发新项目、新产品，极大地提升了产品的技术含量和档次。

以万向、华立、雅戈尔、奥康、吉利等为代表浙商，完成许多海外并购案，正在成为中国人的跨国公司。

近年浙商海外并购案

2000年10月，万向集团公司收购美国舍勒公司；2001年8月，万向集团又正式收购在美国纳斯达克交易所上市的UAI公司，开创了浙江乃至全国民营企业并购境外上市公司的先河。此后短短几年，万向集团又完成了对英国AS公司、ID公司、LT公司和QAI公司等多家海外企业的并购。万向集团"走出去"比较早，成功收购美国"百年老店"洛克福特公司、GBC公司，在美国、英国、德国、加拿大等国家拥有31家公司，已在全球市场建立了服务网络，并在美国设立技术中心、建立生产基地。万向集团已成功实施了全球发展的战略，成为浙江乃至中国本土的著名跨国公司。

2006年10月24日，吉利集团收购了英国锰铜控股公司23%的股份，成为其第一大股东；2009年吉利集团又闪电般收购了澳大利亚的DSI；2010年3月28日，吉利集团以18亿美元签约收购美国福特汽车公司下属沃尔沃轿车公司100%的股权以及相关资产(包括知识产权)，2010年8月2日宣布完成全部股权收购的法定程序，开始全面管理沃尔沃。此案系第一例中国汽车企业全股权、全品牌和全体系完整收购具有近百年历史的全球性著名汽车企业。沃尔沃的销售收入远高于吉利集团在国内的销售收入，按照通常理解海外营业收入超过30%的标准，吉利集团已经成为中国人的第一家跨国汽车公司。

2007年2月，雅戈尔集团完成了与美国KELLWOOD公司关于香港新马集团资产清单的交割手续。这笔1.2亿美元的并购交易是迄今为止我国纺织服装行业最大的一起海外并购案。通过海外并购，雅戈尔集团得到的是分布在斯里兰卡、菲律宾等地的14家生产基地。

2007年，三花集团收购美国兰柯公司的四通换向阀全球业务。1996年，发明四通换向阀从而使空调增加制暖功能的美国兰柯公司有意以3亿元收购三花集团四通换向阀业务80%的股权，三花集团曾婉拒这一要约。

2010年5月18日，来自温州的国内制鞋领军者奥康集团正式并购意大利鞋业第一品牌——万利威德，买断其在大中华区的所有权，奥康集团由此成为鞋业领域的全能企业，囊括了研发设计、生产制造到品牌营销的全价值链。

2011年5月，富通集团与合作伙伴、有76年历史的日本五大电线电缆集团之一、东京交易所上市公司的日本昭和电线控股株式会社签署了涵盖资本及战略合作的合同文件，富通集团全资的富通集团(香港)有限公司出资60亿日元(折合约5亿元人民币)，购买昭和电线控股株式会社5714.2万股股份，约占其总股本的18.54%，成为昭和电线集团的单一最大股东。富通集团由此实现全面提升全球竞争力的重要突破。此前的2010年11月10日，鉴于富通集团与泰国电信运营商的多年合作关系，富通集团进驻泰中罗勇工业园，进一步辐射参与东南亚通信网络建设。

多元化国际企业:华立集团

华立集团在1998年制定了“技术创新、资本经营和国际化”的发展战略，提出了主导产品50%以上在海外销售、投资收益50%以上来源于海外项目的战略目标。作为一个多元化企业，华立集团在不同行业采取了不同做法：仪表产业建立海外研发中心；制造基地和营销机构；通信产业在2001年“拿来”飞利浦的CDMA核心技术；医药产业在海外形成自主知识产权、自主品牌和自主国际营销网络的完整产业链。

华立集团的仪表产业做了三十多年，已经形成优势。特别是最近十年来，其技术创新速度非常快，跟国际最高水平差距不大，所以最先走到国外去了。道理很简单，在某些国家有订单，华立每年投标成功率很高，但是一直存在关税、国民待遇、贸易壁垒等很多问题，使他们感到不能满足于一般贸易的形式了。2000年，华立尝试着在泰国建立了第一个海外工厂，几年后就占据了当地市场25%的份额。其后几年，华立集团在阿根廷、乌兹别克斯坦和印度开办了合资及独资组装工厂，覆盖本地及周边国家市场。再后来，又把研发中心放到海外，请到一批犹太工程师在以色列建立最核心技术的研发中心，在加拿大也设立了一个研发中心。

2001年，华立集团成功收购了飞利浦的CDMA移动通信核心芯片设计部门，同年还收购了美国NASDAQ上市公司太平洋系统控制技术公司(PFSY)，获得核心技术。这些研发团队仍旧放在加拿大和美国硅谷，还是加拿大人和美国人在做研发和管理。收购完成后一年，就生产出了CDMA手机的最关键部件——基带芯片，打破了美国高通公司的长期独家垄断，并顺利加入了中国自主知识产权的TD-SCDMA产业联盟，获得进入3G产品市场的资格和能力。

从2000年开始，华立集团进入生物制药行业，投入大量资金启动抗疟药青蒿素项目产业化。青蒿素是目前唯一的分子结构明确、全球公认的中药产品。华立集团先是投入大量资金扶植农民种植青蒿，并垄断了全球80%的优质原料供给，同时联合科研机构进行提炼和药效提升等，通过实际临床效果说服世界卫生组织(WHO)将青蒿素抗疟药采纳为推荐产品。青蒿素制剂的国际注册和销售主要为瑞士诺华和法国赛诺菲等跨国公司把持，中国人发明了青蒿素、原料产地也主要在中国，但中国企业只能为跨国公司提供廉价原料。华立集团采用战略联盟方式，"走出去"和"引进来"相结合，建立起自主知识产权、自主品牌、自主国际营销网络的完整产业链。在非洲、东南亚、南太平洋地区的40多个国家注册了自己的药号，拿到了当地的药品销售许可。在非洲的尼日利亚、肯尼亚、坦桑尼亚乌干达、东南亚的缅甸、法国等国家建立了十几个医药销售公司，在印度成立了合资公司。华立集团的青蒿素抗疟药已经成为非洲的著名品牌。2005年，青蒿素抗疟疾药物出口就达3000万美元。

华立集团充分利用自己民营企业的优势，在国际上积极探索能源合作的机会，与国际上有资深专业背景的石油公司和金融投资公司结成联盟，成功地在非洲拿下了一个油田区块的勘探开发权。通过一系列股权控制以及与合作方的约定和协议，最终保证华立集团对油田勘探开发和运营销售的控制权。长期战略是通过对上游资源的控制，有保障地建立自己在石油开采、贮运及未来石油化工行业的一条新的产业链。

华立还尝试设立境外工业园区。从2000年起，华立集团先后在泰国建成机械表、电子表、低压电器三个合资工厂和一家贸易公司。这为跨国经营积累了经验，锻炼了管理团队。2006年，在中泰双方政府的支持下，华立集团与泰国最大的工业地产开发商安美德公司合作，建立了“华立安美德泰国工业园”，旨在建设一个年生产规模200亿～300亿元的中国企业加工园区，为更多的中国企业走出去提供一个基地。

（本章执笔：李建华、景伯春、孙璐薇、周丹萍）

本章参考文献

[1]女老板俞优静失踪案涉银行贷款约1.5亿元[OE/LB]. 21世纪网：21世纪经济报道，2014-02-27.

[2]浙江永康美女老板乌干达被抓 传卷款上亿跑路[OE/LB]. 中国新闻网，2014-07-03.

[3]郑亿，张科顶. 杭州42岁亿万富翁举家跑路80天 被捕时先笑后哭[OE/LB]. 杭州网：都市快报，2014-05-23.

[4]中都董事长杨定国跑路：搬走8个神秘箱子 留下20亿巨债[N]. 证券时报，2014-06-23.

[5]中都困局非地产之殇 项目部分现房土地被抵押[N]. 2014-06-26.

[6]温州服企奇女子徐云旭失联 或因虚开增值税发票[N]. 第一财经日报，2014-05-30.

[7]徐杰. 美女行长借“融资”诈骗2亿：受害者以房抵押[N]. 每日经济新闻，2014-06-12.

[8]杭州现今年首个开发商失联 逾2亿融资年底到期[N]. 广州日报，2014-06-21.

[9]平安银行宁波分行涉嫌放高利贷 原经理放贷10亿[N]. 华夏时报：财经综合报道，2014-06-26.

[10]浙江小县城陷高利贷危机 传县领导放贷千万[N]. 中国企业报，2014-07-15。

[11]房产停贷风波样本：宁波房企大佬倒闭负债超35亿[N]. 21经济报道.

[12]浙江危局：百强或批量死亡 民企重镇变信贷危险区[N]. 华夏时报：财经综合报道，2014-04-17.

[13]江浙闽中小房企自救倒计时70天：降价都卖不出去[OE/LB]. 中证网：中国证券报，2014-05-21.

[14]信贷挤泡沫进入实质阶段：老板跑路案多发[N]. 投资时报，2014-06-08.

[15]娃哈哈多元化被指从错误走向错误：不是砸钱就行[N]. 第一财经日报，2014-06-24.

[16]娃哈哈折戟零售业 首家商场拖欠业主千万元租金[OE/LB]. 21世纪网，2014-06-10.

[17]中国银行网站 http://www.boc.cn/

[18]彭甜甜. 都教授千万元代言能否救奥康：产品收入全线下跌[N]. 第一财经日报，2014-05-22.

[19]中国银行业监督管理委员会年报(2013)

[20]薛玉敏. 万向系构建金融版图[N]. 投资者报，2014-07-21.

[21]万向又拿下一块金融牌照竞得浙商基金50%股权[N]. 今日早报,2014-08-15.
[22]万向集团目前持有十余家金融机构股权,包括参股6家银行,旗下拥有多家上市公司[N]. 证券日报,2012-03-06.
[23]浙江省统计局、国家统计局浙江调查总队. 2013年浙江省国民经济和社会发展统计公报[R]. 2014.
[24]浙江省政府办公厅. 2014年上半年度经济运行情况[R]. 2014.
[25]2013年10月金华市小微企业运行监测分析报告[R].
[26]浙江省中小企业局. 关于嘉善县融资性担保公司现状、存在问题及监管对策的思考[R]. 2013.
[27]浙江省工商局、浙江民营企业发展联合会. 浙江民营企业国际竞争力报告[R]. 2010.

第三章　浙商海外扩张与海外投资

浙江是对外经济大省、民营经济大省，在实施海外扩张战略上走在全国前列。目前浙江经济正在保持自全球金融危机以来的回升态势，但仍然面临着一些挑战和不确定因素。浙江的土地、资源、人才正成为制约企业发展的瓶颈，产能过剩、环境污染、附加值低也是企业发展难以卸下的包袱。浙江省一直都在采取措施，启动了"四换三名"工程，推进经济转型升级，强化创新驱动，提升核心竞争力。其中重要的一项措施是积极推进浙江企业对外直接投资，向全球要市场、要技术、要资源。"十二五"期间，浙江省提出了对外直接投资和国外经济合作"两个翻一番"的目标，即对外直接投资额累计实现100亿美元，国外经济合作营业额累计完成200亿美元；重点支持100个境外投资合作示范项目；努力培育100家以上具有一定国际竞争力的跨国公司；着力打造10个传统优势产业在境外集聚发展的平台。目前浙商海外扩张的成效令人鼓舞。以下将从理论到实践对浙商海外扩张与海外投资情况进行回顾与分析。

第一节　海外投资理论概述

"外国直接投资"(Foreign Direct Investment，FDI)是来源于国际商务领域海外投资的核心概念，又译为"外商直接投资"、"国际直接投资"、"跨国直接投资"、"海外直接投资"、"对外直接投资"等。

根据外国直接投资的流向，外国直接投资分为"流入型外国直接投资"(Inward Foreign Direct Investment)和"流出型外国直接投资"(Outward Foreign Direct Investment)。流入型外国直接投资就是通常所说的外国直接投资。而流出型外国直接投资则与一般的外国直接投资概念略有不同。以中国为例，前者是指其他经济体对中国的直接投资，后者是指中国对其他经济体的直接投资。对于发达国家而言，它们的跨国企业进行相互的直接投资非常普遍，流入型和流出型外国直接投资只是方向不同，性质上并无太大区别，均可称为外国直接投资。但对于发展中国家而言，受制于本国企业的能力不足，过去往往只有来自发达国家企业的流入型外国直接投资，而很少有流出型外国直接投资。近年来，中国等发展中国家流出型外国直接投资的飞速发展，显现出了与流入型外国直接投资完全不同的特征，因此特别用“对外直接投资”的概念来表述这种现象。

对外直接投资概念的根据是中国商务部、国家统计局、国家外汇管理局《对外直接投资统计制度》（商合发〔2010〕520号）对“对外直接投资”的定义：“对外直接投资是指我国境内投资者以现金、实物、无形资产等方式在国外及港澳台地区设立、参股、兼并、收购国（境）外企业，拥有该企业10%或以上的股权，并以拥有或控制企业的经营管理权为核心的经济活动。”

一、发达国家国际直接投资理论

20世纪50年代末，由于二战后贸易和资本出口形式及模式发生了巨大变革，国际生产逐渐成为非贸易国际化卷入的主要形式。学者们开始关注国际直接投资（FDI）以及相应的国际生产活动的增长和产物，但早期的国际资本理论难以解释这种现象。这主要有两个原因：一是FDI包括技术、管理、组织和市场能力等多种资源的转移而非单一的资本的转移。企业普遍意识到，除了资本投资能产生回报外，资源投资也能产生回报，资本只是其他资源转移的一个渠道而非直接投资的理由，这鼓励企业转型成为跨国公司。二是在FDI中，资源在企业内部转移而非通过两个经济实体间的外部转移，即直接投资企业在法理上仍旧保持对资源用途的控制。进一步来说，如果没有这些控制，那些理应被转移的资源可能无法转移，接收方企业的生产功能也会不同于它应有的样子。

由于国际资本理论不能很好地解释国际直接投资现象，新的理论随之出现。20世纪50年代和60年代早期，国际直接投资理论出现了两个研究方向。

第一个研究方向关注“为什么”和“怎样实现”国际直接投资，它的理论基础是产业组织理论。该研究方向研究跨国公司的特征，识别为什么在供应相同的国外市场时，跨国公司能够比其他企业更具有生产和交易上的优势。其中最引人关注的是垄断优势理论。该理论认为企业之所以会采取国际直接投资，到一个不完全竞争的东道国市场环境中建立企业开展运营，必然是因为这些企业能在那里获取和维持某种净优势。此后，在20世纪60年代末和70年代早期，经济学家对识别和评估这些优势产生了兴趣。

第二个研究方向关注到"哪里"开展国际直接投资，它的理论基础是区位理论，试图回答"为什么企业选择这个国家而不是那个国家"。学者们关于这个方向开展的早期的国家案例研究主要发表于1953—1970年间。在大多数案例中，区位选择的影响因素主要从实地研究中获取，偶尔有对这些因素重要性的排序。此后，由于可以获取更多更完整的研究数据，学者们开始应用回归分析的研究方法识别吸引美国企业到欧洲和加拿大投资的主要因素。

大体上来看，这两个研究方向相互割裂，各自独立解释国际生产卷入现象。产业组织理论的研究不能回答企业的所有权优势到哪里去运用，区位理论的研究不能解释为什么外国企业在供应本地市场方面能胜过本地企业。尽管两个方向都试图解释FDI动力学，但都难以令人满意。

由于理论前提的截然不同，国际贸易和国际直接投资的新理论各自相互独立。但在20世纪70年代中期，它们开始相互融合。Vernon(1966)把国际贸易与国际直接投资整合到其产品生命周期的分析框架中，最早将产品生命周期的不同阶段与企业在特定国家的创新优势联系起来。该理论之所以特别有价值，一部分是因为它把贸易和投资视作开发国外市场的相同的过程，另一部分是因为他从动态情境解释了"为什么"和"哪里"开展FDI这对关系。此外，Vernon还将"何时"加入到了FDI理论中。学界已经开始形成明确的认知，对于一个企业而言，选择出口贸易还是外国生产是一个互相替代的决策。之所以出口贸易，可能是已经考虑到不适合直接投资。因此，想要对任何一个选择做出解释，必须充分考虑另一个选择，这需要一个整合的视角。

20世纪70年代可以视作第一次整合贸易和投资理论的开始。Dunning(1972)提出了只有根据所有权、区位禀赋，把贸易和外国生产作为二选一的国际卷入的形式考虑进来，才能合理评估英国加入欧洲经济共同体(European Economic Community,EEC)的经济含义。此后，Dunning(1977)提出了著名的国际生产的折中理论(OLI理论)，认为国际直接投资的必要条件是所有权优势(ownership)、区位优势(location)和内部化优势(internalization)，缺少任何一个优势，企业将难以产生国际直接投资行为。该理论的提出吸纳了传统的垄断优势理论、区位理论和内部化理论，试图改变国际直接投资理论体系纷繁杂乱的局面。

Dunning的OLI理论提出以来受到学术界不断的质疑和挑战，但其折中理论能够很好地解释跨国公司的投资决策，因而被广泛用于指导实证研究。从20世纪90年代以来，Dunning的OLI理论逐步成为FDI理论的主导，他及其追随者不断拓展和完善 OLI 理论。一是丰富 OLI 理论的解释现象，以便能解释更多、更丰富的国际直接投资现象，例如国际联盟、海外并购等；二是不断丰富所有权优势（O）、区位优势（L）和内部化优势（I）各自的内涵；三是提高 OLI 理论的动态性，所有权优势、区位优势和内部化优势相互之间可能会相互促进、相互演化。Dunning 的种种努力促使 OLI 理论对国际直接投资的解释力愈加强大。

二、发展中国家国际直接投资理论

区别于 20 世纪 70 年代的直接投资理论主要关注发达国家的直接投资现象，到 80 年代，随着发展中国家跨国公司的兴起，越来越多的发展中国家对其他的发展中国家展开国际直接投资，但这种直接投资行为又与西方发达国家的直接投资行为有些差异，最大的区别在于发展中国家企业并不拥有技术上的垄断优势，因此不能简单用原有的 FDI 理论来解释这些企业的直接投资活动。因此，FDI 理论的发展围绕技术演进这一线索又新出现了三个方向。

第一，小规模技术理论（small scale technology）。Wells（1983）基于垄断优势理论、内部化理论和贸易壁垒理论，研究了发展中国家跨国公司形成的条件和动机。区别于发达国家企业的特定优势，发展中国家企业的特定优势主要体现在：（1）掌握能服务小规模市场需求的小规模生产技术。小规模技术具有劳动密集和灵活自由的特点，适合发展中国家企业进行小批量、多种类生产。（2）性价比高。小规模技术生产的平均成本非常低廉，能够有效抢占国外的市场份额。（3）发展中国家使用“降级技术”生产在西方国家早已成熟的产品，以有效地满足其他发展中国家目标市场的需要。这实质上是延续了 Vernon（1966）的产品生命周期理论。

第二，技术地方化理论（localized technological capacities）。Lall（1983）研究了印度跨国公司的直接投资活动，提出了发展中国家跨国公司的技术地方化理论。他认为，发展中国家企业在技术水平较低的情况下也拥有对外直接投资的特定优势，它们通过一种独特的，适应当地经营环境和经济条件的，消化、吸收、改进和创新过程来进行技术创新，并通过这种内在创新活动形成和发展自己的特定优势。与小规模技术理论相比，Lall（1983）更强调企业技术引进的再生过程，为后来的技术积累理论（Cantwell（1989）和 Tolentino（1993））奠定了基础。

第三，技术创新和产业升级理论。Cantwell（1989）和 Tolentino（1993）解释了一些新兴工业化国家的对外直接投资开始投向发达国家的新趋势。该理论将发展中国家企业的技术积累与创新、产业结构升级、对外直接投资增长与发

展三者联系起来，对发展中国家跨国公司随经济发展阶段的进步出现的经营活动升级和经营区位扩散做出解释。发展中国家通过利用特有的“学习经验”掌握和开发现有的生产技术，形成特定优势。技术积累和技术能力的提高会带来产业结构的升级，最终影响对外直接投资的增长及形式。该理论指出，发展中国家对外直接投资的产业分布、地理分布会随着时间的推移而变化，其活动是可预测的。在产业分布上，发展中国家企业的对外直接投资受到本国产业结构以及企业内生技术创新能力的影响，对外直接投资从资源开发型向进口替代型和出口导向型转变。在地理分布上，直接投资遵循由地理或文化相近的国家，到远距离的发展中国家，再到发达国家的渐进发展轨迹。该理论对发展中国家的对外直接投资现象具有较强的解释力。

三、发展中国家对外直接投资理论

以上理论综述关注传统的发展中国家对其他发展中国家的 FDI 理论，但随着 21 世纪新兴经济体经济快速增长，它们对外直接投资现象（Outward Foreign Direct Investment，ODI）越来越兴盛起来，且投资流向不再局限于发展中国家，出现了更多的对发达国家的直接投资活动。学术界对此展开了不同的理论解释。这些理论研究主要有两条路径。

第一条路径是继续利用传统 FDI 理论来解释新兴经济体的 ODI 活动。这主要体现在两方面。从静态角度来看，最具有代表性的还是 Dunning(1977)的 OLI 理论。一些学者应用 OLI 理论解释新兴跨国公司 ODI 的优势，这些研究证实了 OLI 理论能够解释新兴经济体的 ODI 现象。此外，从动态角度来看，新兴经济体的 ODI 是与这些国家的经济快速发展相伴的。Dunning(1979)提出投资发展阶段理论（Investment Development Path Model，IDP）来解释新兴经济体 ODI，并得到实证研究的支持，还根据各国不同的子模式进行修正。但考虑到中国、印度等新兴经济体 FDI 的起步要比 IDP 理论预计的早，并且新兴经济体的 ODI 反过来也会提升母国的发展路径，因此可以认为 IDP 理论只是解释了新兴经济体可能在什么时候进行 ODI，而难以解释新兴经济体为何进行 ODI。

第二条路径是进行理论创新，抛开传统的 FDI 理论，引入新的理论视角。最具代表性的是 Mathews(2006)的研究。他发现亚太发展中国家的跨国公司具有加速国际化、通过组织创新而非技术创新加速国际化、战略创新等特点，他把这些跨国公司命名为“龙跨国公司”（dragon multinationals），并从全球化背景下的资源观理论出发，基于后来者视角，提出了著名的“连接—杠杆—学习”的分析框架(Linkage-Leverage-Learning Framework,LLL)。LLL 理论指出,在面临全球化竞争的背景下,尽管存在自身资源与能力的不足,新兴经济体企业仍可以利用全球经济互联互通的特征,通过联系的方式接近和利用企业自身缺乏的资源,通过杠杆效应放大对资源的利用,并通过互动不断学习,加速积累和提升国际化的经验和能力,赢得竞争优势。一些中国制造企业的案例研究表明,LLL 模型对新兴经济体跨国公司 ODI 有很好的解释力。LLL 理论区别于 OLI 理论中跨国公司具有所有权优势的重要前提假设,使两派理论争论比较强烈。然而 OLI 理论和 LLL 理论单独都难以解释跨国公司的直接投资活动,在研究中既需要 LLL 理论对外部要素的重视,也需要 OLI 理论对内部要素的重视,只有将两者结合才能完整地解释跨国公司的直接投资活动。

第二节　企业海外扩张决策的影响因素

关于企业海外扩张进入模式决策影响因素的研究已经非常丰富(Brouthers 和 Hennart, 2007;Canabal 和 White Iii, 2008;Sarkar 和 Cavusgil, 1996)。已有研究表明,影响海外扩张进入模式决策的因素主要分为东道国相关变量、母国相关变量、企业相关变量、产业相关变量(Hill 等, 1990;Malhotra 等, 2003;Sarkar 和 Cavusgil, 1996;Tsang, 2005)。

其中企业相关变量的研究关注到企业战略变量也会影响进入模式(Pehrsson, 2008),从早期较宏观的战略行为变量深入到更加微观的高管团队变量。战略行为变量的研究包括战略意图(Hamel 和 Prahalad, 1989)、多国战略匹配和全球战略协调(Hill, 1990),全球集中度、整合与战略动机(Kim 和 Hwang, 1992),市场定位、全球整合及差异化战略(Aulakh 和 Kotabe, 1997),低成本、差异化及交互战略(Aulakh 等, 2000),战略匹配(Zajac 等, 2000),东道国产业竞争和增长、资产寻求和全球战略动机(Cui 和 Jiang, 2009)等。高管团队变量的研究包括高管特质(Herrmann 和 Datta, 2002;2006)、国际化经验和国籍差异(Nielsen 和 Nielsen, 2011)等。

但总体而言,这些因素在不同层次一起发挥作用,共同影响企业进入模式的选择。基于完全理性的假设,外部因素被认为对进入模式决策有很强的影响(Shama, 2000;Tihanyi 等;Zhao 等, 2004)。在选择进入模式时,外国市场的特征被认为是基本和首要考虑的因素(Quer 等, 2007;Yiu 和 Makino, 2002)。由于进入模式选择的影响因素非常之多,首先在进入模式的选择类型上,本章关

注海外直接投资，出口这种进入模式则不列入讨论范围；随后，本章将重点讨论以往海外扩张进入模式研究中认为是最主要的影响因素。

文献回顾表明至少存在六个方面的与海外扩张进入模式选择相关的重要影响因素：东道国和母国的文化距离、东道国和母国的地理距离、东道国市场规模、东道国的制度环境、东道国的经济环境以及投资企业的投资经验。对其他一些影响因素本章也作简要介绍。

一、经济环境

经济环境是影响进入模式选择的非常重要的因素。东道国稳定的市场经济更具有吸引力，风险也更少。经济的波动性会增加交易环境的风险，促使企业选择更灵活的进入模式以降低运营风险。

具有较好经济表现的东道国能够吸引高资源投入。落后的基础设施建设、高居的通货膨胀率、低劣的科技能力会抑制高资源投入的进入模式。相反，充足的货币储备、较低的国家债务比率、良好的国际收支情况、便利的货币兑换、积极的长期资本流向趋势则会鼓励高资源投入的进入模式。

一些研究表明，高收入水平的经济体代表稳定的经济现状与较高的市场潜力。人均收入水平越高，更倾向于采取高资源投入的方式。更高的收入也会减少与东道国的不确定性和信息不对称，推动对企业特定优势的利用水平。

经济增长代表着巨大的市场机会，也会带来很高的资源投入。高速增长市场进入越早，越可以避免由于延迟进入而带来的机会成本。从组织能力的学习视角看，进入高速增长的经济体也非常有益。外部学习会比内部学习更快。因此，在一个增长很快的市场，若资源投入太少，会导致很高的机会成本。高资源投入也有利于快速接近现有生产能力和知识，知识转移会更加快速。

在经济的开放性方面，贸易壁垒会阻碍跨国公司通过出口进入东道国市场，从而削弱在东道国的市场份额，降低资源投入。东道国对外国直接投资的开放度越高，越能够改善新进入者的境遇，便于推动市场运营，使新进入者倾向于较高的资源投入。

此外，一个经济体的经济环境越好，决策者主观评估也会越好，感知到的良好的经济环境也会带来很高的资源投入。

二、制度环境

制度正成为直接投资理论中非常重要的一个因素。东道国的制度设置也会很明显地影响进入模式选择。一个制度良好的国家能够减少商业风险和成本，增加生产效率，吸引更高资源的投入水平。考虑国家制度不稳定的问题，如果一个国家具有很高的风险，比如政治腐败，企业倾向于调整自己的进入模式以适应东道国的制度环境。在理性条件下，与东道国企业开展合作并在高风险条件下承担未来的意外事件变得不太可能发生。因此，投资活动的内部化能够帮助吸收外部的不确定性。在制度不稳定条件下，企业必须具备较高的战略灵活性。在一个高风险的国家，企业必须随时保证必要的灵活性，以满足环境的不可预知性。实物期权理论强调，当不确定性创造了一个投资机会的价值难以被精准预计的形势时，企业反应为保持一开始较低的投资作为未来投资的期权，低资源投入是最好的选择。从资源观角度来说，很高的制度风险表明，需要保护企业的资源，避免所有权上的损失。

如果东道国法律对外国直接投资有很大的限制，也会减少跨国公司资源投入的可能性。如果企业面临东道国政府对其进入模式选择的压力，那么它们将别无他选，要么接受，要么离开。最近的一些强调新制度的理论也表明，在一个法律公正、合理的东道国家，虽然法律限制效应仅仅是体现在法律或经济层面，而不会产生环境风险，但法律限制会减少跨国公司进入模式的选择范围，限制它们额外的经济收益，因而降低它们的资源投入。基于新制度理论，东道国制度环境的规制、认知和规范三个方面都对进入模式有显著的正向影响。一个制度优越的国家会促使更高资源的投入可能。

三、市场规模

外国市场的吸引力也是一个进入模式选择的主导的影响因素。一般而言，企业被假定通过全资拥有分支机构进入一个有吸引力的市场，因为这将会提供最大化的长期收益。那些被归为高市场吸引力的国家被认为有更多的潜在机会来吸收更多的能力，提供了一个改进企业绩效的机会。在有很高市场吸引力的市场上，企业运用垂直整合，以得到规模经济性，保护长期市场占有。同样，在有吸引力的市场上，市场遭到瓜分的潜在风险也更高，这加强了内部化的收益。市场吸引力最主要体现在市场规模（market size）方面。

大多数学者认为，东道国市场规模的扩大会加强对该国的资源投入，导致市场规模与内部化正相关。一个大的东道国市场表明，企业期望有与它们的资源投入高风险相称的回报。基于"内部化的成本比重是固定高昂的"这一假设，更高的回报只能来源于获得规模经济性的机会。考虑到交易成本理论，市场规模被认为是交易频率的一个代理，这也加强了企业内部化的倾向。因此，市场规模与全资拥有分支机构正相关。

四、文化距离

学术界已经认同文化距离对进入模式选择的预测效应。尽管这种影响仍不明确，可能是正相关，也可能是负相关。本章将对这两种相反的效应都加以说明。

有些理论认为，随着文化距离的增加，更倾向于合作的进入模式。从组织能力的视角看，企业的能力毋庸置疑植根于母国。要将企业的能力转移到文化相似的东道国非常困难，在不熟悉的环境里需要很高的学习成本。结果，企业可能更喜欢一个合作的战略来接触合作方的能力和文化知识。收购，作为另外一种进入模式，可能接触到别的公司的能力，可能在文化距离方面不是很有效，整合成本会非常高，因为被收购的公司可能会强烈抵制将知识转移给收购方。此外，较大的文化距离增加了在一个特定市场的运营风险，以及公司资源的损失。合作的进入模式能够服务于风险规避战略（risk-reduction strategy）。因此文化距离可以正向影响合作进入模式而不是全资拥有分支机构。

然而，当面临不同的文化时，东道国合作伙伴的吸收能力很可能降低。因此一个本地的伙伴在有效地应用企业知识上可能面临困难，企业特有优势的合作实施可能很低效。从这个视角而言，在一个文化距离较大的国家的企业可能更喜欢采用内部化的方式来开发它的特有优势。内部化可能允许更有效地转移其他企业的特有优势（例如声誉和缄默知识），这帮助弥补由于文化差异性而导致的新进入成本（liability of foreignness）。从交易成本视角看，文化距离增加了信息的不对称性，因而增加了监控成本。因此，内部化外国活动将会更有效。因此，文化上巨大的差异可能导致对海外活动施展的更多的控制。也有学者认为维持与本地伙伴的合作，将会卷入"双层"的文化适应。企业的海外扩张将面临处理海外客户文化以及合作伙伴的不同企业文化的问题，因此增加了管理上的复杂程度。而全资拥有分支机构能够避免较大文化距离下的复杂性。

五、地理距离

地理距离是国际商务领域引力模型理论的重要变量，它会显著影响国际贸易和国际直接投资的流量。一些国家层次 FDI 影响因素研究表明，地理距离是阻碍直接投资的重要因素，母国与东道国地理距离越远，双方的心理、文化和语言距离会越大，导致投资管理和控制的成本升高，投资风险加大，进而阻碍了投资的资源投入水平。实证分析的结果也证明了这一点。此外，东道国的地理位置还会通过关税及非关税壁垒、交通运输成本等因素，间接影响企业对东道国的对外直接投资决策。

六、投资经验

前期投资经验对企业的进入模式选择具有很重要的影响。进行跨国运营是企业获取进入模式决策经验的重要途径,企业可以通过在多个国家的直接投资活动积累跨国运营的经验。与缺少投资经验的企业相比,拥有更丰富的投资经验的企业会更有信心应对风险,整合好多国籍管理分支,因而做出高资源投入。

也有学者指出,就算企业没有多国运营经验的积累,企业有关东道国的国际化经验也会影响企业进入模式的选择。如果企业之前与东道国的本土企业开展过合作,或者有进出口贸易来往,或者有过对外直接投资的动机,都会增加企业对东道国本地知识的积累,降低企业感知到的东道国环境不确定性。跨国经营经验也会影响企业内部化所有权优势的能力,因此企业会更愿意在对外直接投资中做出高资源投入。

此外,针对某种进入模式的特定经验也会影响企业的进入模式选择。企业前期的进入模式经验会影响到后续的进入模式选择,呈现出一种追随效应。

七、其他因素

除了以上一些较为明确的影响进入模式的东道国因素和企业因素外,还有许多因素也会影响到进入模式的选择。

一是在母国因素方面。母国对东道国的权力距离接受度(power distance acceptance)也会影响进入模式选择。权力距离接受度高,代表母国对东道国市场较高的信任和较低的交易成本,会倾向于提高对东道国的资源投入。母国的风险规避倾向(uncertainty avoidance tendency)也会影响进入模式选择。企业国际化基于风险规避的假定,风险规避倾向会导致对东道国市场更加小心的资源投入。

二是在企业因素方面。除了前面提到的战略变量以及投资经验外,企业规模、多元化水平、技术诀窍的价值及其缄默性等也是影响进入模式选择的重要变量。

三是在产业因素方面。产业类型、产业研发和广告强度、产业增长率、产业竞争程度等也会影响进入模式选择。

第三节　浙商海外扩张与投资的基本特点

浙江企业海外扩张开始于上世纪80年代初，发展迅速。2000年以来，随着浙江经济日益卷入到全球经济一体化的进程中，浙江省境外投资速度不断加快，国际经济合作不断加深。对外直接投资的规模和效益也逐步提升，对外直接投资在对外开放中的地位和作用进一步增强。海外扩张战略为浙江企业拓展了新的发展空间，实现了全球优质资源配置，推进了剩余产能输出，对提升企业的核心竞争力发挥了积极的引导和推动作用，为浙江经济社会的发展做出了积极的贡献。浙江企业的海外扩张主要呈现出以下特点。

一、投资规模快速扩大

截至2014年6月底，浙江省经审批和核准的境外企业和机构共计6686家，累计对外直接投资额为228.06亿美元，投资地遍布6大洲、141个国家和地区，境外企业个数和规模居全国首位。2014年上半年，浙江经审批和核准的境外企业和机构共计242家，中方协议投资额24.4亿美元，同比下降24.1%（主要是因为2013年同期恒逸大项目形成的高基数的影响），已完成2014年度30亿美元目标的81.3%。

据商务部统计，浙江境外投资的境内主体数量和境外机构数量连续多年居全国第一（见图3-1）。其中最主要的是营销网络项目，并购、研发项目还比较少，特别是研发项目出现逐年下降的趋势（见表3-1）。

浙江省境外企业投资总额从2000年的0.17亿美元快速扩大到2013年的57.2亿美元，增长了324.7倍；中方投资额从2000年的0.15亿美元上升到2013年的55.2亿美元，增长了367.3倍（见图3-2）。2003年到2013年的10年境外投资年均增长率达到了52%。特别是2009年，在金融危机的影响下，全球对外直接投资同比下降39%，其中并购下降66%，但浙江的境外投资却逆势增长，中方投资额同比增长43.4%。2010年中方投资额同比增幅高达219.35%，为历年最高。

经过多年的发展，浙江省境外投资企业已经积累了一定的投资经验，一些企业的经营状况进入良性循环，资产规模不断扩大。

表 3-1　浙江省国外经济合作情况汇总表(2010—2014)　(单位:万美元)

内　容	2010 年	2011 年	2012 年	2013 年	2014 上半年
境外企业总投资额	402049.4 (260.4%)	373214.7 (-7.17%)	474621.5 (27.17%)	571861 (20.5%)	261391 (-22.49%)
境外企业中方投资额	336007.9 (219.35%)	344551.4 (2.54%)	389235.6 (12.97%)	551648 (41.7%)	243917 (-24.11%)
境外投资企业数(个)	630	568	634	568	242
营销网络项目	560	509	613	551	231
并购项目	43	45	63	38	28
研发项目	63	40	19	5	0
国外经济合作营业额	291076 (21.6%)	302693 (4.0%)	382974 (26.52%)	451331 (17.9%)	235550 (23.20%)
国外经济合作合同额	246106 (-0.4%)	295438 (20.0%)	361220 (22.27%)	480992 (33.2%)	228688 (76.76%)
期末在外人数(人)	26261	17836	27149	27923	25571
外派人次	13446	9835	20020	24285	7768

数据来源:浙江省商务厅。

注:括号内数值表示比上年同期增长率;2013 年起,对外承包劳务合同额改称为国外经济合作合同额。

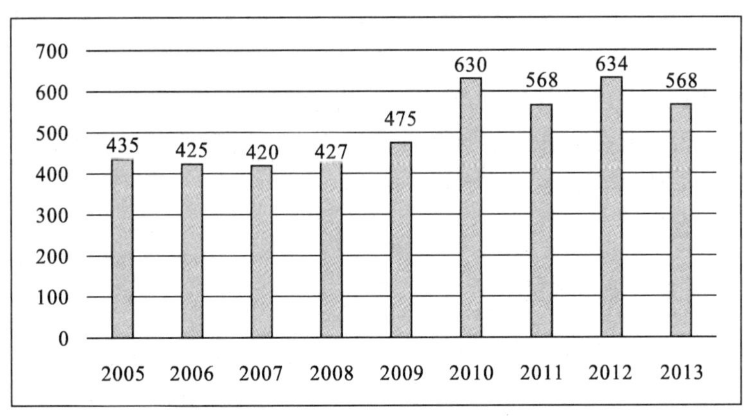

图 3-1　浙江省对外投资企业数(2005—2013 年)

数据来源:浙江省商务厅。

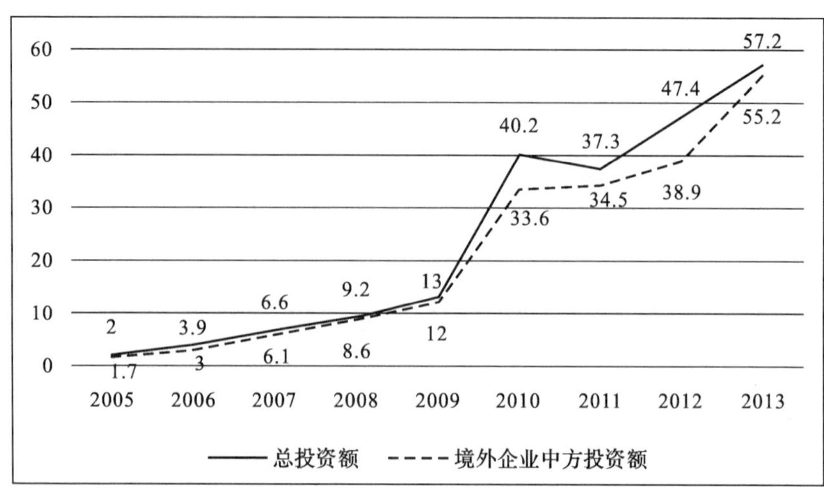

图 3-2　浙江省对外投资额(2005—2013 年)(单位:亿美元)

数据来源:浙江省商务厅。

二、营销网络不断拓展

2013 年境外营销网络日见成效,带动出口 200 多亿美元,新增境外营销网络 551 个。2014 年上半年,浙江省经核准设立的境外营销网络项目 231 个,中方投资额 19.1 亿美元,占全省境外投资的 78.4%。自 2008 年以来,浙江省共核准设立境外营销网络 3203 家,投资总额为 163.22 亿美元,主要分布在我国香港地区,以及美国、瑞典、德国和阿联酋等浙江省主要出口市场的 90 多个国家,年带动出口占全省总量的 10%左右。如巨石集团有限公司在中国香港、南非开普敦、印度孟买、意大利米兰、韩国首尔、西班牙马德里等地设立了合资公司或销售公司。通过境外营销网络的建设,浙江企业的自主品牌影响力和市场份额已进入全球同行的前列,浙江企业正从过去的供货商向海外经销商、知名品牌的拥有者转变。

三、跨国并购稳步推进

浙江企业抢抓全球产业调整的历史机遇,注重实施海外并购,企业国际化经营能力逐步增强,显著提升国际竞争力。2013 年实施海外并购项目 48 个。2014 年上半年以并购形式实施的境外投资项目 28 个,并购额 3.8 亿美元,项目平均并购额增长 139%,项目主要涉及农业、通用设备制造业、批发业等。2008 年以来,浙江以并购形式实现的境外投资项目 298 个,并购额达到 61.75 亿美元。其中最大的一起并购案是 2010 年吉利集团以 18 亿美元成功收购瑞典沃尔沃轿车，这也是历年来中国民营企业单笔最大规模的海外收购。

四、投资质量持续提升

浙江省对外直接投资年均速度快，单个项目投资规模逐年扩大。截至 2014 年 6 月底，浙商投资额在 1 亿美元以上的大项目共有 12 个，涉及的国家和地区 8 个，投资额 87.2 亿美元（见表 3-2）。大项目带动效应明显，如富丽达集团控股有限公司投资 2.5 亿美元设立富丽达卢森堡控股公司、宁波均胜投资集团有限公司投资 2.3 亿美元并购德国普瑞有限责任公司、吉利集团以 13.88 亿美元并购沃尔沃等。民营企业发挥了对外直接投资主力军的作用。

表 3-2　浙江企业境外重大投资项目　　（单位：亿美元）

企业名称（国内主体）	项目名称	所在国家	项目金额
美都控股股份有限公司	美都控股收购美国伍德拜恩艾克森有限公司全部股权项目	美国	1.5
	美都控股增持美都美国股份有限公司并实施美国伍德拜恩艾克森有限公司油田产能建设项目	美国	2.88
浙江正泰太阳能科技有限公司	正泰保加利亚 47.8MW 光伏发电项目	保加利亚	1.73
	正泰南非 64MW 光伏发电项目	南非	2.42
前江投资管理有限责任公司	龙江工业园	越南	1
浙江恒逸石化有限公司	年加工 800 万吨原油石化项目	文莱	43.2
万向集团	收购美国 A123 系统公司资产并投资建设锂电池生产线项目	美国	9.68
浙江荣盛控股集团有限公司	投资参股加拿大能源控股有限公司	加拿大	1.15
华方医药科技股份有限公司	罗勇工业园	泰国	1.4
浙江吉利控股集团有限公司	沃尔沃轿车收购	瑞典	18
浙江富丽达股份有限公司	并购加拿大纽西尔特种纤维素有限公司项目	加拿大	2.535
浙江卧龙舜禹投资有限公司	设立香港卧龙控股集团有限公司并购奥地利 ATB 驱动技术股份有限公司项目	欧洲	1.61

数据来源：浙江省商务厅。

五、投资区域日益广泛

浙江省境外投资遍布六大洲 141 个国家和地区，形成了亚、欧、美、非四大投资板块。由于非洲和东南亚国家和我国拥有较好的友谊关系，政治风险低，且在大力吸引外资，这些国家成为浙商企业对外投资优先选择的地区。另一方面，浙江的产品种类和这些国家的具有很强的相似性，而无论是生产技术还是产品生产、营销策略，浙江的产品相对这些国家来说都具有优势，因此这些区域具有广阔的市场。

除了把发展中国家作为投资的主要区位，近年来浙江企业在欧美发达国家的投资力度也逐步提升。以浙江在美国的投资为例，截至 2013 年年底，经核准浙江在美国投资累计共有 961 家企业，投资总额为 30.7 亿美元，其中中方投资额为 21.9 亿美元。投资主要集中在制造业。投资较大的项目有：万向集团设立的万向洁能美国公司，总投资额 3.7 亿美元，从事交通运输设备制造业。美都控股股份有限公司设立的美都美国股份有限公司，投资总额 1.6 亿美元，从事石油和天然气开采业。宁波永成矿业股份有限公司设立的永成（美国）有限公司，投资总额 9000 万美元，从事研究与实验发展。

六、投资方式渐趋多样

近几年，浙江企业在海外扩张过程中改变了以往投资方式单一的情况，呈现以设立全资子公司为主，以设立分公司（销售办事处、研发机构）、兼并（收购）外国资产或公司股权等方式为辅的多样化投资方式。一是在外建立销售公司或加工基地，如民营企业杭州东华链条集团有限公司在德国、美国、荷兰等国家设立全资的仓储式销售公司，浙江向日葵光能科技股份有限公司通过在香港设立全资子公司，促进了产品的自营出口。二是与当地公司、政府部门共同建立股份制合资企业，如万向集团在朝鲜与政府合作开发朝鲜最大的铜矿。三是兼并、收购外国资产或公司股权，如浙江钱江摩托股份有限公司收购意大利摩托车企业，获取国际品牌。四是设立研发中心，如浙江佳力科技股份有限公司通过设立浙江佳力科技德国研发中心有限公司，直接获取核心技术，不断提升产品在国际产业链中的地位，为产业升级积累了丰富的经验和资源。

七、金融扶持显著加大

作为定位于国际经贸扶持的政策性银行，中国进出口银行浙江省分行较好地发挥了政策性金融对浙商海外扩张的推动作用。至 2014 年 6 月底，分行针对浙江企业海外扩张提供的贷款余额为 45 亿元，贷款项目 50 个，金额较年初新增 7 亿元，增长率为 18%。2014 年上半年发放浙江企业海外扩张贷款 8 笔，共计 9 亿元，推进了航民科尔在美国收购纺纱企业、新光集团在美国投资股权等境外投资项目，同时还跟踪推进了正泰集团在东南亚国家投资光伏电站项目、超准能源东海气田、青山控股印尼镍铁矿、吉利集团白俄罗斯建厂等一系列具有较大影响力的海外扩张项目。同时分行还与浙江省商务厅、浙江省中信保共同设立了"走出去"融资与担保平台的合作机制，计划 2014 年"走出去"贷款余额较年初新增 10 亿元，支持中小型民营企业海外扩张，缓解了浙江民营企业海外扩张融资难、融资贵的问题。

八、境外经贸合作区平台集聚效应显著

20 世纪 80 年代中后期，浙江个体私营企业就开始生产加工出口产品。在 WTO 的多边贸易框架下，浙商开始了在境外设立商品专业市场的新创举。2006 年以来，国家实施推动企业"走出去"政策，推动了浙江设立境外经济贸易合作区。浙江越美集团 2007 年就开始在尼日利亚投资 5000 万美元建立纺织工业园区，进行纺织产品的生产、加工、包装和贸易。至 2010 年，有华立集团投资的泰国"罗勇工业区"、康奈集团投资的俄罗斯"乌苏里斯克合作区"、浙江海亮集团有限公司和其他企业共同投资兴建的越南"中国龙江经济贸易合作区"、浙江吉利美日汽车有限公司等投资的"墨西哥中国(宁波)吉利工业经济贸易合作区"。

截至 2013 年年底，浙江 3 家国家级和 2 家省级境外经贸合作区已完成投资额 6.18 亿美元，引进企业 135 家，其中浙江企业 60 家，带动浙江投资 9.34 亿美元，2013 年带动出口 14.76 亿美元。通过对外投资带动过剩产能转移，有效促进浙江经济"腾笼换鸟"。

九、对外承包工程持续增长，资质企业数量不断扩大

截至 2013 年年底，浙江累计完成对外承包工程营业额 308 亿美元，2003 至 2013 年，年均增长 14.8%。2013 年达到了 44.03 亿美元，同比增长了 18.6%，创历史新高。2014 年上半年，对外承包工程完成营业额 22.7 亿美元。截至 2014 年 6 月底，浙江省共有对外承包工程资格企业 253 家，主要涉及房屋建筑、电力工程、制造加工设施建设、交通运输、水利建设等多个行业。

浙江省建设投资集团、华东勘测设计研究院有限公司、浙江省火电建设公司承揽了境外承包工程合同额在 5000 万美元以上的项目共 10 个，涉及的国家和地区 6 个，合同金额 11.6 亿美元(见表 3-3)。

表 3-3　浙江企业境外重大承包工程项目　（单位：亿美元）

企业名称（国内主体）	项目名称	所在国家	项目金额
浙江省建设投资集团	阿尔及利亚布里达省 Bouinan 5000 套	阿尔及利亚	1.90
	阿尔及利亚阿尔及尔省 Ouled Fayet 镇 2 区 1500 套	阿尔及利亚	0.58
	阿尔及利亚布里达省 Bouinan 3000＋2000 套	阿尔及利亚	1.99
	阿尔及利亚奥兰省 Ain Beida 5000 套	阿尔及利亚	1.96
	阿尔及利亚提亚雷特省 2000 套	阿尔及利亚	0.63
	罗便臣道英华女书院重建工程	香港	0.86
华东勘测设计研究院有限公司	柬埔寨光纤信息传输两络建设项目二期工程总承包合同	柬埔寨	0.59
	巴基斯坦马斯特 49.5MW 风电场总承包合同	巴基斯坦	1.06
浙江省火电建设公司	越南沿海三期 2×622MW 超临界燃煤电站项目	越南	1.36
	印尼芝拉扎二期 1×660MW 燃煤电站项目	印度尼西亚	0.70

数据来源：浙江省商务厅。

十、部分企业境外风险抵御能力较弱

虽然浙江省境外投资企业总体投资规模在不断扩大，但企业个体规模不大，抗风险能力还不够强；部分企业出于投机目的对外投资，由于前期缺乏充分的市场论证，对东道国的政治、经济、文化环境不熟悉，进而陷入歇业的困境，境外投资项目亏损的企业不在少数。如杭州机床集团 2006 年投资 600.9 万欧元购入德国 aba z&b 磨床公司 60%股权，2008 年至 2009 年年底，全球性金融危机席卷欧美，aba z&b 磨床公司经营持续亏损，现金流断裂，给杭州机床集团带来的直接投资损失达数百万欧元。又如浙江温州乐清的通领科技集团有限公司的产品在美国连续遭遇不正当的“337”专利侵权诉讼调查，企业历经 345 天抗衡，凭借过硬的专利技术取得了胜诉，但期间所花费的诉讼费用却高达上千万美元，直接导致企业现金流不足。

第四节　浙商海外扩张与投资的主要动机

在浙江企业特别是民营企业大举海外扩张现象的背后，我们需要认真分析这些企业海外扩张的动机，这有助于更好地促进浙江地方经济的发展，也有助于为浙江企业创造更加理想的政策支持和投资环境。

一、获取战略性储备资源，缓解资源瓶颈压力

浙江是一个资源小省，原材料、能源、土地资源严重短缺，难以满足企业快速发展的需求，通过海外扩张获取资源成为企业的必经之路。目前这类海外扩张企业的目的地主要有俄罗斯、刚果、巴西、南非、赞比亚、菲律宾、朝鲜、印度尼西亚、柬埔寨等国家。如华立集团在柬埔寨拥有5万公顷土地，逐步用于木薯集约化种植，在东道国加工成优质的木薯干后运回省内舟山基地加工成工业酒精；浙江华友钴业股份有限公司在刚果投资钴的开发、冶炼和深加工，所开发的资源为国内母公司提供了稳定的原材料供应，其中2009年运回省内的原材料占原材料总量的70%；新兴铸管（浙江）铜业有限公司在赞比亚打造原料基地，所产的原料海绵铜和铜精矿全部运回省内进行深加工；浙江富得利木业有限公司在巴西开发林业资源，保证了省内原材料的供应。通过“走出去”开发境外资源如矿产资源和森林资源等，企业获得了丰厚的回报，也在一定程度上缓解了浙江资源要素短缺的矛盾。

二、规避对外贸易摩擦，有利于产品出口

一些企业通过在国外建立工厂，变“国内生产国外销售”为“国外生产国外销售”，可以突破国外以反倾销等形式出现的贸易保护主义。如涛涛集团有限公司为了规避贸易壁垒，在美国设立了5家公司；浙江健力股份有限公司在遭遇国外反倾销、反补贴后，积极筹划将生产基地“走出去”，通过在国外设厂来改变原产地，规避贸易保护造成的市场风险，提高产品的市场竞争力和抗风险能力。总的来说，这类企业主要是为了规避贸易壁垒而“走出去”，有利于产品顺利出口，对浙江经济发展也是有一定好处的。

三、降低生产成本，保持市场占有率

随着经济的快速发展，国内生产环境发生了变化，低劳动力成本等竞争优

势受到威胁，迫使企业对外投资以寻找低价劳动力。浙江省有不少企业将一些低端的产业转移到境外生产，其投资地主要集中于越南、东南亚国家。如浙江苏泊尔股份有限公司在越南投资办厂，取得了良好的经济效益。去发展中国家投资办厂，利用当地廉价的劳动力赚取利润，已成了企业海外扩张的主要动因之一。如果这类海外扩张企业属转移过剩产能的，即使生产要素未能实现“带回来”，对浙江经济几乎不会产生什么负效应，如果能实现生产要素“带回来”，则能产生“腾笼换鸟”的正效应。

四、建立营销网络，开拓国际市场

这种情况具体有两种类型：一种类型是在境外设立销售网点，如康奈集团已经在法国、美国、意大利等 20 多个国家开出了 200 多家专卖店；另一种类型是在海外开设分市场，如台州路桥中国日用品商城股份有限公司在迪拜建立了分市场，与台州在当地的中小企业合作，由企业直接供货。通过上述方式，浙江省“走出去”企业扩大了省内产品的出口，开拓了国外市场。据浙江省商务厅调查，平均一个境外营销网络机构能够带动 557 万美元的产品出口额。

五、获得先进技术和设备，提升国际竞争力

这种情况如吉利集团并购沃尔沃、华立集团并购飞利浦 CDMA 手机核心技术以及整体参考设计相关项目、万向集团收购美国 Fisker 公司，它们的目的都在于通过并购发达国家企业，利用他国人才从事研发，绕开知识产权壁垒，直接获取核心技术，以应用于省内产品，以提升企业的国际竞争力。

一些浙江企业通过积极实施国际化战略，已初步显露出浙江本土跨国公司的雏形。本土跨国公司的发展壮大，是浙江内源经济与开放型经济有机结合的关键，也将成为今后一个时期浙江提升国际竞争力的关键。

第五节　浙商海外扩张与投资的政策建议

在当前浙江企业海外扩张的过程中，在投资主体、投资区位、产业选择等方面还有很多不足，投资管理的水平也有待提高和改进，企业跨国经营能力较弱，对外直接投资成功率还较低，需重点抓好以下几个方面的工作：

一、制定浙商海外扩张战略总体规划，改革行政管理体制

1. 制定浙商海外扩张战略总体规划

由浙江省发改委、省商务厅等部门通力合作，积极开展浙江省对外投资合作总体规划和“十三五”规划前期研究，深入分析国内外形势，结合浙江经济结构调整和产业升级实际，充分吸收各界的才智，对浙商海外扩张提出合理目标，制定体现前瞻性、战略性、针对性的短期和中长期规划，体现政府的政策导向性。

2. 进一步推进审批管理体制改革

进一步改善境外投资项目管理的有关具体措施，简化项目审批手续，大幅下放管理权限，建立以备案制为主的境外投资管理制度，为企业境外投资创造更加宽松、更加便利的条件。除涉及敏感国家和地区、敏感行业的境外投资项目外，中方投资额10亿美元以下的境外投资项目将全部实行备案制。

3. 完善浙江省“走出去”工作领导小组工作机制

明确各相关部门的职责分工和目标责任，加强领导小组各成员之间、领导小组和各市、县(市、区)政府的合作和协调，充分调动各方的积极性，努力形成政策合力，及时掌握分析浙商海外扩张工作的进展情况，并根据形势发展，提出工作措施和政策建议，协调解决企业海外扩张过程中遇到的困难和问题。

4. 改善浙商派驻海外人员出入境管理体制

进一步创新出入境管理服务举措，努力为派驻海外人员提供便捷有序的服务环境。积极推介APEC商务旅行卡；依托公安机关网上办事大厅和数字化审批，建立出入境24小时在线咨询中心，提供全天候咨询服务；完善办事窗口民警服务评价体系，全力打造安心舒适的办证环境；积极研究探索出入境服务网点的拓展延伸工作，争取在经济较为发达、企业相对集中的区域增加专门的出入境服务网点。

5. 建立完善的考核、评价体系和财政促进体系

浙江省商务厅会同省财政厅研究完善浙商海外考核评价体系，加强对市县的考评力度；在对境外投资进行全面调查摸底基础上，建立大项目库和重点企

业库，完善境外投资大项目跟踪服务制度与重点企业联系制度，协调解决重点项目与企业对外投资和经济合作中遇到的各类问题；对商务促进资金的使用管理实行绩效评价，鼓励市县加大对转型成效明显、带动作用强、发展贡献大、国际合作水平高的项目和企业的奖励支持力度；继续从商务促进资金中安排部分资金，加大对境外经贸合作区的扶持力度。

二、建立浙商海外扩张综合服务平台，优化外事、税收服务

1. 建立浙江企业海外扩张综合服务平台

由浙江省商务厅组织牵头，筹建浙江企业海外扩张公共服务平台——浙江省国际投资 96357 平台，省外事、财税、外汇管理、出入境管理及海关、经信、检验检疫等有关部门提供支持。探索符合浙江实际的高效型“一站式”窗口服务管理模式，简化手续，减少环节，提高项目审批效率和服务质量，并为企业境外投资提供政策咨询、项目选择、风险评估、融资、海外就业、税收服务等全流程服务，努力使浙商海外扩张便利化水平走在全国前列。

2. 利用外事、侨务资源为企业海外扩张提供便利

利用好现有外事机构、省国际投资促进中心、省驻外商务机构服务中心、省商务厅新加坡中心和浙江商会、“浙江商务代表”等民间组织和人员，为企业跨国经营搜集信息、引导投资、提供相关便利化服务；围绕浙江企业海外扩张的境外重点州、城市，通过建立更多的友好省份、城市等方式，加强与投资目标国家相关城市或地区的经济合作；依托“浙商回归和引进工作联络处”和遍布世界各地的浙商网络，熟悉投资地市场环境，密切与当地的政府和企业界的关系，帮助企业选准、选好合作伙伴，降低境外投资风险；加强侨情资料的分析与研究，做好服务浙江企业海外扩张的基础工作；引导建立海外和谐社团，为服务浙江企业海外扩张培育新生力量。

3. 优化海外扩张税收服务体系

搭建国际税收交流与合作平台，定期与企业座谈了解企业诉求；落实税收优惠政策。简化办税流程，落实货物、劳务税收优惠政策，落实境外所得税抵免制度，避免双重征税；启动双边税务磋商。当浙江企业境外遭遇税务不公时，及时启动双边税务磋商程序，维护我企业利益；对重点企业实施上门一对一服务。

三、推进浙商海外扩张安全预警机制和风险防范体系

1. 推进涉外安全体制机制建设，维护浙江企业在外合法权益

在“境外浙江籍中国公民和驻外机构安全保护工作联席会议”机制框架下，不断健全浙江省领事保护工作预警预防机制。完善省、市、县三级政府和企业联动协调处理机制，切实做好海外浙商的海外领保工作。配合外交部、驻外使领馆，会同省级有关部门加强对地方政府应急处置工作指导，提升应急处置能力。通过外交部、驻外使领馆及时了解各国政府的对华政策，做好信息通报和风险提醒工作。加强海外扩张浙商集中地和问题多发地调研和巡查，开展风险评估，及时发布预警信息，进一步强化预防性领保工作。

2. 加强对海外扩张企业的风险管理

一是针对东道国对浙江企业的不公平待遇，政府部门要畅通企业申请协商的渠道，通过政府层面帮助企业进行国家之间双边磋商，如税收上目前已有详细的双边磋商规定和程序；二是为海外扩张的浙江企业编制境外投资风险提示手册，防止企业盲目投资；三是对十年来海外扩张企业的成功经验和失败教训进行分析整理，形成典型案例，编撰成册，供后续企业学习借鉴；四是定期对海外扩张企业特别是跨国经营管理人员进行培训，提升企业在境外预防风险、减少风险、规避风险和应对风险的能力。

四、优化浙商海外扩张金融服务，外汇管制更加宽松

1. 强化海外扩张金融服务

(1)扩大贷款余额规模，设立专项贷款和基金。省进出口银行明确提出，扩大海外扩张业务的支持力度，2014—2016 年实现海外扩张业务贷款余额占比前三年翻一番。国家开发银行浙江省分行设立了针对特定国家和地区的中小企业发展专项贷款、中非发展基金和中小企业基金，有力支持了浙江省民营企业在德国、法国、非洲等地区的海外扩张实践。

(2)建立政银保融资担保平台。省商务厅、省进出口银行、省中信保共同研究设立针对融资金额 800 万美元以下的海外扩张融资与担保平台的合作机制。两家政策性金融机构将向总部积极争取政策，拟安排不低于 10 亿元人民币的资金，专项支持中小民营企业海外扩张，尽力缓解浙江民营企业海外扩张融资

难、融资贵的问题。

(3)充分发挥政策性保险对浙企海外扩张的支持服务。浙江信保积极提供浙企境外投资风险管理和融资便利服务，涉及境外工业园区建园及入园投资、过剩产能转移海外设厂、矿产资源开发及海外并购、海外光伏电站新能源投资等行业。浙江信保为浙企开展对外承包工程提供全方位风险管理服务，创新性开发试点产品，满足企业的全方位风险需求。

(4)利用政策性银行优势，提供规划、信息、商务中介、研判风险等“融智”、“融商”服务，与“融资”服务相配合。

2. 逐步放松外汇管制

逐步取消行政审批，代之以登记为主的外汇管理模式。放宽境内机构境外直接投资前期费用管理，从原来的不超过 10 万美元调增为不超过 300 万美元。进一步放宽境内企业境外放款管理：一是放宽境内企业境外放款主体限制，从原境内公司仅能向其母公司或子公司放款，调整为允许境内企业向境外与其具有股权关联关系的企业放款；二是取消境外放款额度 2 年有效试用期期限限制。进一步简化跨境担保外汇管理，取消跨境担保所有事前审批和大部分业务资格条件限制，取消或大幅度缩小数量控制范围和签约登记范围。外汇局在简政放权的同时通过资本项目信息系统采集数据，实现管理的便利化。

五、加强浙商国际化人才的培养工作

1. 完善境外企业人力资源管理制度

推行职业经理人制度，建立健全资格认证等制度。优化激励制度，重视企业文化，引导企业制订人力资源开发计划，加强对外劳务合作管理。

2. 持续打造浙江海内外引才品牌

抓好“千人计划”、“外专计划”、“海鸥计划”的贯彻落实，开展赴欧美、香港、北京、上海等系列高端人才招聘会，继续举办杭州国际人才交流与合作大会等引才活动，形成品牌效应。坚持以才引才、以侨引才、活动引才并重，进一步拓宽引才渠道。建立健全海内外浙商人才信息库、中国浙江国际人才市场网络平台，加强沟通，助推“产能过剩”企业与全球浙商的合作发展。

3. 畅通人才引进绿色通道

建立健全海外人才引进服务窗口体系，设立“一口子受理、一站式服务”的公共服务窗口。加强人才公共信息服务建设，定期发布招聘信息，促进海外人才与在浙企业对接。健全服务企业、服务人才的长效机制，组织调研，定期帮扶，建立联络员制度和人才需求每季度征集办理制度，重点帮助企业解决实际困难。

4. 加强本土国际化人才快速培养

搞好国际化人才培训基地建设，支持企业与高校等建立产学研战略联盟，在大企业集团、行业骨干企业建设一批国家级、省级研发（技术）中心和区域创新平台，在未来科技城等地建立培训基地。加强对对外经贸、财税、金融、外事等部门公职人员的业务培训，定期组织企业管理、研发、营销人才赴国外培训和实践锻炼。发挥企业培养人才的主体作用，从法规层面做出将企业人才培训费列入企业成本免税的规定。积极支持有条件的大专院校、行业协会和企业等成立、增设海外直接投资研究或投资咨询机构（部门），培育和壮大浙江境外投资研究力量。

六、明确鼓励浙商境外投资重点和监管重点

1. 重点支持以获取战略性资源、开展研发项目为目的的境外投资

根据境外投资年检数据，浙江省外资年检情况中全省资源类项目和研发类项目比率非常低。只有极少数企业在国外投资研发项目或建立研发中心，通过并购获得先进技术的企业也不多，很多产品的核心技术掌握在国外企业手中。长此以往，浙江企业的国际核心竞争力将得不到有效提升。另一方面，随着浙江省经济不断发展，资源供需矛盾将日益显现，迫切需要从境外获取资源。因此，从加快浙江省经济转型升级、建设生态大省角度看，建议将政府的激励重点放在获取战略性资源和境外投资研发项目上。

2. 重点培育一批实施国内品牌国际化战略的行业龙头企业

这类企业典型的如浙江闰土股份有限公司。目前该公司已在印度、泰国、印尼等六个国家注册了十三个“闰土”商标，实施国内品牌国际化战略，既增强了品牌的知名度，也提升了产品的市场竞争力，有助于企业建立全球销售渠道，抢占国际市场制高点。但是，浙江企业与发达国家的跨国公司相比，国际竞争力总体水平不高仍是不争事实。绝大多数企业在海外扩张过程中还在使用国外的品牌，因此，为了带动浙江企业实施品牌海外扩张战略，建议对浙江省实施品牌海外扩张战略的企业在财政、外汇、金融等方面给予一定的政策支持。

（本章执笔：吴东）

本章参考文献

[1]Aulakh P S, Kotabe M. Antecedents and Performance Implications of Channel Integration in Foreign Markets[J]. Journal of International Business Studies, 1997, 28(1): 145-175.

[2]Aulakh P S, Kotabe M, Teegen H. Export Strategies and Performance of Firms from Emerging Economies: Evidence from Brazil, Chile, and Mexico[J]. The Academy of Management Journal, 2000, 43(3): 342-361.

[3]Brouthers K D, Hennart J-F. Boundaries of the firm: insights from international entry mode research[J]. Journal of Management, 2007, 33(3): 395-425.

[4]Canabal A, White Iii G O. Entry mode research: Past and future[J]. International Business Review, 2008, 17(3): 267-284.

[5]Cantwell J. Technological Innovation and Multinational Corporations[M]. Oxford: Basil Blackwell, 1989.

[6]Cui L, Jiang F. FDI entry mode choice of Chinese firms: A strategic behavior perspective [J]. Journal of World Business, 2009, 44(4): 434-444.

[7]Dunning J H. The Location of International Firms in an Enlarged EEC: An Exploratory Paper[M]. Manchester: Manchester Statistical Society,1972.

[8]Dunning J H. Trade, location and economic activity and the multinational enterprise: A search for an eclectic approach[M]. // Ohlin B, Hesselborn P O, Wiskman P J(eds). The international allocation of economic activity. Macmillan: London, 1977.

[9]Dunning J H. Explaining Changing Patterns of International Production: In Defence of the Eclectic Theory[J]. Oxford Bulletin of Economics and Statistics, 1979, 41(4): 269-295.

[10]Hamel G, Prahalad C K. Strategic intent[J]. Harvard Business Review, 1989, 67(3): 63-76.

[11]Herrmann P, Datta D K. CEO Successor Characteristics and the Choice of Foreign Market Entry Mode: An Empirical Study[J]. Journal of International Business Studies, 2002, 33(3): 551-569.

[12]Herrmann P, Datta D K. CEO Experiences: Effects on the Choice of FDI Entry Mode [J]. Journal of Management Studies, 2006, 43(4): 755-778.

[13]Hill, C. W. L., Hwang, P. & Kim, W. C. An eclectic theory of the choice of international entry mode[J]. Strategic Management Journal, 1990, 11(2): 117-128.

[14]Kim W C, Hwang P. Global Strategy and Multinationals' Entry Mode Choice[J]. Journal of International Business Studies, 1992, 23(1): 29-53.

[15]Lall S. The New Multinationals: The Spread of Third World Enterprises[M]. Paris: John Wiley & Sons, 1983.

[16]Malhotra N K, Agarwal J, Ulgado F M. Internationalization and Entry Modes: A Multitheoretical Framework and Research Propositions[J]. Journal of International

Marketing, 2003, 11(4): 1-31.
[17]Mathews J A, Dragon multinationals: New players in 21st century globalization [J]. Asia Pacific Journal of Management, 2006, 23(1): 5-27.
[18]Nielsen B B, Nielsen S. The role of top management team international orientation in international strategic decision-making: The choice of foreign entry mode[J]. Journal of World Business, 2011, 46(2): 185-193.
[19]Pehrsson A. Strategy antecedents of modes of entry into foreign markets[J]. Journal of Business Research, 2008, 61(2): 132-140.
[20]Quer D, Claver E, Andreu R. Foreign market entry mode in the hotel industry: The impact of country-and firm-specific factors[J]. International Business Review, 2007, 16(3): 362-376.
[21]Sarkar M, Cavusgil T. Trends in international business thought and literature: a review of international marketing entry mode research: integration and synthesis [J]. The International Executive, 1996, 38(6): 825-847.
[22]Shama A. Determinants of entry strategies of U. S. companies into Russia, the Czech Republic, Hungary, Poland, and Romania [J]. Thunderbird International Business Review, 2000, 42(6): 651-676.
[23]Tihanyi L, Griffith D A, Russell C J. The effect of cultural distance on entry mode choice, international diversification, and MNE performance: a meta-analysis[J]. Journal of International Business Studies, 2005, 36(3): 270-283.
[24]Tolentino P E E. Technological innovation and third world multinationals[M]. London: Routledge,1993.
[25]Tsang E W K. Influences on foreign ownership level and entry mode choice in Vietnam [J]. International Business Review, 2005, 14(4): 441-463.
[26]Vernon R. International Investment and International Trade in the Product Cycle[J]. The Quarterly Journal of Economics, 1966, 80(2): 190-207.
[27]Wells LT. Third World Multinationals[M]. Cambridge, MA: The MIT Press, 1983.
[28]Yiu D, Makino S. The Choice between Joint Venture and Wholly Owned Subsidiary: An Institutional Perspective[J]. Organization Science, 2002, 13(6): 667-683.
[29]Zajac E J, Kraatz M S, Bresser R K F. Modeling the dynamics of strategic fit: A normative approach to strategic change[J]. Strategic Management Journal, 2000, 21(4): 429-453.
[30]Zhao H, Luo Y, Suh T. Transaction cost determinants and ownership-based entry mode choice: a meta-analytical review[J]. Journal of International Business Studies, 2004, 35(6): 524-544.

第四章　浙商境外融资

作为中国改革开放的先行者，浙商始终在把握市场机会、优化内部管理方面走在全国的前列。在当今世界经济一体化的大潮中，浙商们也锐意进取，逐渐开始走上国际化经营的道路。金融危机之后，企业经营环境的动态性加强，浙商的可持续发展面临着巨大挑战，浙商的发展也渐渐从纯粹的本土市场利益驱动的模式，走向依靠国际市场进行国际化发展的新模式。国际化发展意味着浙商在境外实施对实体经济的投资或并购，在这个过程中金融支持是不可或缺的环节。本章首先分析了浙商境外融资面临的宏观环境与可选择的渠道；在此基础上，针对浙商主要采用的境外上市和引入境外风投这两类融资渠道展开具体分析；最后选取两个典型案例来讨论浙商境外融资的具体情况。

第一节　浙商境外融资环境与渠道

2008 年金融危机爆发后，浙江民间借贷风险逐渐暴露，同时 IPO 长期暂停、银行惜贷，使得浙商传统的境内融资渠道弊端逐渐显现。随着金融综合改革的不断深化，越来越多的浙商开始关注境外融资。低廉的海外资金成本、更有吸引力的中国市场和方兴未艾的金融综合改革试验区，共同为浙商境外融资构建了一个良好的环境，使得近年来浙商境外融资热度持续升温。

一、浙商境外融资环境

近年来，境外融资成为越来越多浙商的选择，原因主要有以下四方面：

1. 低廉的海外资金成本

海外国家的量化宽松政策使海外资金成本低廉。由于2008年的金融危机和其后的欧债危机，美国、欧洲、日本等国家和地区的经济遭受了重大影响，它们为了使经济复苏而采取了量化宽松政策，即利用低利率来刺激经济增长。而且从2008年到现在，这些国家和地区的经济复苏缓慢，因此不会轻易取消量化宽松政策，会较为长期地保持现有的低利率政策。虽然在2014年年初美国宣布逐渐退出量化宽松，但这是一个渐次的过程，且美国表示仍将继续维持宽松的货币政策（张茂荣，2014）。根据2014年9月2日的数据，欧元区银行间同业拆借利率（EURIBOR）已低至－0.007%，一年期公债收益率下调至－0.0579%，这意味着欧元区已经进入负利率时代。这些政策让那些复苏缓慢的国家的资金成本相比于我国国内更为低廉，对急需资金的浙商来说从这些国家融资是个很有吸引力的选择。

2. 境外人民币回流的需求

人民币不断升值使境外人民币大量形成，而中国市场强劲的经济增长使境外人民币产生了向中国境内投资的需求。

境外人民币的形成，最主要的原因是人民币一直处于升值通道。由于人民币升值，境外个人及机构都希望持有相对更有价值的人民币，也就逐渐形成了数额庞大的境外人民币。由于金融危机，且境外经济普遍复苏缓慢，境外人民币缺乏良好的投资渠道。在这种环境下，由于中国经济增长依旧领跑全球，投资环境更好，境外人民币便产生了回境内投资的需求。

而与此同时，人民币国际化①为境外人民币回流中国创造了条件。自从2007年6月首只人民币债券登陆香港以来，人民币国际化一直在有条不紊地推进，如跨境贸易人民币结算范围逐渐扩大，人民币全球清算网络逐步建立。目前，人民币国际化的进程已进入提速期。截至2013年年底，人民币结算占中国内地进出口贸易额的比例已增长至约16%。人民币的影响力远不止于贸易领域，它的崛起随处可见，从以人民币计价的外汇、债券市场和新兴离岸人民币中心（如我国台湾地区，以及新加坡、伦敦）的形成，到合格境外投资者（RQFII）股市投资安排、外国直接投资（FDI）以及中国对外直接投资（ODI）等，都印证了我

① 人民币国际化是指人民币能够跨越国界，在境外流通，成为国际上普遍认可的计价、结算及储备货币的过程。

国正在人民币国际化的道路上稳步前进。到现在，人民币作为支付和结算货币已被许多国家所接受，特别是在周边国家、边境地区和港澳地区。在东南亚的许多国家和地区，人民币已经成为硬通货。这给境外人民币的回流提供了良好的契机。

3. 更有吸引力的中国市场

在境外经济复苏缓慢和中国经济快速增长的环境下，中国市场对外资的吸引力正在大幅增加。这也与人民币升值和境内的相对高利率密切相关。

首先，在境外经济复苏缓慢的同时，中国经济增长迅速。境外经济复苏的缓慢导致境外资金缺乏投资渠道，因此境外投资者更为关注正在迅速成长的中国市场。2013 年，中国 GDP 增速为 7.7%，总量为 9.40 万亿美元，在全球 GDP 总量排名前十的国家中增速第一。高速的经济增长为境外投资者提供了更多的投资机会。2014 年 9 月 8 日，联合国贸易和发展会议在其发布的《世界投资报告 2014》中指出，中国 2013 年全年外商直接投资(FDI)流入量达到了创历史新高的 1240 亿美元，占全球总量的 8.5%。这也印证了中国市场的巨大吸引力。

其次，人民币升值和相对的高利率扩大了境外投资者在境内投资的回报。虽然不排除人民币在一些时段会有阶段性的贬值(如在 2014 年年初有较明显的策略性贬值)，但在大趋势上人民币一直处于升值通道(见图 4-1)。而相对于

图 4-1　2008 年 1 月 1 日至 2014 年 8 月 26 日人民币汇率中间价对美元汇率①

① 资料来源：中国人民银行网站，http://www.pbc.gov.cn/publish/main/537/index.html

为刺激经济复苏而实行低利率甚至负利率政策的欧美、日本等国，中国国内利率相对更高(见表 4-1)。中国经济的增长带来了投资机会，而人民币的升值和相对的高利率会扩大境外资金在境内投资所获的收益，这两个因素决定了中国市场对外资的吸引力日益增加。

表 4-1　各国一年期国债收益率对比①

数据名称	数据(单位:%)
中国一年期国债到期收益率	3.7937
美国一年期国债收益率	0.1000
日本一年期国债收益率	0.0540
欧元区一年期公债收益率	−0.0579

在以上两点的共同作用下，浙商在进行海外融资时，其得到更多、更优质融资的可能性大大增加。

4.金融综合改革试验区方兴未艾

金融综合改革试验区的建设与发展，放松了试验区对资本流入的管制。截至 2014 年 8 月，国内共有五个国家级金融综合改革试验区②，其中与浙商利益相关最密切的就是温州市金融综合改革试验区。2012 年 3 月 28 日，时任国务院总理温家宝主持召开国务院常务会议，决定设立温州市金融综合改革试验区，将在地方金融组织体系、金融服务体系、民间资本市场体系、金融风险防范体系等方面先行试验。

根据《浙江省温州市金融综合改革试验区总体方案》(以下简称《方案》)，这次金融改革的任务细分为十二项，有开展个人境外直接投资、规范发展民间融资、加快发展新型金融组织、培育发展地方资本市场等。其中，放开个人境外直接投资对于境外人民币的回流具有重要意义。根据《方案》，温州允许温州户籍、满 18 周岁以上且取得因私护照的投资者使用自有外汇资金、人民币购汇以及经核准的其他外汇资产来源等进行境外直接投资。投资者境外直接投资所得利润也可留存境外用于其境外再投资。而如果投资者选择将所得利润以人民币形式输回国内，就将形成境外人民币回流潮，推动国内境外融资的发展，对人民币国际化起到重要的促进作用。而放开个人境外直接投资的政策表明了

① 数据来源：万德数据库，2014 年 9 月 2 日数据。

② 五个金融综合改革试验区分别为：(1)温州市金融综合改革试验区；(2)广东珠三角金融改革创新综合试验区；(3)福建省泉州市金融服务实体经济综合改革试验区；(4)云南沿边金融改革综合试验区；(5)青岛财富管理金融综合改革试验区。

人民币自由兑换正在稳步推进。

随着境外人民币的增多，建立人民币回流机制也非常急迫和关键。随着境外投资开放范围的扩大，回流机制的建立已被提上议事日程。在建立回流机制的过程中，最重要的就是稳步推进直至实现人民币自由兑换。只有在人民币自由兑换的前提下，才能真正建立起良好的境外人民币回流机制，促进人民币跨境流动。无论是政策扶持还是人民币跨境流动的活跃程度，都显示出人民币正沿着贸易结算货币、投资货币和国际储备货币的路线大步迈进。汇丰银行(中国)有限公司工商金融服务总监何舜华认为，虽然人民币国际化和人民币自由兑换是一个复杂漫长的过程，但人民币有能力成为国际储备货币。中国的金融业"十二五"规划已表明，将稳妥有序地推进人民币资本项目可兑换。在2014年全国"两会"金融改革新闻发布会上，国家外汇管理局局长易纲也表示，人民币资本项目可自由兑换细则将稳步推进，这表现了我国在这一问题上谨慎而坚定的立场。

虽然在温州金融综合改革试验区的《方案》中并没有提到利率汇率市场化、放松境外融资限制的具体方案，但随着改革的进程不断推进，放松对资本流入的限制、实现利率汇率市场化、放松境外融资限制将会是大势所趋。例如，针对境外融资，2013年年底出台的《关于金融支持中国(上海)自由贸易试验区建设的意见》指出，注册在试验区内的中外资企业、非银行金融机构以及其他经济组织可按规定从境外融入本外币资金。这意味着区内企业有机会大大降低融资成本。此外，在2013年7月20日经国务院批准、中国人民银行决定，全面放开金融机构贷款利率管制，取消金融机构贷款利率0.7倍的下限，由金融机构根据商业原则自主确定贷款利率水平，取消票据贴现利率管制，对农村信用社贷款利率不再设立上限。金融政策的不断放宽，表明海外融资将会从政策层面上变得更容易，也更值得选择。

二、浙商境外融资的渠道

浙商可以指商人或者企业。从企业角度对浙商进行定义时主要有两类观点：一类以创办者的地域为衡量标准；另一类以企业所在地为衡量标准。潘茜茜(2007)认为，浙商是指籍贯为浙江的商人或者籍贯为浙江的商人所创办的企业。就企业而言，浙商又包括两种：一是发端于浙江，后来以某种形式迁移到外省的企业；二是自带资金到省外创业，从零开始的浙江人创办的企业。而王佳翔(2012)认为，浙商是浙江民营企业的总称，一切在浙江行政区域内注册经营的企业都可以称为浙商。本章探讨的浙商主要针对的是在浙江本地注册的民营企业，并且企业的总部或主要经营范围在浙江。

浙商境外融资的渠道主要分为股权融资和债权融资。股权融资包括境外上市发行股票、引入境外风险投资以及与私募基金合作等。债权融资包括银行贷款、发行公司债券等。

境外上市是浙商境外股权融资最普遍的方式。2001年中国加入WTO后境外上市的浙商数量呈逐年上升趋势。2001年年底，浙江玻璃在香港上市，开创了浙江企业境外上市之先河。2002年10月，浙江金义集团收购了当地一家上市公司31.54%的股权，并于当年11月底正式在新加坡借壳上市。同年，万向、华立收购了3家纳斯达克上市公司，从而在美国资本市场得以上市。2003—2004年浙江民企境外上市出现了前所未有的高潮，于2005年达到峰值，之后有所回落。继金义集团、南都电源通过买壳在新加坡上市，2004年稽山实业成为浙江第一家在新加坡直接上市的企业。截至2013年年底，境外上市的浙商企业累计65家，其中在香港和美国上市的企业就达42家，占65%。从分布来看，香港创业板9家、主板24家。从类型来看，制造业38家、信息技术8家、汽车业3家、医药业2家、其他行业共14家。

相比境外上市，浙商引入境外风投还是较为谨慎的，成功引入境外风投的企业数量较少，大多为实力较强、体量较大的企业，且投资额度较高。在近年来较为成功的浙商引入海外风投取得长足发展的案例较多，较为典型的有麦包包和蘑菇街。

麦包包是国内最大的互联网时尚箱包品牌，诞生于2007年9月，由意大利近百年历史的箱包家族集团VISCONTI DIFFUSIONE SNC提供天使基金设立而成。得益于世界范围的互联网浪潮及中国电子商务环境的成熟与飞速发展，麦包包凭借时尚的产品设计、高的产品性价比、优质的售后服务以及精准的市场定位，始终引领行业发展的潮流，并先后获得知名风投君联资本(原联想资本)、DCM等机构超过1亿美元的投资。在接受DCM等风投后，麦包包于2010年10月在日本注册成立公司，其日本箱包购物网站于2011年7月正式运营；于2011年在威尼斯成立了第二个海外分公司，开始公司全球化的发展战略。

垂直电商蘑菇街注册地在浙江省杭州市，成立于2010年，在2014年6月宣布完成D轮融资2亿美元，投资后估值超过10亿美元。D轮融资由厚朴基

金[1]、挚信资本[2]等数家基金共同领投，启明创投、IDG资本[3]、高榕资本等参与投资。此前，蘑菇街在2012年10月完成C轮融资，由IDG资本领投，启明创投与贝塔斯曼亚洲投资基金[4]等跟投，总估值超过2亿美元；在2011年年底获得了贝塔斯曼亚洲投资基金、肇信资本、启明创投的A、B两轮逾千万美元投资。蘑菇街作为一家知名垂直电商，企业规模大，发展潜力大，也正因为如此，才会获得境外资本的青睐，而境外资本的投资额度也非常慷慨。

少数浙商还会采用债权融资的方式实现境外融资。绿城中国控股有限公司（以下简称绿城中国）的资金融通渠道是一种多元化的融资渠道，主要有内部融资、银行信贷、可转债券等融资方式，特别是经过多次发行境外可转债券和股票化解了绿城中国多次流动资金危机。从与海外投资者的对赌协议也不难看出绿城中国融资的决心。首先绿城中国因2005年上市受挫，2006年1月通过私募的方式配售可转换债券和股本，引进由摩根大通和Stark Investment组成的国际战略投资者，募集资金1.5亿美元，其中包括1.3亿美元在新加坡上市的5年期公司债券（包含一份三年期的看跌期权）和价值2000万美元的绿城中国控股有限公司2%的股份。1.3亿美元可转换债券由6500万美元强制性债券和6500万美元非强制性债券两部分组成，其中6500万美元的强制性债券包括4000万美元必须转换成股份的债券和2500万美元可灵活选择的债券。这两部分债券在股票上市的时候可获得9.75%的优惠价。另一部分6500万美元的非强制性债券将享有10%的年利息直到股票上市，上市之后的年利息为6%。投资者可在股票发行六个月后进行转换，或相当于IPO后涨价104%后再转股。如果没有转股，5年到期后将由绿城兑现。与摩根大通的合同还专门约定，绿城最迟必须于2006年下半年在海外上市。如果没有如期上市，投资者有权要求公司在未来18个月内兑现可转债券并补偿三年的债券利息，其中包

---

① 厚朴基金是由高盛集团（Goldman Sachs Group Inc.）的中国合伙人方风雷创立的一家私募股权公司，在海外设立，专注于投资中国市场，管理着25亿美元的资产，高盛和新加坡淡马锡控股（Temasek Holdings Pte. Ltd.）为该基金提供支持。

② 挚信资本由原盛大CFO李曙君于2006年创建，是一家专注于投资中国市场的境外投资基金管理平台。

③ IDG资本（IDG Capital Partners，原IDGVC）于1992年开始在中国进行风险投资，是最早进入中国的国际投资机构之一。至2013年，IDG资本已在中国扶植了200余家中小型高新企业，其中有超过60家企业在中国及海外市场上市或实现并购。

④ 2008年1月，贝塔斯曼集团（在世界上居于领导地位的媒体和服务集团，《财富》全球500强企业）在中国成立了“贝塔斯曼亚洲投资基金”（BAI），在中国大陆对教育和职业培训、新媒体产业以及服务外包领域进行投资。

括三年期的看跌期权。所幸绿城中国于2006年7月成功在香港证券交易所主板上市，集资26.63亿港元，成为浙江省首家在香港主板上市成功的房地产企业，且上市次日绿城股票收盘价8.75港元，较8.22港元的招股价上升6.45%。

2006年11月绿城中国再次发行4亿美元7年期高息票据，年利率9%，2013年到期，票据合约规定，每半年付息一次，11月10日该债券在新加坡交易所挂牌上市，这一次的高回报债券对绿城中国有着近乎"苛刻"却可以充分保护债券投资人的条款。但2008年年底绿城中国面临触及本次高息票据所涉及的多项违约条款。按当初约定，在绿城中国违约情况下，债券持有人可以要求绿城中国在2009年6月提前赎回债券。由于担心债券违约可能引发的"清算"风险，于是绿城开始主动运作提前赎回债券。2009年4月21日，绿城中国发布公告，称其拟以8.5折的价格，提前赎回4亿美元的高息票据。

2007年因为绿城中国拿地相当激进，必须通过多种渠道获取资金，包括2007年5月绿城中国通过瑞银及摩根大通配售增发融资，以每股16.35港元配售1.415亿股，配售净集资约23.1亿港元，同期绿城中国又发行5年期可转换债券约23.47亿港元。

第二节　浙商境外上市融资

随着证券市场国际化和国内改革开放逐步深化，浙商逐渐意识到在境外上市可以解决其资金缺乏的问题。相比较境内上市较高的硬性财务标准、各种复杂的审核制程序、IPO长时间的排队等待期及暂停期，境外上市为浙商提供了快速获得资金的平台。同时，境外上市还可以真正实现科学管理，提升企业的国际知名度，为企业拓展国际市场奠定良好的基础。因此，越来越多的浙商选择通过境外上市解决其内在的问题。从2001年浙江玻璃股份有限公司成为省内第一家在香港上市的民营企业起，截至2013年年末浙江先后有65家企业选择了在境外上市，不仅在上市数量上超过了省内国有企业，而且上市地点也涉足了香港、新加坡、纽约、伦敦、韩国、加拿大等12个资本市场，融资总额超过100亿人民币。浙商依托国际资本市场，通过股票直接或者通过造壳、买壳、并购、参股等形式实现间接海外上市，这种国际资本运营也是浙商走向国际市场、实现国际化成长的一种标志。

一、浙商境外上市融资的发展与现状

根据浙商网、各大证券交易所及相关新闻资料，截至2013年年底，浙商境

外上市数量共有 65 家，其中有 8 家企业因为各种原因已停牌或退市，有 2 家企业曾经在两个境外市场成功上市，但统计中并未剔除上述 8 家企业，并加入了浙江昱辉阳光能源有限公司和浙江能达利集团有限公司这两家在不同市场成功上市的企业，合计数量为 67 家。本节将分别从境外上市地点分布。上市行业分布、省内区位分布、上市模式等方面分析浙商境外上市的概况及对国际化的影响。

1. 上市地点分布

上市地点分布可以在一定程度上反映浙商自身融资的需要和境外证券交易所融资规则特点，也反映了境外证券交易所对浙江民营企业资源的争夺力度。表 4-2 统计了浙商境外上市地点分布。从上市集中度来说，香港居首位，其次是美国、新加坡和澳大利亚，而英国、加拿大等其他的上市地点是近几年才出现的，数量较少。从浙商本身角度，选择境外上市地点，在一定程度上反映了企业想通过上市提高全球知名度(Baker、Nofsinger 和 Weaver，2002)。

表 4-2　浙商境外上市地点分布

境外市场	香港	美国	新加坡	澳大利亚	英国	欧交所	韩国	其他	合计
浙商数量	33	9	8	8	3	2	1	3	67
占比(%)	49.3	13.4	11.9	11.9	4.5	3.0	1.5	4.5	100

境外的证券交易所因为历史悠久，一般都建立了多层次的市场供给体系，包括主板、创业板、三板等。如美国资本市场按上市标准分为三个层次：第一层次是主板市场 NYSE 证券交易所，是面向蓝筹股的公司；第二层次是创业板市场 NASDAQ 证券交易所，是面向成长性的企业；第三层次是场外交易市场(OTC)，包括美国场外柜台交易系统(OTCBB)、粉单市场和黄单市场，主要面向小型企业。这些不同层次的市场可以满足不同层次浙商的需求。香港证券市场和新加坡证券市场均分为主板与创业板。澳大利亚交易所相当于国内的主板市场，没有创业板市场。目前浙商在境外上市板块分布见图 4-2。由图可见美国主板市场直接上市的企业难度大，要通过 OTCBB 转板上市。香港和新加坡主板市场反而更受欢迎。

2. 行业分布

浙商主营业务分布呈现多元化趋势。根据 GICS 全球分类标准，境外上市的浙商除了公共事业未曾涉及外，其他行业均有分布。从各行业所占比重来

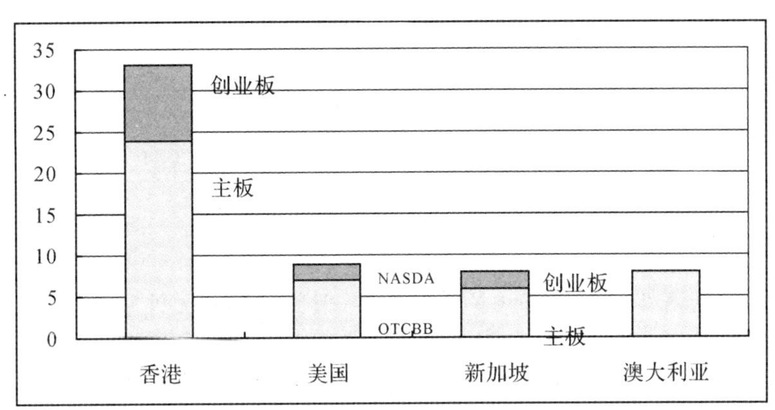

图 4-2　浙商在境外上市板块分布

看，主营业务为消费品的浙商占绝对比重，占总数量的 64%，其次是信息技术，占 11.9%，这两个行业在境内一般进入壁垒较小，民营企业占的比重较大且竞争激烈。销售外贸消费品的企业更容易被已经熟悉该企业产品的境外投资者所了解，所以他们更倾向于选择境外上市（Mittoo，1992）。科技型企业则可以通过买壳借壳等方式获取技术或避开技术壁垒的限制，这类企业偏向选择技术水平发展较高国家的证券市场上市。其他浙商涉足的行业包括能源（主要为太阳能）、金融（主要为房地产）、医疗保险、工业（主要为建筑业）和基础材料。这些行业占比基本相同，约为 3%～5%。

3. 省内区位分布

境外上市的浙商省内区位分布也存在较为明显的差异。表 4-3 统计了浙商省内的区位分布。境外上市的浙商主要集中在杭州、宁波、绍兴、嘉兴等传统强市，这些地区不仅在政策上鼓励民营企业境内外上市，例如包括宁波、嘉兴在内的一系列城市都在加快推进企业上市，对通过 IPO 和再融资做大做强品牌的企业给予资金扶持，而且辖区内民营企业管理较为科学规范。令人吃惊的是，尽管温州的民营经济全国闻名，但是温州地区民企上市公司却相对较少。这最主要的原因在于温州民间信用以及原有的民间互助组织的存在，对民企上市产生“挤出效应”。同时，温州民企的产业结构以劳动密集型为主，对资金的需求量也并不大。但随着民间资本借贷的问题在温州的集中暴露，温州政府开始制订“温州市企业上市五年行动计划”，力争到 2015 年年末，温州境内外上市公司数量达到 30 家。

表 4-3 浙商省内区位分布

区位分布	杭州	宁波	嘉兴	绍兴	湖州	金华	温州	台州	丽水	合计
浙商数量	20	14	11	11	4	3	2	1	1	67
占比(%)	30.0	20.9	16.3	16.3	6.0	4.5	3.0	1.5	1.5	100

4.上市模式分布

中国企业境外上市的模式虽然非常多，但归纳起来无外乎两大类：直接上市与间接上市。直接上市包括在香港首次发行股票 H 股，在纽约首次发行股票 N 股，在新加坡首次发行股票 S 股等。因为国内法律与境外法律不同，对公司管理股票发行和交易的要求也不同，因此直接上市程序较复杂、成本高，从筹备到上市时间周期较长。

间接上市，主要包括买壳上市、造壳上市和特殊上市模式。目前在境外间接上市方式中占主导地位的是红筹模式上市。红筹模式以香港、新加坡和澳大利亚证券市场较为普遍，这些地区证监会对于红筹形式上市的规定较为宽松，上市费用低，且上市后再次集资的能力也更强，所以绝大部分浙商都选择红筹模式境外上市。例如浙江昱辉阳光能源有限公司通过壳公司 ReneSola 于 2006 年在英国伦敦证券交易所挂牌上市，融资 5000 万美元；随后于 2007 年 ReneSola 通过德意志银行成功发行 1.2 亿美元可转换债券，2008 年 ReneSola 又成功登陆美国纽约证券交易所，融资 1.3 亿美元，并于当年 6 月成功实现增发，融资 1.85 亿美元。浙商在美国市场则偏好买壳上市。这是因为美国市场对 IPO 上市的企业往往要求较高，且时限长、费用高，而 OTCBB 上市门槛低，浙商会选择一家在 OTCBB 挂牌的美国壳公司，以反向收购的方式在 OTCBB 借壳上市。以中国胜达包装集团有限公司(以下简称胜达包装)为例，2010 年年初胜达包装先收购了一家 2007 年成立的健康器材供应商 Healthplace，一个月后 Healthplace 公司以 2760 万普通股作为交换，获得 OCTBB 上 Evercharm 公司的全部控股权，完成对 Evercharm 的反向收购，代码更名为 CPAK，即“中国包装集团”。2010 年 6 月，胜达包装管理层认为公司已符合市场的要求后，向美国证监会申请转至纳斯达克小型市场交易。同年 12 月胜达包装终于成功从 OCTBB 转板至纳斯达克股票市场交易。公司代码再次改为 CPGI 并首次公开发行 810 万股，募集资金约 3260 万美元。还有一种较为特殊的间接上市方式，即存托凭证(DR)。如浙江昱辉阳光能源有限公司主挂牌在英国，同时通过美国存股证方式(ADR)在美国纳斯达克证券交易所上市。图 4-3 统计了浙商上市的两种模式分布。

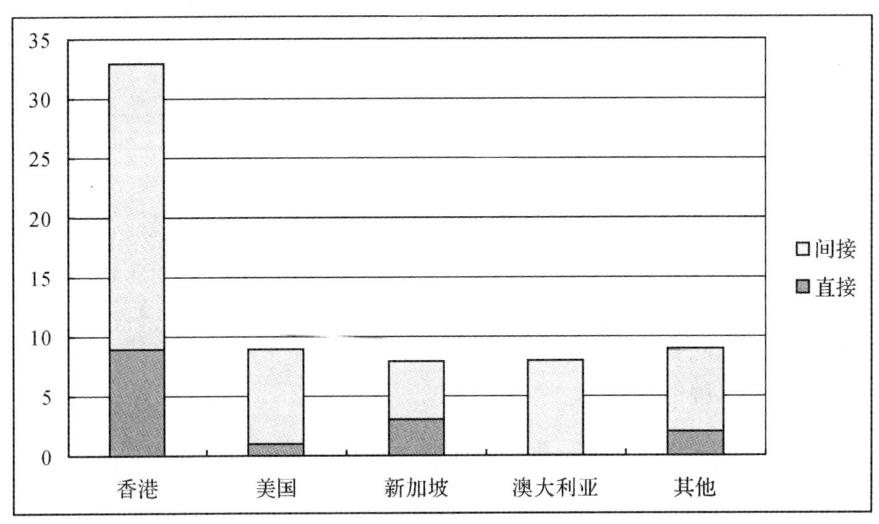

图 4-3　浙商境外上市模式分析

二、境外上市地点的选择

正如表 4-2 所示，香港是浙商首选的境外市场，这主要是由于香港市场与内地市场具有地理、文化、经济等方面的相似性，中国概念股容易得到香港及境外投资者的认同。目前我国已经有超过三分之一的民营企业选择香港上市，随着越来越多民营企业登录香港板块，浙商也开始了解香港市场及其上市规则，并选择在熟悉的地点上市。新加坡证券交易所也是中国中小民营企业上市的热门地。新加坡证交所是亚洲国际化程度较高的股市，同时新交所的上市标准较为宽松，入市的门槛较低。美国的纳斯达克证券交易所近年来也吸引了浙商上市。这一方面是因为美国是世界经济文化的中心，且美国新上市企业的市盈率一般高于香港和新加坡，融资额较高，另一方面对那些规模较小但成长性好的浙商，则看重在美国借壳上市监管较为宽松、时间周期短的优势。澳大利亚资本市场近年来也成为浙商的第四选择。实际上澳大利亚资本市场是亚太地区仅次于日本的第二大资本市场，其规模是香港的三倍、新加坡的六倍。同时，由于澳大利亚是英联邦国家，它的证券上市规则、交易体系和法规监管与伦敦交易所非常相似，但它的上市门槛比伦敦的主板甚至创业板都要低，且其上市成本相对香港来说要低，一般只占到融资额的 5%～10%。

境外上市地点的选择也存在"羊群效应"，当一家浙商发现一条新的融资渠道并成功进行融资后，往往会吸引周边其他浙商登陆新大陆。例如自 2007 年

天外天伞业有限公司登陆澳大利亚证券交易所后，相继有2家绍兴企业也选择在澳大利亚证券交易所上市。

1. 境外证券市场上市要求

不同地区证监会对境外企业设置了不同的上市条件，表4-4统计了截至2014年8月我国企业赴境外不同地区上市所受到的最新约束条件，包括硬性财务指标和对公众持股量的最低要求。从表中可以看出，新加坡创业板和澳大利亚对企业赢利要求和市值要求较低，而美国纽约证券交易所、纳斯达克证券交易所和香港主板对企业规模大小和赢利能力要求较高，所以目前暂无在美国纽约证券交易所挂牌的浙商。

表4-4　境外上市条件

市场	赢利条件	市值要求	其他要求
香港主板	上市前三年合计赢利5000万港元，且最近一年须达2000万港元	选择权1：上市时市值达20亿港元，上市前一年度收入达5亿港元，前3年经营性现金净值达1亿港元 选择权2：上市时市值达40亿港元，上市前一年度收入须达5亿港元	最低公众持股量为25%，如发行人市价超过50亿港元，则可降低为15%；上市时最少须有300名股东
香港创业板	无，但公司须有24个月从事"活跃业务纪录"	无具体规定，但实际上一般不低于3000万港元	最低公众持股量为25%，如发行人市价超过30亿港元，则可降低为15%；上市时最少须有100名股东
美国纽约证券交易所	最近2个年度每年不少于250万美元，3年累计不少于1亿美元；或股票市值不少于5亿美元，最近1年收入总额不少于1亿美元；或者股票市值不少于7.5亿美元，最近1年收入总额不少于7500万美元	公司的股票市值不少于1亿美元；公司的有形资产净值不少于1亿美元	社会公众持有的股票数目不少于250万股；有100股以上的股东人数不少于5000名

续表

市场	赢利条件	市值要求	其他要求
NASDAQ	选择权 1:一个年度或者近 3 年里的两年中拥有 100 万美元的税前收入; 选择权 2:无 选择权 3:无	选择权 1:股东权益达 1500 万美元; 选择权 2:股东权益达 3,000 万美元; 选择权 3:市场总值为 7500 万美元;或者,资产总额达及收益总额达分别达 7500 万美元	110 万的公众持股量,每股买价至少为 4 美元,至少有 400 名股东 选择权 1:公众持股的价值达 800 万美元 选择权 2:公众持股的市场价值达 1800 万美元 选择权 3:公众持股的市场价值至少达到 2000 万美元
OTCBB	无	无	无
新加坡主板	前三年赢利且前一年的税前利润超过 3000 万新币	或前三年赢利且上市前市值超过 1.5 亿新币;或上市前市值超过 3 亿新币	至少 500 名股东持有公司股份的 25%;如果市值大于 3 亿小于 4 亿,至少 500 名股东持有公司股份的 20%;如果市值大于 4 亿,股东的持股比例可以降低至 12%~15%
新加坡创业板	无,但需要有足够的营运资本	无	至少 200 名股东持有公司股份的 15%
澳大利亚	前三年累计净利润不低于 100 万澳元,最近 12 个月净利润为 40 万澳元	营运资本超过 150 万澳元或上市第一年预计净利润超过 150 万澳元;有形净资产净值为 300 万澳元;或者市场资本值为 1000 万澳元。	至少有 400 名股东,每人投资 2000 澳元以上;或者至少有 350 名股东,每人投资 2,000 澳元以上,且 25%由非关联方持有;或者至少有 300 名股东,每人投资 2000 澳元以上,且 50%由非关联方持有

2. 各地证券市场优劣势对比

对比香港、美国、新加坡和澳大利亚的上市费用和上市周期,在香港上市费用较为高昂,主板大约需要 15 万~65 万港元,创业板 10 万~20 万港元,加上

保荐人、包销商的佣金和相关财务、法律和宣传推介的专业费用，总体超过1000万港元。若是反向收购，则香港的壳成本也相对较高，主板约5000万港币，创业板约2000万～3000万港币，且壳公司可能存在潜在的债权债务纠纷。香港上市的时间可控性较高，这主要受益于香港上市有一套明确规范的程序，加之监管机构独立透明、廉洁高效，专业机构质素高，公司一般在6～12个月左右就可以完成上市的过程。上市时间可控意味着企业可以更好地把握上市时机。

在美国IPO整个程序性过程加上前期谈判和路演大致为1年，且成本较为昂贵，平均费用大约150万美元。但通过借壳上市的方式挂牌，从正式签署协议算起，只需要3～6个月。与国内股市和香港股市相比，到美国借壳上市的费用成本较低，也比较合理。尤其是买壳上市，成本更低，上市前的现金费用只需40万～60万美元。并且美国壳资源具有零资产、零负债的特性，很少有法律或债务债券方面的纠纷。美国市场迄今仍是全世界市盈率最高的市场，标准普尔的平均市盈率是24～26倍，纳斯达克高科技股的平均市盈率为30～40倍，而香港、新加坡的平均市盈率仅仅是8～10倍。

新加坡的创业板市场和主板市场之间没有分明的界限，在创业板上表现良好，满足主板要求后两年内就可以升入主板。更为诱惑的是新加坡的主板和创业板标准都相对较低，相当扶持有潜力的成长性企业。从时间周期来看，新加坡上市的周期短于美国和香港，一般6个月就可以完成IPO的全部过程，融资费用也相对较低，首次上市费用大约在600万人民币左右。创业板市场融资时间只要2～4周，费用也更为低廉。

从目前在澳洲上市的中国企业来看，上市总成本不超过90万澳元，远远低于国内和其他境外资本市场。维护费用也低于国内和境外其他资本市场，大约为2万～5万澳元左右，且澳大利亚的市盈率一般在10～25倍之间，略高于香港和新加坡市场。这也是为何澳大利亚的市场逐渐受到浙商欢迎的原因。

计划发行H股、N股、S股的浙商需先经所属主管部门批准，向中国证监会报送相关资料进行预申请和备案，然后才能向境外各地交易所证监会提出上市申请，获得境外证监会批准后进行股票发行的路演并正式挂牌上市。对于买壳上市的企业，部分国家证监会有较为严格的限制，例如香港联交所及证监会如果认为买壳上市的收购者购入上市公司超过30%的股份，须向其余股东提出全面收购；对于买壳后的资产收购行为，有可能被视作新上市申请；如果买壳后的公众持股量低于法定标准，则可能被停牌。所以尽管买壳上市费用较低，但可能需要更多的时间来规划如何回避各监管条例，甚至有时买壳程序比申请直接上市的程序更加烦琐。

三、境外上市对浙商国际化的影响

国际化企业的特征是多层次的，除了上述资本运作的国际化以外，还包括销售和原材料市场的国际化、人才的国际化、技术的国际化等。我国很多民营企业在境外证券市场上市实现了企业资本来源的国际化后，为本企业在原料供应、销售市场、技术、人才、资产运作等方面实现国际化提供了契机（王凤荣，2004）。拓展国际市场，实施国际化经营战略，是我国企业境外上市的一个重要动因。为了拓展相关市场，在市场所在地国家上市不仅可以提高公司的管理水平，宣传自己的产品，还可以树立良好的企业形象。Bancel 和 Mittoo（2001）通过向欧洲 6 个国家 305 个境外上市公司发放调查问卷，结果显示 56.8%的公司认为境外上市会提高公司知名度、声誉和形象，16.2%的公司认为境外上市有利于国际战略，并在结论中指出未来的境外上市主要是由全球化的商业战略动机驱动的。

上述在欧美上市的浙商绝大多数在上市前就有境外收入，例如宁波格莱特休闲用品有限公司上市前就在比利时等国家设立研发和销售窗口，依靠自主创新，在欧美国家创立了自有品牌，其中铝制高档家具上市前就占据欧美 10%的市场份额。这些出口外贸型企业通过境外上市更快速地抢占国际市场。瑞立集团有限公司自 2004 年在美国纳斯达克上市以来，主营业务收入扩展了近 5 倍，相继于 2005 年和 2009 年在美国洛杉矶和芝加哥建立了分部。截至 2013 年，其产品已销往 104 个国家和地区，主营业务收入中 27.4%来源于国际市场。还有一些浙商在境外上市前没有境外收入，在境外上市后却开展了国际市场业务。例如杭州笑笑幼儿教育集团于 2010 年 1 月在澳大利亚证券交易所正式挂牌上市，同年 7 月，笑笑教育集团就在悉尼收购了第一家当地幼儿园，聘用当地幼教员工，在尊重当地文化的基础上，向其输出中国教育标准化管理模式，并开展幼儿双语教育。

不仅销售市场国际化吸引浙商境外上市，技术的国际化更是促使浙商利用上市资本以获取国外的先进技术。在这方面最具代表性的企业就是浙江吉利控股集团。2005 年 5 月吉利控股下属全资子公司吉利汽车成功实现香港上市并获得 6 亿人民币。2006 年吉利控股与英国锰铜成立一家新的合营公司，由吉利汽车以 4.186 亿港元现金出资占有 99%的权益。然后，以合营公司 48%的权益换取英国锰铜 570 万新发行代价股，吉利由此成为英国锰铜第一大股东，占扩大后股本的 23%，并占英国锰铜董事会两个席位；同时，吉利与英国锰铜共享技术。2010 年 10 月吉利控股又与美国福特汽车公司在瑞典哥德堡正式签署

协议，吉利以18亿美元收购沃尔沃100%股权并将通过沃尔沃拥有其关键技术及知识产权的所有权。吉利控股主要采用了三种方式获得上述收购资金：一是从国内银行获得贷款；二是由瑞典当地政府担保的欧盟内相关银行的低息贷款；三是通过权益融资的方式，吸收海外投资者的资金。特别是境外资金，主要通过吉利汽车发行可转换债券和认股权证获得。通过几次资本运作，吉利控股充分利用境外资本，获得境外先进的技术和海外市场渠道。对比上汽和南汽花费了数千万欧元却只得到了技术，吉利可谓双丰收。

第三节　浙商引入境外风投

在浙商境外融资中，引入境外风险投资是重要的渠道之一。引入优秀的海外风险投资，不仅能引入境外的资金，还能带来成熟的管理模式、先进的理念、周到的服务及经验丰富的专业团队，从而帮助企业迅速成长。从2003年以来，浙商引入境外风投经历了兴起期、高峰期和平稳期三个阶段，境外风险投资在浙商的战场上扮演着越来越重要的角色。

理论研究表明，引入海外风投对我国中小企业的综合绩效、公司治理、国际化水平等均有所帮助。境外风投间接影响着企业的发展战略，接受境外风投的企业更倾向于国际化发展与到全球资本市场中来实现公司发展的战略。

一、浙商引入境外风投的现状与发展

根据清科私募通公开数据，纵向来看，相较于2008—2011风投的高峰期，近年来浙商企业接受风投的数量降低且海外投资者数量偏少。横向来看，与北京、上海两地相比，浙商境外风投融资规模较低且境外风投投资额占风投总投资额略低于北京、上海。

具体来看，根据公开的风投项目资料，2013年总计发生6项公开的风投，总融资约5亿元人民币，但均属于本土投资方，如瑞丰投资、鼎晖投资、华鑫盈信等。2014年至7月，发生了5项公开可查的投资项目，总投资3050万元人民币和2.3亿美元，其中蘑菇街和米折网分别接受海外投资者启明创投和IDG资本2亿美元和3000万美元的风投。

从境外风投的项目分类来看，近年来偏重于电子商务等互联网领域，这可能基于中国互联网BAT巨头上市为投资者带来巨大投资回报的情况，而使海外投资者更相信或偏向于对中国新兴互联网企业的投资，以期寻找到下一个阿

里巴巴或 Facebook。

风险投资对于一家企业的发展来说，不只是资金的提供者，还是先进管理理念和商业模式的输入方。九鼎装饰有限公司董事长周国洪先生坦言："我们的企业已经受到美国雷曼兄弟等多家海外风险投资机构的关注，但我们不缺钱，我们缺的是钱背后的东西，诸如管理方法、商业模式等。"浙江华睿投资管理有限公司董事长宗佩民也说："我们希望大家明白，好的风投带来的不仅仅是资金，更是先进的理念、周到的服务及经验丰富的专业团队。"好的风投就是要挖掘具有良好发展前景的企业，并尽最大努力帮助它。而被我国企业引进的境外风投大多有着非常强的实力和雄厚的背景，能够将这些钱以外的"软实力"带给转型升级中的浙江产业，帮助浙商快速成长。

敢于第一个吃螃蟹是浙商的特点。根据清科私募通的公开披露数据，早在2003 年，嘉兴市的卡森国际控股有限公司就引入了国际领先的私募股权投资公司华平投资(Warburg Pincus)，拿到了 2174 万美元的风投资金，在次年又从华平拿到了 1500 万美元。从那时起，浙商在引入境外风投的道路上一路前行，但前行之路并不平坦。从单位金额上来看，境外风投投入的平均资金较境内风投更多，但相比于获得境内风投的企业数量而言，获得境外风投青睐的企业还是占少数。表 4-5 显示了从 2003—2014 年公开披露的浙商引入风投情况统计。从表中可以看到，境外风投企业主导的投资案例中，单笔风投资金显著高于境内风投企业。境外风投在资金实力方面较境内风投有较大优势，可以有效帮助企业解决融资难的问题。从总体上看，浙商获得的境外风险投资笔数在过去 10 年中呈较为平稳的趋势。根据浙商引入风投的具体变化情况，可以按时间顺序将 2003—2014 年划分为兴起期、高峰期与平稳期三个阶段。

表 4-5　2003—2014 年公开披露的浙商引入风投情况统计

年度	浙商获得风投的笔数	浙商得到境内风投的笔数	得到境内风投资金总额(单位：万人民币)	得到每笔境内风投资金平均数(单位：万人民币)	浙商获得境外风投的笔数	得到境外风投资金总额(单位：万美元)	得到每笔境外风投资金平均数(单位：万美元)
2003	2	1	2700	2700	1	2174	2174
2004	2	1	2925	2925	1	1500	1500
2005	2	1	8000	8000	1	700	700
2006	4	0	0	0	4	193500	48375
2007	4	4	7003	1750.75	0	0	0

续表

年度	浙商获得风投的笔数	浙商得到境内风投的笔数	得到境内风投资金总额(单位：万人民币)	得到每笔境内风投资金平均数(单位：万人民币)	浙商获得境外风投的笔数	得到境外风投资金总额(单位：万美元)	得到每笔境外风投资金平均数(单位：万美元)
2008	8	6	26325	4387.5	2	2700	1350
2009	9	7	77106	11015.14	2	5369	2684.5
2010	8	4	25000	6250	4	17030	4257.5
2011	9	8	61192	7649	1	1000	1000
2012	1	1	22000	22000	0	0	0
2013	5	5	49532	9906.4	0	0	0
2014	5	3	3050	1016.667	2	23000	11500

1. 兴起阶段(2003—2007 年)

从 2003 年起，境外风投开始进入浙商的视野。初期的合作主要集中于传统产业，如家具、纺织服装等，数额也较小，属于试探性合作。2006 年，绿城中国控股有限公司大手笔引入了领英投资、摩根大通、渣打直投、淡马锡、华平、方源资本和老虎基金，分两次融入 15 亿美元和 4.1 亿美元，开启了境外风投与浙商的新篇章，浙商引入境外风投的融资模式开始兴起。

2. 高峰期(2008—2011 年)

2008—2011 年可谓引入境外风投的高峰期，平均每年都有 2～4 家浙商与境外风投“牵手成功”。究其原因，可能是因为民间借贷的风险已有所暴露，浙商正在寻求更为可靠的融资渠道，因此境外风投成为不少浙商的选择。与之前相比，此时获得投资的项目更为多样化，如新能源、物流管理、互联网 B2C 等新兴产业开始崭露头角，获得了可观的投资，而传统产业如专用仪器制造、纺织服装、化工原料生产、汽车制造等也仍然占有着一席之地。从数量上来看二者几乎平分秋色，前者 5 家，后者 4 家；但从金额上来看，前者为 9200 万美元，后者为 16930 万美元，说明浙商在传统行业上的优势在这个阶段依旧强势，更容易赢得境外资本的青睐。

3. 平稳期(2012—2014 年)

2012—2014 年为平稳期，总共只有 2 家公司获得了境外风投，且均处于电子商务领域(蘑菇街和米折网)。互联网的高速发展使得境外资本更青睐于将具有较好成长潜力和前景的优秀互联网公司作为投资标的，而不是传统行业。对于高估值的互联网公司，境外风投的单笔投资额也相对较大，如蘑菇街获得了 5 家创投联合给出的 2 亿美元融资。

二、境外风投对浙商国际化的影响

从我国民营企业国际化指标体系实证分析来看，我国民营企业海外融资的比率较小，沪市民营企业有外资持股的仅仅占样本总数的 14.02%，均值仅为 6.78%，民营企业海外融资意识仍需要提高(袭著超，2008)。对于境外融资，现存文献研究较多，但主要方向为其对被投资企业的业绩、公司治理等的作用，少有对其促进被投资企业国际化作用的研究。刘赫明(2014)验证了企业海外上市之后综合绩效将得以提升。虽然企业海外上市之后，在股价低迷的经济时期将面临巨大的被恶意收购的风险，但其资本成本也将有所降低，综合分析后最终得出结论，海外上市将有助于提升公司价值。张倩(2010)通过门槛效应、绑定效应以及外部治理机制等其他机制方面分析了我国中小企业海外上市的公司治理作用，从约束机制、监督机制以及证券市场融资机制等方面分析了海外上市对公司治理的促进机制，并从公司经营业绩和公司价值的角度分析了中小企业海外上市公司的治理效应与公司绩效，肯定了海外上市对我国中小企业在公司治理方面的正面作用。对于境外融资对企业国际化的作用，袭著超(2008)认为，加强海外融资，可以引导民营企业更加重视海外股权融资、债权融资和风险融资，能提高我国民营企业的国际化水平。

虽然相关现存文献较少，但通过分析总结可以得出，海外融资对我国中小企业的综合绩效、公司治理、国际化水平等均有所帮助。浙江作为民营经济大省，民营中小企业在全省企业数量中占比在 90%以上，海外融资对于浙商来说是一条不容忽视的金光大道。

从实务来看，境外风投间接影响着企业的发展战略，接受境外风投的企业更倾向于国际化发展，并参与到全球资本市场中来，实现公司的发展战略。比如 2003 年接受华平投资的卡森股份有限公司在 2009 年实现“走出去”战略，收购英国家具零售商等；2005 年接受新天域资本、2006 年出让给新宏远创基金 20%股权的中国印染登陆新加坡主板；2006 年接受淡马锡、摩根大通等投资的

绿城中国控股有限公司登陆港交所；2008年接受赛伯乐投资的聚光科技聘请美国工程院院士、斯坦福大学教授和中国工程院院士等领域内专家担任公司技术顾问；2008年接受红杉投资的斯凯网络科技公司登陆美股纳斯达克；2009年接受高盛投资的吉利集团同年进行了对沃尔沃的收购；2010年接受普凯投资基金投资的科元化工同年在美国纳斯达克上市；2010年接受君联资本投资的麦包包同年在日本东京建立了B2C行业的第一个海外分公司，2011年在意大利威尼斯成立以研发、设计为主的第二个海外分公司；等等。这一系列的案例告诉我们，接受境外风投意味着企业战略的国际化和全球化。

综合来看，根据清科私募通数据，浙商企业接受境外风投后涉及海外市场发展的比例为65%，而接受国内风投后涉及海外市场开拓的比例约为20%，并且绝大部分海外开拓的形式是出口贸易，少数如华友钴业股份有限公司，其在2006年起在非洲进行钴矿资源的开发，通过在非洲间接和直接的投资，已建立起独立完整的钴铜矿产资源的采、选、冶产业链体系。

第四节　浙商境外融资案例

境外上市是浙商境外融资最主要的渠道。本节将以浙商境外上市为例，选取阿里巴巴和祐康集团这两个典型案例进一步分析浙商境外融资的具体情况。

一、阿里巴巴

北京时间2014年9月20日零点，著名浙商马云创立并实际控制的阿里巴巴正式登陆美国纽约证券交易所，股票代码“BABA”。在这一上市过程中，阿里巴巴发行3.201亿股股票，IPO发行价68美元，总计募得资金218亿美元，发行当日市值达到2314亿美元。其自2013年筹划上市至今的坎坷道路及代表中国互联网高新企业的身份，使其上市具有深刻的借鉴意义，也为浙商在境外融资提供了一个很好的范例。

阿里巴巴集团由本为英语教师的中国互联网先锋马云于1999年带领其他17人在杭州创立(世称“十八罗汉”)。马云希望将互联网发展成为普及使用、安全可靠的工具，提出让世界没有难做的生意这一企业使命。阿里巴巴集团由私人持股，在大中华地区、新加坡、印度、英国及美国设有70多个办事处，共有20400多名员工。其发展历程主要有：1999年至2000年获得软银等机构融资2500万美元；2003年阿里集团个人电子商务网站淘宝成立，同年发布在线支付系统——支付宝；2005 年与雅虎美国建立战略合作伙伴关系同时执掌雅虎中国；2007 年阿里巴巴网络有限公司在香港联交所挂牌上市；2008 年阿里巴巴集团研究院成立；2009 年成立阿里云计算；2012 年，阿里巴巴网络有限公司正式从香港联交所退市，同年阿里巴巴集团将现有业务划分为七个事业群，并与雅虎达成股份回购及优先股出售协议，重组与雅虎的关系；2013 年阿里集团重组为 25 个事业部，以更好地迎接中国迅速增长的电子商务

为了全面了解阿里巴巴集团这一全球规模最大 IPO 交易的上市之路，我们需明白几个问题：阿里集团为何在此时上市？为何选择在美国上市？谁是这次海外融资最大的受益者？阿里上市的具体情况如何以及阿里集团如何布局全球化战略？等等。

1.阿里巴巴的上市过程

迫于京东上市资本分流的压力以及阿里巴巴与雅虎的对赌协议，阿里巴巴自 2012 年开始调整股权结构、人事安排和重组并购等措施以迎接上市之日。表 4-6 列举了阿里巴巴集团上市大事记。从表 4-6 中我们可以发现，阿里集团初期选择在香港上市，2013 年 6 月马云宣布阿里集团将登陆港交所，公布的融资规模将达到 150 亿美元。然而同年 9 月港交所否决了阿里巴巴集团所提出的合伙人制度，使阿里集团上市港交所的前途阴云密布。2013 年 9 月至 10 月，马云等阿里集团高层与港交所及香港财经事务及库务局一直在商议妥协，但最终由于港交所坚持“同股同权”原则而迫使阿里巴巴放弃在香港上市。同年 10 月，阿里巴巴转向美股怀抱，获得纽交所和纳斯达克接受阿里合伙人机制的书面确认。经过半年的沟通协商，阿里集团于 2014 年 3 月正式宣布启动在美上市相关事宜。2014 年 9 月，阿里集团提交招股说明书，计划发行股票 3.2 亿股，拟发行定价区间在 66～68 美元。

表 4-6 阿里巴巴集团上市大事记

2012 年 2 月	阿里集团宣布在港上市的 B2B 业务部分退市
2012 年 5 月	回购雅虎所持的 20%股份
2012 年 7 月	阿里集团旗下原淘宝、一淘、天猫、聚划算、阿里巴巴 B2B 和阿里云等公司调整为 7 个事业群
2013 年 1 月	阿里集团将现有业务架构调整为 25 个事业部
2013 年 1 月 15 日	马云宣布辞去阿里巴巴集团 CEO 职位，担任董事局主席

续表

2013 年 6 月	阿里巴巴正在筹备 IPO 并计划登陆港交所，其筹资金额将会高达 150 亿美元
2013 年 8 月	阿里集团向港交所提出引入合伙人制度
2013 年 9 月 4 日	香港证监会董事局会议否决了允许阿里巴巴采取合伙人架构上市的建议
2013 年 9 月 11 日	马云以内部邮件形式披露了阿里巴巴集团的合伙人制度
2013 年 10 月 8 日	阿里巴巴第一大股东日本软银承诺将其三成股份的投票权全部“委托授权”予阿里合伙人。但港交所作为回应所提出的限制条款被马云拒绝
2013 年 10 月 9 日	香港财经事务及库务局局长陈家强必须坚持“同股同权”的原则
2013 年 10 月 21 日	阿里巴巴集团证实公司已获得纽交所和纳斯达克接受阿里合伙人机制的书面确认
2014 年 3 月 16 日	阿里巴巴集团宣布启动在美上市事宜
2014 年 5 月 7 日	阿里巴巴正式向美国证券交易委员会提交了 F1 文件
2014 年 9 月 6 日	阿里巴巴集团向美国证券交易委员会(SEC)提交了 IPO(首次公开招股)F-1/A 增补文件，计划发行 3.201 亿股股票，IPO 发行价区间为每股 60 美元至 66 美元
2014 年 9 月 16 日	阿里巴巴向美国证监会提交了更新后的招股说明书，将 IPO 定价区间提高到 66～68 美元
2014 年 9 月 18 日	阿里巴巴于 9 月 18 日晚宣布发行价为 68 美元
2014 年 9 月 19 日	阿里巴巴在纽交所上市，股票代码 BABA，收盘价为 93.89 美元，较发行价上涨 38.07%

北京时间 9 月 19 日凌晨 23：53，阿里巴巴于纽约证券交易所正式挂牌上市，股票代码为“BABA”，发行价为每股美国存托股(ADS)68 美元，发行股数 3.2 亿，筹资规模达 218 亿美元，成为美股史上最大规模的 IPO。阿里在当晚的开盘价达到 92.7 美元，最高时将近 150 美元，最终收盘价为 93.89 美元，较发行价上涨 38.07%，市值达到 2314.39 亿美元，超越 Facebook 成为仅次于谷歌的第二大互联网公司，在科技类公司中则处于苹果、谷歌、微软之后，并成为美股第九大上市公司。

在阿里上市的过程中，提及并比较最多的 Facebook 在 IPO 时的估值仅为 1040 亿美元，不及阿里巴巴估值的一半，且 Facebook 的市值在上市后几个月内蒸发了一半直到一年后才首次报收于发行价上方。阿里巴巴集团的市值还令美国电商巨头相形见绌。亚马逊目前市值约为 1530 亿美元，eBay 约为 650 亿美元。阿里巴巴集团上市将为投资者带来除亚马逊以外的另一个电商投资选择，同时将给该集团带来拓展美国等海外市场业务所需要的现金。当然，在美国市场上，阿里集团不得不面临来自于亚马逊和 eBay 的激烈的、保卫市场的竞争。

2. 阿里集团为何选择此时上市

根据 2012 年马云回购雅虎所持阿里集团股份时的股份回购协议，规定阿里巴巴如果在 2015 年 12 月以前公开上市，将进一步回购雅虎所持有的剩余的 20%股份的二分之一。因此该时间点也被认为是阿里集团上市的大限。同时，阿里集团在互联网、电商、物流等领域与腾讯等实力强劲的公司展开激烈的竞争，需要较大规模的资金投入，阿里集团不得不抓紧上市的步伐。

3. 阿里集团为何选择在美国上市

从阿里集团的上市过程来看，马云一开始更对在香港上市感兴趣而非美国。除了美国证券市场历史悠久，严格的监管和会计标准使得阿里集团错综复杂的财务问题可能带来不利影响外，阿里集团避开美国上市的原因还在于：(1) 2011 年马云在两大股东不知情的情况下擅自“私有化”核心资产支付宝，直接影响了美国市场投资者对中国公司的信任，对阿里集团的声誉造成了重大影响；(2)针对淘宝侵犯知识产权的集体诉讼也导致其美国上市之路异常艰辛。而在香港上市除了较为宽松的监管环境外，阿里集团的估值较于美国上市更为吸引股东和投资者。

然而，为了在管理人团队所持股份不足 10%情况下仍能牢牢把握对公司的控制，马云提出上市后公司能采用合伙人制度。但是港交所坚持“同股同权”的原则，导致马云登陆香港的计划被迫终止。对于未在国内(大陆)上市，则主要考虑到阿里集团的国际化进程及国内上市的时间成本而作罢。因此，在权衡利弊后，马云还是选择了合伙人制度，选择了去美国上市。

4. 谁是阿里集团上市的最大受益者

除了上市后成为中国新首富的马云和杭城数百位千万富翁等个人外，从投资者的角度来看，毋庸置疑，软银在这次阿里集团上市中是最大的受益者。上市前后阿里巴巴股权结构变化如下：日本软银集团持股 34.1%变为 32.4%，雅虎持股 22.4%变为 16.3%，马云持股 8.8%变为 7.8%，阿里巴巴联合创始人蔡崇信持股 3.6%变为 3.2%。这明确显示，阿里 IPO 后软银仍持有公司超过

30%的股权，是阿里第一大股东。

软银不是阿里巴巴的第一个风险投资商，但却是坚持到最后的那个，也是获利最丰厚的那个。资料显示，14年前，软银集团在名不见经传的阿里身上投下了2000万美元，2004年软银又向淘宝网注资6000万美元。软银在2005年雅虎投资阿里的复杂交易中少量套现过亿美元，之后与雅虎一起成为阿里两大重要投资者。即使不计算软银投资阿里的直接分红和少量套现，如果按照目前市场公允的阿里总市值1600亿美元计算，则软银实际持有市值大约为500亿美元，投资回报率高达625倍。如果按照阿里估计的市值上限2500亿美元来计算，软银的投资回报率更是高达千倍。阿里在正式上市的当天市值2314亿美元，则软银的投资回报率达到900倍，因而软银的董事长孙正义也被业内称为亚洲的巴菲特。

5.阿里巴巴境外上市对其国际化发展的影响

从世界范围来看，据市场调查公司emarketer预测，全球B2C电子商务市场2014年的销售额将同比增长20.1%，亚太地区的消费额将达到5252亿美元，超过北美市场4826亿美元的规模。2013年，亚太地区中国和印度尼西亚市场增长速度最快，分别达到78.5%和71.3%。

尽管如此，美国目前仍然凭借在网民渗透率、金融基础和物流体系等方面的优势位居电商第一大国。emarketer预计，2016年中国的B2C顾客消费额或将超越美国。单独从阿里巴巴来看，背靠中国市场，增长仍然值得期待，但在国际市场上，如果阿里巴巴要进军美国、欧洲将面临强劲的挑战。

凭借前瞻性的电商布局，马云领导的阿里巴巴业务涵盖了B2B、B2C、云计算、支付及其他金融业务。在美国，电子商务B2C巨头亚马逊凭借完善的物流和云服务已经占据了市场先机，而eBay也依靠本土优势逐渐打造了竞争壁垒。从欧洲市场来看，德国、俄罗斯等电商市场增长迅速，英国市场占比较大，但各个国家的细分市场情况相对复杂，用户、消费习惯、物流基础都各有不同，欧洲国家的电子商务市场虽然发展迅速但对阿里巴巴来说，进入难度还是相对较大。

因此阿里集团在尚未寻找到国际化进程突破口的今天，可能凭借登陆纽交所打开西方国家的市场，以方便企业的全球化战略布局。

6.阿里集团国际化战略布局

上市当日，马云在接受采访时表示，下一个目标是继续做大电商业务，同时布局国际化战略的落地。对于国际化业务，马云表示，这绝不等于在国外有业务、工厂，而是有国际化的思想和战略。他希望未来为无数中国企业积累经验，跟世界各地的企业打交道。那么我们来看看 2014 年阿里集团在国际化发展上已迈出的一些脚步。

2014 年 2 月，阿里集团宣布天猫国际正式上线，为国内用户直供海外原装进口商品(即海淘服务)。阿里巴巴方面称，天猫国际将作为阿里集团旗下的子公司独立运营，并归属于阿里新组建的国际 B2C 事业部。该 B2C 事业部还包括面向海外消费者的全球"速卖通"(AliExpress)平台，以及面向台湾、香港等东南亚地区华人消费者的淘宝海外。

当前，国内海淘网站有海淘城、美国购物网、洋码头等。平台型电商网站也已经入局，苏宁红孩子上线"海外 E 购"，直接与国际母婴中国总代理商合作，联合海外商家采取"直邮"模式。京东推出了环球购栏目，开拓海外市场。顺丰物流推出"SFbuy"跨境寄送和海淘业务。其中，阿里巴巴仍然是大玩家中动作最快的海淘者。

阿里集团的天猫国际规划的入驻商家是消费者自助海淘的目标——海外零售商、品牌商等，由其直接提供"确定性商品、服务和时效"，并让中间流程"像在淘宝上买东西一样简单"，而商家 100%来自海外，这也成了天猫国际与天猫、淘宝全球购的差异化定位。

事实上，因天猫国际的诞生被影响最大的电商品牌，可能正是这两大兄弟平台——天猫和淘宝全球购。天猫有海外品牌自身旗舰店，还有不少经营海外商品的商家；而"淘宝全球购"则是 2007 年便成立的专门瞄向海外代购市场的平台，其提供"全球购认证商户"、"全球购专业买手"两类认证，认证商户的要求是国内或国外注册的进口贸易商，得到认证即可在淘宝主搜索页显示紫色的"全球购商品球标"标识，而在业余代购类卖家的身份处理上，虽然其不能得到认证，但只要能提供采购和物流凭证，在宝贝发布页面可自行选择采购地为"海外及港澳台"，当消费者在主搜索筛选"海外商品"时亦能找到其代购的海外商品。而天猫国际入驻商家的基本条件则须拥有海外公司实体、拥有海外零售贸易资质以及有品牌授权或进货凭证。在淘宝主搜索排序时，"天猫国际"商家相比"全球购"会优先显示。虽然是兄弟阋墙，但阿里亦为此重调内部组织架构，与其让对手参与竞争消灭机会，不如左右互搏，一举覆盖及扩大各种电商购物需求，此一直为阿里电商战略的战法。

为了实现天猫国际的健康发展，阿里巴巴实际上早已在部署海淘方面业务：阿里全球购体系目前已绑定多家国内外转运公司；菜鸟网络也已立项，积极

进行海淘物流方面的开发；支付宝境外支付，一定程度解决了海淘用户端支付问题；一淘比价，正积极收录大量海外网站，以图解决海淘用户比价问题。

为了配合天猫国际的长足发展，阿里巴巴也采取了一系列行动。2014 年 5 月初，阿里巴巴与美国电商物流公司 ShopRunner 签署合作协议，同意帮助后者将服务扩张到中国，让中国消费者能够直接网购美国零售商的产品。根据阿里巴巴集团与 ShopRunner 达成的协议，阿里巴巴支付宝用户将从今年夏季开始，可以通过 ShopRunner 合作伙伴的美国网站直接订购商品。ShopRunner 将用不到 10 天的时间，把消费者订购的商品运抵中国。阿里巴巴集团的这一项目，将用另一种方式向中国消费者提供他们渴求的商品，特别是那些不愿意使用天猫商城零售商商品的消费者。

2014 年 8 月中旬，泰国领先的银行集团之一开泰银行宣布与阿里巴巴合作，协助寻找新客源的泰国中小企业将产品引入电子商务市场，增加产品曝光及出口商机。同时，开泰银行与支付宝亦达成合作，今后国内用户可用支付宝海淘泰国商品。

开泰银行表示，此次合作可让开泰银行的客户以有限的成本，拓展到农产品及加工制品、珠宝饰品、纺织品、木家具制品、食品饮料、化妆品和护肤用品等多个行业的国内外市场。根据双方达成的协议，泰国企业可以通过开泰银行申请成为阿里巴巴认证会员（Verified Member）或 Gold Supplier 会员，享受多种专属礼遇与服务。成为认证会员或 Gold Supplier 会员的客户，都必须先通过阿里巴巴或第三方机构的核实认证，因此更易取得买家的信任。而通过开泰银行成为认证会员或 Gold Supplier 会员的企业，可免费参加阿里巴巴提供的网上营销培训，并在泰国专区（th. alibaba. com）享有推广机会。

相信随着阿里集团登陆美股，马云和他的电商帝国将迎来又一个发展机遇。这一次，他将面对的不单单是京东、腾讯、聚美优品等国内电商企业，而是来自全球的实力强劲的对手。

二、祐康食品集团

祐康集团成立于 1992 年，是一家以食品为核心主业，以地产、投资业务为助推企业发展两翼的多元化集团企业。在食品领域，集团产业涉及制造、商贸和物流等。经过二十余年的快速发展，集团已跻身全国冷食行业五强，连续五年入选“全国民营企业 500 强”。

祐康集团刚创立的时候，蜗居在一家破旧的棉花厂工地上。当时的条件非常艰苦，以生产冰淇淋、速冻食品为基础产业开始成长，在经过近十年的发展后，于2000年完成企业转制并导入了以法人治理为主要内容的现代企业制度。同时创新公司营销模式，成立行业内首家兼具B2B、B2C特色的电子商务公司。然而这一阶段的祐康国际业务范围仍局限于中国大陆，更确切地说是以杭州为中心的浙江地区及周边的华东市场，与国内其他优秀企业相比在年销售额上还存在较大差距。

早在2000年，祐康集团就已经规划其下属公司上市融资，但真正决定到新加坡上市是在2004年。从决定到上市成功，公司筹备的时间还不到一年。祐康集团要实现跨阶段的发展需要大量资金，而鉴于在国内A股市场上市的难度和不确定性较大，对于公司来说存在一定危险，祐康集团选择在海外上市。一开始其着眼于香港，但考虑到在香港上市成本太高，且该市场更聚焦于金融、科技等高端、新兴行业，作为传统行业的祐康集团并没有太大优势，而相反的是新加坡市场更为欢迎食品行业，因此祐康集团选择了在新加坡登陆。

市场确定后，祐康集团开始了一系列的上市相关工作。首先，在新加坡当地以2元新币注册了一个控股公司——祐康国际，这种通过红筹方式到海外上市是很常见的。随后控股公司在当地路演了20场，吸引前来投资的公司非常多，给出的条件也很不错。公司最后选择了世界薄饼大王——新加坡第一家食品公司。这个新加坡最有影响力的企业集团首先就给控股公司注入了首笔资金。利用这笔资金，祐康国际没花一分钱，成功反收购祐康集团国内相关业务和资产，使祐康国际成为一个实体。这次的战略合作伙伴关系结成后，新加坡第一家食品公司多次来杭指导祐康公司的设备安装和生产工艺设计，帮助祐康的外贸生产车间完全达到了国际标准。该公司还拥有40多个国家和地区的营销网络，对祐康的产品进入国际市场有一个现实的渠道可供选择。经过选择，公司还引入了新加坡几家实力雄厚、信誉优异、经验丰富的专业机构作为上市中介机构，对公司的治理结构进行了改革，使祐康国际各方面达到新加坡的上市标准，最终在新加坡主板成功挂牌。上市全过程成功融到近1个亿人民币的发展资金。

这次海外上市的成功为公司的发展带来了很多好处。首先，借助国际资本市场，实现了祐康产品与国际市场的真正对接，使一个民营企业走上了国际化标准之路，以国际化的财务制度、治理结构等严格规范公司行为。其次，祐康品牌与国际背景资本和运营建立战略合作后，提升了整个祐康品牌。最直接的表现就是祐康产品由此打开了新加坡的市场，提升了海外知名度，使祐康产品以自有品牌走出国门。此外，公司由此也成功引进了适合企业发展的国际战略投资者，除上市前与新加坡第一家食品公司联手外，上市后，祐康国际又通过新加

坡二级市场成功引进了其他几位国际水准的投资者成为公司大股东，这是在国内上市无法体会到的。

在登陆新加坡后，祐康国际于2007年全面实施"产业协同，资源整合"发展战略，遵循"国际化，专业化，资本化，品牌化"的战略模式，进军食品软包装、食品物流等行业；在2008年打造国内冷食行业首家"透明工厂"，开创"透明经营"新模式；2009年，在全球金融危机大背景下，逆市扩张，通过资本并购形式进入肉食加工领域等，开展了一系列扩张行动。

祐康国际的海外上市，同时也让董事长戴天荣对于海外的冷冻食品市场有了更为全面的了解。因此，祐康在2006年确立了在全面覆盖京广线以东所有市场的同时，着力进军亚太市场，参与国际竞争的战略。

戴天荣表示，现在国内高端的冷冻食品基本上都是被"哈根达斯"、"雀巢"这些国外品牌所占据。不过祐康集团经过多年的发展，尤其是上市之后一年多的与国际投资者的合作，已经具备了和任何竞争对手抗争的能力。

据介绍，祐康在新加坡上市之后，这一品牌在当地已经有了相当的知名度，因此其在进军海外市场的时候，首先选择了新加坡，并已与新加坡的FROSTS FOOD公司签订了合作协议，主要在新加坡市场推出新产品"乳果·爱"冰淇淋，主攻中高端市场。

在上述两个案例中，我们不难发现浙商在进行海外上市的过程中，并不仅仅着眼于从上市所筹集的巨额发展资金，而是更希望借助海外上市来拓展公司的海外业务，实现国际化战略，扩大业务规模，从而寻找到公司新的高速增长点。这也为浙商发展提供了一个新的思路，当国内市场趋于平稳甚至下滑时，当拓展海外市场存在资源上、条件上的不足时，考虑先从海外上市开始，以此迈出进军海外市场的第一步。

（本章执笔：姚铮、黄艺翔、顾慧莹、罗丹、杨波）

本章参考文献

[1]袭著超.我国上市民营企业国际化与企业业绩实证研究[D].山东大学，2008.

[2]刘赫明.海外融资对企业价值的影响——基于A+H股交叉上市数据的分析[D].浙江大学，2014.

[3]张倩.中小企业海外融资研究[D].西南财经大学，2010.

[4]陈英.祐康国际：用10元融来1亿[EB/OL].证券时报，2006-07-08. http://www.p5w.net/stock/news/gsxw/200607/t405476.htm

[5]Baneel F, Usha R M. European manageria lPerceptions of the net Benefits of foreign

stockl istings [J]. European Finaneial Management,2001，7：213-236.

[6]Bake H.K.，Nofsing，and Weave，D. G. International Cross-Listing and Visibility[J]. Journal of Financial and Quantitative Analysis，2002，37(3)：495-521.

[7]Mittoo，U R. Managerial Perceptions of the Net Benefits of Foreign Listing：Canadian Evidence Issue[J]. Journal of International Financial Management & Accounting，1992，4(1)：40-62.

[8]王凤荣. 境外上市与企业国际化[J]. 聊城大学学报(社会科学版)，2004，1：106-109.

[9]黄烨. 人民币可自由兑换仍无时间表[N]. 国际金融报，2014-3-17(21).

第五章　国际化和浙商创新

与产品多样化类似，国际化（经营国际化与研发国际化）已成为增强企业竞争优势的一种重要的地理多样化战略。通过在国际市场上进行搜索，企业能够获取创新所需的资源和学习机会。特别是对于中国等新兴经济国家，国内企业正处于转型升级的关键时期，实施国际化战略是国内企业快速实现创新追赶的重要跳板。浙商作为中国后发企业的典型代表，许多企业都取得了显著成绩。

第一节　经营国际化与创新

依据战略管理领域对国际化的定义，企业经营国际化是企业运营活动跨越国家边界进入不同市场或区域的行为，是企业的一种地理多样化战略。通常采用国际化程度这一指标来刻画企业的国际化特征。国际化程度表示企业在国外运营的范围，常用国外销售收入占总收入的比重和国外业务涉及国家的数量来衡量（Luo 和 Tung，2007）。

学者们基于传统的资源观和组织学习理论研究了国际化对企业创新的直接影响（Zahra 等，2000；Kafouros 等，2008），认为企业通过国际化获取了创新所需的互补资源，通过组织学习获取了创新所需的技术和知识，最终提升了企业的创新绩效。然而，传统的资源观和组织学习理论对于解释国际化影响企业创新绩效的机理存在缺陷。首先，资源观和组织学习理论只是阐释了国际化能够为企业带来创新所需的互补资源、技术和知识，并没有阐释资源和知识转化为创新绩效的中间机理。其次，传统的资源观和组织学习理论不能很好地回答在动态竞争的环境下，通过国际化获取的资源和知识如何能够持续提高企业的创新绩效。从长远来看，企业获取的这些资源和知识由于其“相对黏性”和“刚性"使得企业难以适应环境的动态变化,因而在动态环境下很难为企业带来持续的竞争优势。在国际化环境下,企业外部商业环境异常复杂,技术变革快速,此时企业仅仅拥有资源是不够的,必须能够对获取的资源进行消化、协调和整合,即必须拥有动态的应变能力,如机会识别和开发、有效整合内外部发明、使得知识能够在企业内部和合作伙伴之间有效转移、及时决策等能力(吴航、陈劲、梁靓,2014)。

一、案例基本情况

表5-1展示了吉利控股、三一重工、中控集团、聚光科技的基本情况。自从吉利2003年首批轿车出口海外,吉利快速走上了国际化的竞争舞台。2011年,吉利出口超过50个国家,海外销售收入占总收入的比重达到了10%;而同样是在2011年,三一集团国际业务已扩展到150个国家,海外销售收入占总收入比重达到7%;相比之下,同样是在2011年,中控集团只成功进入巴基斯坦、印度、伊朗、韩国、埃及等十几个国家,海外销售收入占总收入比重为2%;聚光科技产品出口到美国、日本、英国、俄罗斯、印度等7个国家,海外销售收入占总收入比重为2%。相比吉利和三一重工,虽然聚光科技和中控集团领导层同样认识到国际化的战略意义,但目前公司的经营发展仍然是以国内市场为主、国外市场为辅。

表5-1 案例企业简介

企业名称	吉利控股	三一重工	中控集团	聚光科技
成立年份	1997年	1994年	1993年	2002年
员工总数	18000人左右	51000人左右	2300人左右	1360人左右
年销售额	209.6亿	507.8亿	17.6亿	7.6亿
主营业务	轿车整车及配件、变速箱和发动机等	工程机械	仪器仪表、自动化与信息技术	环境与安全检测分析仪器
行业特点	高精密度、技术工艺要求高;产品高度成熟,市场竞争激烈,主要竞争对手为外资企业和国内企业	产品高度成熟,市场竞争激烈,主要竞争对手为国内企业和外资企业	产品高度成熟,市场竞争激烈,主要竞争对手为国内企业和外资企业	技术市场变化较慢;技术多样化程度较高,主要竞争对手为国内企业
产品市场	除国内市场外,海外有代理商和销售服务网点	除国内市场外,海外有代理商和销售服务网点	以国内市场为主,少量出口	以国内市场为主,少量出口

注:中控集团销售额为2009年数据,其他数据为2011年数据。

根据访谈和二手资料，发现吉利和三一重工的国际化显著提升了企业的创新绩效（见表5-2）。如吉利集团研制的4G18CVVT发动机处于"世界先进，中国领先"水平，Z系列自动变速器填补了国内汽车领域的空白。吉利每年可以推出3～4款全新车型，2～3款全新机型，可推出多种改进型车和变型车。而三一重工的多项产品也成为"世界首创"、"亚洲最大"、"亚洲首台"、"国内首台"。相比之下，中控和聚光科技国际化对于企业创新绩效的提升有限。虽然这两家企业也意识到了国际化对于企业发展的重要意义，但目前企业的经营中心仍然放在国内，因而导致企业国际化对企业创新绩效并没有产生太大的影响。正如聚光科技的一位高管所说："国际化促进了企业已有产品的升级改造，但对于原创性的产品创新并没有大的促进。"

二、机会识别能力与国际化创新

国际化对机会识别能力的促进作用主要表现为国际化扩大了企业的机会搜索范围，使得企业积极地在国外和国内两个市场上进行机会识别。在国内竞争日益激烈的情况下，中国企业亟须通过进入国外市场来扩大企业的创新搜索空间；通过在国际市场上搜索，企业能够获取发展所需的战略资产，规避体制障碍，获得学习机会。

随着国际化程度的增加，面对不同国家和地区的客户和不同的竞争对手，企业不得不有目的地搜索以获取行业内国际技术创新的发展动态。如吉利在2004年迅速进入到非洲、美洲、东南亚等发展中国家市场，出口轿车4846辆，占全国轿车整车出口量的63.7%，然而吉利在进一步的国际化发展过程中发现企业产品并不能完全满足差异化的顾客需求，企业技术水平与国外同行存在一定差距，缺乏具有国际视野的创新人才等问题。类似地，三一自2002年进入国际市场以来，在国际化过程中发现企业的产品不断受到不同国家标准、技术壁垒的限制，企业需要进一步开发具有竞争力的产品来打入国外市场。因此，三一、吉利意识到要想与国际企业抗衡，真正融入国际竞争，必须要扩大企业的创新搜索空间，主动掌握行业内技术创新的国际发展动态，缩小与国际同行的技术差距，获得学习机会。

鉴于此，吉利和三一在国际和国内市场上开展了一系列的创新搜索行动。首先，吉利、三一通过积极参加行业产品博览会，向世界一流的同行业企业学习。如2009—2010年间，通过参加各种汽车展示会，吉利先后与台湾裕隆公司、江森自控、法国佛吉亚集团建立了深层次的战略合作关系。其次，吉利、三一积极在国际市场上聘请高端人才进入研发、管理等岗位，提高企业的智力资

表 5-2 案例企业经营国际化、动态能力与创新绩效

变量		吉利汽车	三一重工	中控集团	聚光科技
国际化程度		高	高	一般	一般
		国际业务已扩展到 50 多个国家，FSTS 达到了 10%	国际业务已扩展到 150 个国家，FSTS 达到 7%	成功进入巴基斯坦、印度、伊朗、韩国、埃及等十几个国家，FSTS 为 2%	成功进入美国、日本、英国、俄罗斯、印度等 7 个国家，FSTS 为 2%
动态能力	机会识别能力	高	高	较高	一般
		参加世界顶级车展，了解并吸收行业技术前沿现状，与国际化企业建立战略合作关系；在全球范围内搜集创意；从国际市场上聘请高级管理人员加入集团，担任集团副总裁等职务；与国内高校合作建立研究院（如吉利一同济汽车工程研究院）、联合实验室（吉利一清华汽车智能安全技术联合实验室）、企业文化研究中心（全球型企业文化研究中心）	参加世界顶级建筑建材、机械和技术博览会，与世界顶级企业建立业务往来和战略合作关系，了解行业最新技术进展；从国际上聘请一流人才，进入研发、营销、管理等岗位，或帮助企业进行相关培训；与国外高校建立合作关系，启动“国际顶尖大学送读”计划；与国内著名高校合作进行培训、联合办学、共建联合实验室、技术交流	企业建立起了从国际市场上搜索知识的意识和惯例；与国外知名企业建立了战略合作关系，如 Intel、微软等企业	从国际市场搜索知识的意识有所增强，但这种惯例还没有真正建立，主要是从国外数据库搜索行业技术最新进展
	机会利用能力	高	高	一般	一般
		在参加世界顶级车展后，按惯例要求参展人员总结汇报；按照国际主流厂商的标准，将企业的研发体系整合到一起，所有研发中心成果共享，分工明确；推行信息化体系建设，集团与澳大利亚 DSIH 的 VOIP 系统的互联互通正式接通，集团与 DSIH 的内部固定电话通话将实现“零话费”；公司定期开展“我为吉利献计策”合理化建议活动，在全集团收集创意和企业管理提案	在参加完世界顶级展览会以后，企业按惯例要求参展人员进行总结汇报，并形成总结文字；成立专门的项目攻关团队，设立项目负责人，对项目负责人进行授权；为了便于集团公司和分公司内部的协调与沟通，集团积极推行内部信息化建设，实行电子档案优化管理；为了整合企业内部创意，设立董事长信箱，集思广益，定期评选“金点子奖”	国际化行为对于中控集团的产品开发、信息化建设等经营惯例并没有带来多大变化。	国际化行为对于聚光科技的产品开发、信息化建设等经营惯例并没有带来多大变化

续表

变量	吉利汽车	三一重工	中控集团	聚光科技
创新绩效	高	高	一般	一般
	研制的4G18CVVT发动机处于“世界先进，中国领先”水平，Z系列自动变速器填补了国内汽车领域的空白，每年可以推出3～4款全新车型，2～3款全新机型，可推出多种改进型车和变型车	多项产品成为“世界首创”、“亚洲最大”“亚洲首台”、“国内首台”。三一泵车多次刷新吉尼斯世界纪录	国际化为企业创新提供了一定的技术和信息源。企业的创新主要还是由中控自身以及和国内其他企业合作完成的	国际化促进了企业产品的升级改造，对于原创性的产品创新并没有大的促进

注：FSTS表示海外销售收入占总销售收入的比重；另外表中数据指企业2011年的数据。

本和创新水平。如 2004 年，吉利聘请原韩国大宇公司总裁沈奉燮任吉利控股集团研发副总裁。最后，吉利、三一积极与国内外高校和科研机构建立了多样化的合作关系，合作项目包括人才培养（培训和联合办学），共建研究院、研究中心、联合实验室，技术交流等，通过深度嵌入外部智力资源来提升企业的创新能力。如三一启动“国际顶尖大学送读”计划，选拔优秀员工到日本九州大学进行为期 2 至 3 年的学习，以培养焊接设计、机械加工、制造管理、齿轮加工专业的硕博研究生，引进国际先进的制造、管理理念和提升企业制造水平。

相比之下，中控和聚光科技国际化程度较低，企业的海外业务主要集中于非洲、亚洲等少数几个国家，并且多数为发展中国家，企业有能力满足国际化顾客的需求，同时企业基本能够提供优于竞争对手的产品，使得企业并没有受到来自国外竞争对手强有力的冲击，因而中控和聚光科技不需要特意加强创新搜索解决如三一和吉利在国际化过程中遇到的技术和管理问题。此外，中控和聚光科技相对集中、有限的国际扩张使得企业获取的知识同质性比较严重，企业并没有获得太多的学习机会，因而也导致企业并没有较强的搜索动机。在访谈中，聚光科技的高管谈道：“我们的产品在国外市场是相当有竞争力的，国外顾客也较为固定，并不需要做出太大的改动。”中控的一位高管也指出：“我们主要满足国外几个固定的大客户，我们的产品足以满足他们的需求，企业国际化主要是为了占领市场、增加销售收入。”由此可见，中控和聚光科技国际化并没有显著提升企业的机会识别能力。

当企业在更大范围内进行机会搜索并拥有更强的搜索意识时，企业更能够发现创新机会。通过在全球范围内搜索，吉利、三一能够更好地把握行业技术发展的动态，更好地识别新知识对企业的价值，更快地找到合适的合作伙伴，因而能够更大限度地提升企业的创新绩效，成功研制开发出了多项“世界首创”、“世界先进”、“中国领先”等重大创新级别的新产品。相比之下，中控和聚光科技国际化程度较低，国际化并没有在很大程度上提升企业知识搜索范围和搜索意识。因此，对于中控和聚光科技而言，由于国际化所建立的机会识别能力对于企业创新绩效的影响相对有限。

三、机会利用能力与国际化创新

尽管企业通过国际化获取了大量的创新资源和信息，但企业需要通过整合内部资源、调整组织结构来利用这些资源和信息。通过进入国际市场，吉利和三一获取了创新所需的大量知识和信息，然而这些知识和信息往往是企业难以快速消化的，企业需要建立新的组织惯例来攻克发现的技术难题，同时企业需

要采取专门的措施来促进这些知识在企业内快速扩散。如吉利和三一通过参加国际行业博览会获取了同行产品的相关技术资料和图片信息，然而发现仅仅是通过事后的例会制度在小范围内对所获取的技术知识进行交流是远远不够的，为了充分利用在国际市场上捕捉的技术机会，企业需要建立专门的惯例制度来利用这些机会。

鉴于此，吉利和三一通过不断整合内外部资源，建立新的惯例，来利用从国际市场捕捉到的机会。首先，组建跨职能产品开发团队攻克重点技术难题。如三一通过进入国际市场，获取了关于超大型履带起重机的相关信息，并带回总部进行研究，而此时国家有关部门向国内起重机主流厂商发出号召“打破国外垄断，研制满足三代核电建设的国产超大型履带起重机”，因此三一决定自主开发超大型履带起重机。由于工程浩大，三一组建了国际产品部门，并聘请国际履带起重机专家兰宁和臂架分析及测试专家爱德·本斯加盟。由于团队成员来自于不同的部门，拥有差异化的知识背景和经验，因此非常适合通过头脑风暴法解决复杂的技术难题。同时，这种项目团队攻关形式对于促进内部协调和合作[24]、战略决策的有效制定和实施以及创造性地解决问题非常有效。在两位外籍专家的亲自指挥下，团队成员通过不断的头脑风暴和相互协作，最后创造出 SCC8300 超大型履带起重机。

其次，充分整合集团内部员工的智力资源来解决在国际市场上遇到的难题。除了通过组建跨职能产品开发团队进行重大项目攻关，三一和吉利十分重视调动内部员工的积极性来解决国际技术难题。在访谈中我们发现，吉利的高管都认为“人才永远是企业最宝贵的财富”，而三一的高管也认为“企业创新能力的提升归根结底还在于发挥企业员工的积极性”。为了快速解决在国际市场上发现的技术难题，消化从国际市场获取的先进技术，三一在内部设立董事长信箱，向全集团征集创意，并定期评选“金点子奖”；吉利也定期开展“我为吉利献计策”合理化建议活动，在全集团收集创意和企业管理提案。因此，企业国际化实际上促进了企业整合内部智力资源惯例的建立。

最后，在内部积极推行信息化建设。尽管国际化为企业带来了丰富的知识和信息源，并且增强了企业的创新意识，然而如何快速整合外部资源并使之在企业内部转移和扩散对于知识的高效利用至关重要。信息技术，如数据库、文件管理系统、搜索引擎、企业内部网，可以促进企业的知识管理效率。三一在并购了澳大利亚 DSIH 后，为了实现与澳大利亚 DSIH 的有效对接，使得企业能够获取 DSIH 的知识溢出，在内部建立了 VOIP 系统。VOIP 系统的互联互通使得三一与 DSIH 的内部固定电话通话将实现“零话费”，大大降低了沟通和协调成本，提高了知识转移效率。吉利在进入国际市场后，由于组织体系和业务的不断扩张导致内部档案资料的成倍增长，因而吉利也在内部积极实行电子档案优化管理。这种电子档案优化管理的方法极大地改善了企业的知识搜索、储存、更新、转移和分享效率。

相比之下，由于中控和聚光科技的海外业务目前仍然主要集中于非洲、亚洲等少数几个发展中国家，企业从这些市场上学到的往往是比较低端、同质化的知识，中控和聚光科技获取的技术和知识的数量和复杂程度都远远低于三一和吉利，因而导致企业并不需要在很大程度上整合内外部资源、调整组织结构来吸收和利用这些技术和知识。正如访谈中中控的高管反复强调"我们只是从国际市场搜索一些最新的行业进展资料和信息，国际化对于企业的产品开发、信息化建设等经营管理惯例并没有带来多大变化"，而聚光科技的高管也认为"企业从国际市场上学到的都是比较简单的知识，现有的组织结构和运营惯例就可以消化吸收"。由此可见，中控和聚光科技国际化并没有显著提升企业的机会利用能力。

通过组建产品开发团队，整合内部智力资源，推行信息化建设，企业能够更快速地利用在国际市场上发现的机会。三一和吉利通过资源整合和组织重构能够更快速地做出创新决策，提高知识在企业内部流通的效率，降低协调和沟通成本，使得企业能够更快、更好地捕获和利用创新机会，提升企业的创新绩效。相比之下，中控和聚光科技低程度的国际化使得企业从国际市场上获取知识和创新资源的数量和复杂程度明显低于吉利和三一。因此，企业国际化并没有在很大程度上改变内部资源整合和组织重构惯例，进而对于创新绩效的影响也十分有限。

四、对浙商经营国际化的启示意义

资源观认为国际化为企业提供了创新所需的资源，组织学习理论认为国际化为企业提供了创新所需的学习机会，进而能够提升企业创新绩效。然而，这两种理论并没有阐释出资源和知识到企业创新绩效的转换过程。事实上，依据动态理论的逻辑，企业资源和知识由于具有核心刚性和惰性很难持续提升创新绩效，国际化企业需要拥有动态的应变能力。本案例证实了动态理论的逻辑，发现企业通过国际化建立机会识别能力和机会利用能力，进而提升企业创新绩效。本章摆脱了过去简单的国际化—资源（知识）—创新绩效的研究框架，建立了国际化—能力—创新绩效的分析框架。本章认为国际化企业通过进入国际市场不仅获取了创新所需的资源和知识；更为重要的是，企业通过国际化建立

了一些特定的组织惯例和程序，能够帮助企业持续提升创新绩效。

本章对企业管理者和政府政策具有实践启示。一方面，中国企业要想实现创新赶超，企业管理者不仅要认识到国际市场能为企业提供直接的创新源，更要认识到企业通过国际化能够提高机会识别能力和机会利用能力，这对于企业持续提升创新绩效具有重要意义。另一方面，企业应意识到持续提升企业创新绩效的动力来自于企业动态能力的建立（机会识别能力和机会利用能力），国际化企业在获取创新源的过程中应积极对内、外部资源进行整合，对组织结构进行重构，使得企业能够提高资源的创新效率。对于政府而言，应通过各种优惠性政策鼓励企业国际化，建立国际化企业管理制度。

第二节　研发国际化与创新

企业研发网络国际化是指企业跨越地理和组织边界在国际范围内布设研发网点，为了实现成本内化、风险分担、知识共享而进行的跨组织协同创新和前沿技术信息交流，并通过拓展知识边界来尽可能高效率地探索、利用和转移研发知识。因此，研发网络国际化有利于企业在激烈的国际竞争中扩充自己的资源、能力和知识储备，也是企业全方位实施全球化发展战略的一个重要方面（刘洋、魏江、江诗松，2013；潘秋玥、魏江、刘洋，2013）。

随着企业间竞争的加剧和创新格局的重构，研发网络的拓展已经成为战略管理和技术创新管理领域关注的重点问题之一。研发网络全球化的过程涉及海外研发点的选址、海外研发人才甄选、组织间研发网络内知识集成和网络治理以及如何实现研发网络内高效的技术转移和吸收等话题，这些话题激发了管理界学者和企业领导者的浓厚兴趣。

在全球化背景下，人才、市场、资源和技术在全球范围内高度整合，区域创新系统和国家创新系统也正加速向全球创新系统演变。在创新成果不断涌现的同时，各国的企业也面临着全球化这柄双刃剑带来的重大挑战，严苛的优胜劣汰机制和前所未有的激烈竞争也激发了企业在开放创新的环境下从更广的地域和更多样化的机制探寻新的竞争力来源，这也成为企业研发网络全球化产生的强大的现实推动力（刘洋、魏江、江诗松，2013；潘秋玥、魏江、刘洋，2013）。

一、研发国际化的模式

Gassmann 和 Von Zedtwitz(1999)关于跨国公司国际化的研究识别了研发

组织在全球化演化过程中的五个不同发展阶段(如图 5-1 所示)。

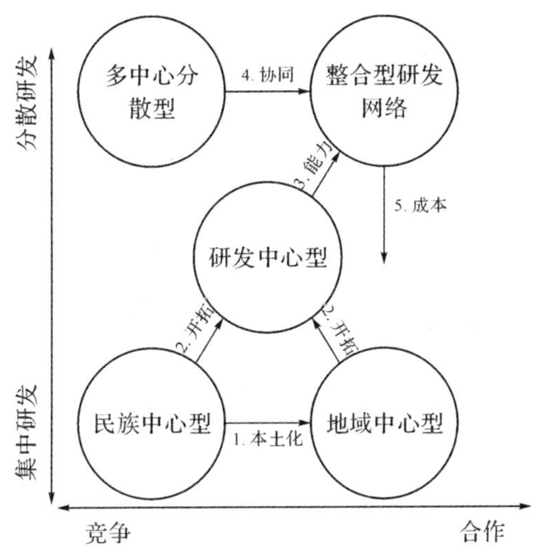

图 5-1 研发国际化的模式

第一,民族中心型。以母国为研发中心,对其他研发点的活动实行严格的控制。在母国技术领先于海外子公司时,这样的研发结构保证了企业核心技术以国家财富的形式保存在母国。

第二,地域中心型。随着国外市场的独立性和技术经验不断增加,企业在保留集权治理的同时开始关注研发人员的国际化视野提升,在招收具有国外研发工作经验的技术人员的基础上,派遣本公司研发人员到海外进行合作和学习。

第三,多中心分散型。此类型主要由于区域性市场中各研发点和当地市场的关联性很强,多通过并购的方式形成,采用分权的方式治理。

第四,研发中心型。以母国研发中心为主要实验室,通过长期的研发项目实现对国外各子研发机构的控制和协调,保证高效的技术转移和长期的技术支持。

第五,整合型研发网络。通过灵活和多样的协调机制,母国研发中心和海外研发单位保持独立协作关系。海外研发中心不仅是当地需求变化的检测器,并逐渐成为新业务拓展中的重要战略单元。

二、东华链条的研发国际化

东华链条前身为杭州城东链条厂,由董事长宣碧华(原杭州链条国有企业

的销售科副科长）于1991年创立。创立初期，东华仅是个普通的链条加工厂，1994年开始产品出口，1996年开始注重技术能力的积累。2003年，收购杭州盾牌链传动有限公司、江苏常州拖拉机厂两家大型国有企业。2007年，购买江苏兴化齿轮有限公司，出口量已经稳居国内第一。2009年，东华全球化发展道路全面启动，收购了德国老牌链条企业KOBO公司，并在德国、英国、美国、泰国、荷兰建立仓储式公司。2010年，东华控股日本EK公司。

东华与德国沃尔夫公司合作的分手事件对东华的未来战略带来了巨大的影响。"与沃尔夫的分手让我们意识到我们必须将品牌、渠道、技术牢牢地掌握在自己手中，原先的贴牌战略、独家代理模式已经遇到了天花板，所以我们一定要走出去"，东华的海外市场部张经理如是说。2008年，东华先后在德国、荷兰、美国、英国、泰国建立仓储式销售公司。仓储式销售公司的职能不仅仅包括销售与维护，还包括前期对项目的研发信息采集、研发信息输入、初步研发策划，并且与东华的技术中心保持项目的沟通等，帮助东华真正构建起"市场—研发—制造—市场"的信息环流。2009年，东华收购了在大型工程机械链条领域有丰富技术的德国KOBO公司，2010年控股了在精密链条上有专长的日本EK公司，从大型、精密全方位提升技术能力。2011年前后，东华分别与吉林大学、空军航空大学建立了跨区域的联合实验室。

收购德国KOBO公司是典型的跨国家地理边界的研发网络拓展行为，本章以此为例做详细的解剖。2009年，东华成功收购德国KOBO公司，除去精简部分岗位外，基本上保留KOBO公司原有人才队伍与组织结构。2010年，东华随即成立"东华—KOBO"对接组，指定公司技术中心负责人作为对接组组长，技术中心各事业部、职能部门均派遣人员作为对接组成员，除去每周视频会议外，每年均有20～30批次的人员互访。从对接的内容与顺序看：

(1)先借鉴学习后经验学习。德国专家来访东华，给东华的技术人员培训KOBO公司的一些技术与理念，比如通过案例讲解的形式给东华的技术人员讲解"轴压比"的概念在链条设计中的应用；德国专家就东华链条车间的布局和策划方案给出建议，对新设备的引进给予评价等。东华小组出访德国KOBO公司，参观KOBO公司以及KOBO供应商企业的车间，学习先进的链条加工技术和现场物流管理经验等。出访归来后，出访小组会进行总结与思考，将学习到的、适用于东华的技术、经验经过自身的调整予以应用，比如东华小组在出访德国后应用了"适用于级进模高速冲裁的冷轧链板的要求和材料(圈料)保管及搬运的方法"。经过这一阶段的借鉴学习，东华主要向德国KOBO公司学习KOBO公司已有的、比国内公司做得好的技术、知识与经验，并且在德国专家的指导下搭建起一流的车间与技术开发平台，大大拉进了东华与世界一流企业在技术研发基础条件上的距离。

(2)经验学习中穿插频繁的借鉴学习。经过上一阶段的知识积累后，东华开始组建依托于“项目”的对接小组，德国项目组对应的专家会将当年行业中最先进的知识传递给东华的研发人员，而东华的研发人员会就研发活动中遇到的问题咨询德国对应的专家，如果德国专家自身解决不了还会求助于德国当地的研发机构与高校。例如东华在开发用于高精密度扶梯的梯级链过程中，在磨具的结构创新方面咨询了德国的专家；就手套链的轴用挡圈选材创新事宜询问了德国专家是否合适，以及是否需要退火处理工艺创新等。

(3)先经验学习后借鉴学习。在进行国际市场拓展的时候，为了适应国外的环境，企业会面临持续不断的挑战，包括了解客户、渗透进入当地的供销网络、获得当地的管理知识等(Lu 和 Beamish，2004)。东华收购德国公司为其打开欧洲市场获得了非常大的便利。为了学习在欧洲运营的经验，不仅东华外访小组更加频繁地走访德国，参加各种展销会，参观国外客户企业，而且德国的专家会作为东华的代表帮助东华开拓业务。例如，东华自主研发的链条润滑油产品出口到德国前，KOBO 的人员会对产品进行评估，指出问题并改进后再出口；在北京汽车物流展上，KOBO 公司的 V 专家带着东华自主研发的样品参展，并作为技术支持进行现场专项讲解并对客户提出的疑问予以解答。

从收购德国 KOBO 公司的关键事件中可以发现，企业在进行跨国家边界研发网络拓展时，一开始由于与德国存在较大的技术距离，企业会选择以借鉴学习先进理念、技术、工艺为主，经过一段时间的消化吸收改进后再开展相应的研发活动，涌现出播种型的学习顺序。为了充分将 KOBO 公司的技术知识内化到东华，东华建立了依托于“项目”的对接形式，在这个阶段东华会将从自身在研项目中构思出来的创新想法与德国专家进行探讨，德国专家也会搜索相对应的最新知识告知东华，涌现出经验学习中穿插借鉴学习的新的学习顺序。而依托于“项目”的“咨询式”学习顺序对企业创新能力的提升有显著的作用，可见，企业在进行组织边界拓展时，项目组的形式是一种值得借鉴的过渡形态。为了将东华的产品推向国际市场，德国 KOBO 公司是一个很好的跳板，东华自主研发的产品在借鉴德国 KOBO 公司在国际市场上的运营经验之后取得了瞩目的成绩，同时也涌现出“先经验学习后借鉴学习”这一新的学习顺序，我们称之为“增强型”学习顺序。

对比东华跨区域边界与跨国家边界研发网络拓展，由于德国、日本等地的技术比中国的技术要先进得多，存在较大的技术势差，企业需要首先通过借鉴

学习来引进、消化吸收先进的知识，当知识积累到一定程度以后再开展经验学习，即涌现出丰富的播种型学习顺序，对企业创新能力的后续提升打下基础；而在跨区域边界的研发网络拓展中，由于国内各区域间技术势差不显著，东华更多地选择以自身研发为主，在遇到困难时跨地理边界进行咨询这一模式，即咨询型学习顺序（魏江、应瑛、刘洋，2014）。

三、对浙商研发国际化的启示意义

东华链条的典型案例简要展示了浙商研发国际化的过程，事实上在全球化开放创新和国内经济结构转型升级的双重背景下，目前浙商在研发国际化过程中需要重点关注以下四个问题：

第一，从研发活动上看，企业存在短视化问题。研发活动本身投资回报周期长、前期投入量大，而企业为追求利润最大化选择摒弃技术含量更高的创新型研发，采用速成型的适应性研发。尽管企业将自身的研发网络拓展到发达国家的技术中心，但并未实现真正意义上的技术获取和能力提升。

第二，如何通过研发网络的地理边界和组织边界拓展实现组织学习，提升自身技术创新能力，实现企业研发网络演化与技术创新能力演化相匹配。技术学习之后的消化吸收仍然是重要问题，企业如何将学习获得的知识有效内化是目前企业面临的重要问题。

第三，全球研发网络不同布点间的协调控制问题。如何把国内的母公司和海外研发点之间的研发活动有效组织起来，最大限度实现协同效应，这是当前中国高新技术产业面临的另一项重要挑战。

第四，研发网络治理问题。全球化的网络管理是依靠企业增长的名声和社会地位、网络经验和网络适应的机会实现发展和成长。但是在企业发展的不同阶段，网络间嵌入性的关系是发生变化的，所以因时制宜的研发网络治理是十分必要的。在企业初创阶段，嵌入性对资源获取起到了重要的作用；而在之后可能会限制企业灵活性和对网络的适应能力。

（本章执笔：刘洋、应瑛、吴航）

本章参考文献

[1] Gassmann V Z. New concetps and trends in international R&D Organization [J]. Research Policy, 1999, 28(2/3):231-250.

[2] Luo Y , Tung R L. International expansion of emerging market enterprises: A springboard perspective[J]. Journal of International Business Studies, 2007, 38(4): 481-

498.

[3]Kafouros M I, Buckley P J,et al. The role of internationalization in explaining innovation performance [J]. Technovation, 2008, 28(1/2): 63-74.

[4]Zahra S A, Ireland R D, Hitt M A. International expansion by new venture firms: International diversity, mode of market entry, technological learning and performance [J]. Academy of Management Journal, 2000, 43(5): 925-950.

[5]刘洋,魏江,江诗松. 后发企业如何进行创新追赶？研发网络边界拓展的视角[J]. 管理世界,2013(3):96—110.

[6]潘秋玥,魏江,刘洋. 企业研发网络国际化研究述评与未来展望[J]. 外国经济与管理,2013,35(8):27—35.

[7]魏江,应瑛,刘洋,研发网络分散化,组织学习顺序与创新绩效:比较案例研究[J]. 管理世界,2014(2):137—151.

[8]吴航,陈劲,梁靓.企业国际化程度影响创新绩效的机制:四家中国制造企业的案例研究[J].科学学与科学技术管理,2014(3):69—76.

第六章　浙商大企业的国际化

随着全球一体化的深入发展，优胜劣汰的机制迫使大企业集团必须不断开拓国际新领域和新市场。只有充分利用国际大舞台，才能在激烈的竞争中取得主动，实现大企业集团全方位的国际化。同时，发达国家的经验表明，培育一批有国际竞争力的大企业是提升国际竞争力的有效措施，对提升一国在世界经济中的地位具有重大战略意义。浙江大企业集团出口商品多，经营效益好，但规模普遍较小，在国际化的背景下有巨大的企业潜力提升空间。目前，大企业已逐渐认识到开展国际化经营的重要性。浙商大企业在全球化的浪潮中，以特有的敢于闯荡、敢于冒险的精神走出国门。吉利收购沃尔沃、宁波裕人收购斯坦格、万向收购 AI 公司成为其最大股东等都是成功的案例。本章主要从浙商大企业国际化的动机、模式以及典型案例进行描述。

第一节　浙商大企业全球化的动机

随着经济的发展，越来越多的浙商走到海外从事生产经营活动。首先来看浙江民营企业在境外投资的一组数据：2005 年境外投资总金额 1.8 亿美元；2008 年，在金融危机最为严重的时候，对外总投资达到 9.6 亿美元，比上年度增长了 40%；2012 年对外总投资达到了 38.92 亿美元。[①] 浙江省在 2009 年出台了《关于印发浙江省实施“走出去”战略专项资金使用管理办法的通知》的文件，促进本省企业实施海外并购。2012 年颁布《关于鼓励和引导民营企业积极开展境外投资的实施意见》，推动民营企业境外投资又好又快发展。浙江大企业海

① 根据浙江省商务厅数据整理。

外活动的日趋频繁，战略动机也不尽相同，主要以市场寻求型、资源寻求型、效率寻求型和战略资产寻求型(Dunning，1992)为主。

一、市场寻求型

根据UNCTAD的调查，寻求市场是跨国经验最为普遍的动机，我国81%的对外直接投资出于这一动机。而出口等其他全球化活动更是以市场为导向，寻求销售额的迅速增长。通过海外市场的拓展，可以从国内外市场的差价中获取利润或者单纯避免国内的激烈竞争。

浙江省以民营经济为主体，大部分为制造型企业，因此出口占据了浙商全球化活动的大部分比例。浙商大企业中纺织和电子电器制造企业占据着重要地位，这些产品在国内市场趋于饱和，但是对于一些发展中国家来说却具有相对的比较优势。这些劳动密集型企业凭借其比较优势和成熟技术向海外扩张，从而赢得了更为广阔的市场。另一方面，随着近些年中国出口贸易额的大幅增长，各个国家面临着"中国制造"带来的危机。为了保护各自国内厂商，各国纷纷通过反倾销、反补贴、技术壁垒等隐蔽手段加强贸易保护。在这种情况下，到东道国进行投资设厂，不仅解决了贸易壁垒带来的问题，还能享受东道国对外资的优惠政策，在保护原有市场份额的同时扩大了海外的市场份额。①

宁波永发集团

2006年，宁波永发集团成功地将知名品牌美国"SAFEWELL"(盛威)和其销售渠道纳入旗下。这是一个家用保险箱领域的国际知名品牌，具有50余年历史，在欧美市场建立了良好的口碑。永发集团与美国盛威国际公司的合作起步于贴牌生产，后来永发开始参股，最初持有的股份不到20%。永发在国际市场的高速发展得到了"山姆大叔"的欣赏和认可，美国公司最终以非常优惠的价格和条件把盛威品牌"下嫁"给"永发"。借助盛威品牌的知名度，"永发"成功地打开了国际市场。目前，公司已在欧洲、东南亚、中东、东欧、美国、日本、俄罗斯、南非等地设立了分销商，在英国、印度、土耳其、新加坡的市场占有率超过30%，在中国香港、埃塞俄比亚更是超过70%，成为当地保险箱行业的主导品牌。

① http://www.zj.xinhuanet.com/website/2009-09/15/content_17699310.htm

二、资源寻求型

虽然中国资源总量大，但由于人口基数大，加之全球制造业向中国转移，资源短缺已成为制约资源型企业发展的关键因素。国际战略性能源与资源的生产供应，大部分由少数垄断跨国公司控制，其典型的“卖方市场”特征，让中国企业处于被动地位。经济的发展依赖于资源的充足程度，特别是制造型企业，原材料的获取更为重要。浙江省以民营经济为主，对资源的依附需求更大，因此在参与到海外的活动当中时更为积极。据统计，2010 年浙江省共计核准境外投资项目 18 个，总投资 42.03 亿美元，其中有多达 12 个项目是资源类项目。浙商热衷于到境外投资矿产类资源，主要是基于缓解浙江省资源要素制约的需要。以矿产类资源为例，除了铜钴冶炼，浙商并购的资源还包括铅、锌、银及锰矿等矿产开采。

为了防止煤炭资源勘查投资过多而出现产能过剩，国土资源部之前出台新规，决定 3 年内继续在全国范围内暂停受理新的煤炭探矿权申请。“国家收紧矿产资源正成为一种趋势，尤其像我们这些实力有限的民营企业，未来涉足国内矿产资源的门槛会越来越高。”杭州一家长期经营矿产投资的公司负责人透露。在这种背景下，越来越多杭州企业开始将触角伸向海外。全国工商联公布的 2010—2011 年度《中国民营经济发展形势分析报告》说，通过收购海外能源矿产资源来满足国内对能源资源持续增长的需求，已成为我国民营企业投资的新趋势。①

银亿集团

银亿集团是以房地产开发和资源类工业为支柱产业的综合大型企业集团。银亿集团在开发国内矿产资源的基础上，积极响应国家“走出去”的号召，努力开拓国际市场，利用国外资源，弥补我国发展过程中国内市场和资源的不足，同时为企业创造丰厚的价值回报。集团公司于 2008 年开始涉足海外矿产资源领域，经过两年的努力，已在香港、菲律宾、印度尼西亚、墨西哥等地成立矿业投资、运营和贸易公司，拥有各类矿权 20 多个。同时，银亿集团在巴西、智利等地区的矿权收购前期工作也已开始有序进行。

---

① http://zj.people.com.cn/GB/200864/200882/12517815.html

三、效率寻求型

相对而言，效率寻求型是浙江，乃至中国企业在全球市场进行生产运营活动较少的动机。中国本土劳动力价格低廉，生产成本相对较低，是制造型企业理想的生产基地。通过对中国企业海外并购的研究也发现，大多企业会将新设立的生产型企业建立在中国境内，利用中国的成本优势，再将产品出口销往海外。而近几年来，随着中国外汇储备增多，政府对中国企业"走出去"的引导作用增强，同时中国的劳动力成本、资源价格也开始上升，部分制造型企业开始投资于一些发展中国家，通过在劳动力成本更低廉、资源价格更便宜的国家和地区设立生产企业，有效提高运作效率，增强在全球竞争中的竞争力。

同样，也有部分企业通过在海外其他地区设立分公司，以此绕开贸易壁垒。近年来，中国企业频频遭遇贸易壁垒，成为世界上因国际贸易保护主义损失最大的国家。作为国内外贸大省，浙江的企业深有体会。不过，作为杭州民营企业的代表，华立集团所走出的一条海外投资的路，无疑是一个非常成功案例。①

泰中罗勇工业园

泰中罗勇工业园是由总部在杭州的华立集团与泰国 Amata（安美德）集团合作开发的面向中国投资者的现代化工业区，是中国企业在境外设立的首个综合性工业园，其中华立集团占股 70%，安美德集团占股 30%。目前，国内入园企业达到 30 家，其中 7 家为浙江企业。华立集团之所以选择在泰国建立工业园，主要与泰国在国际贸易上所具备的便利有关。泰国与日本、印度、澳洲、巴林等国家签署了自由贸易协定，随着这些自由化进程的推进，泰国对国际市场的辐射作用日渐强劲。特别是欧美等主要贸易区对泰国极少设置配额、反倾销等贸易障碍，这成了国内企业钟情泰国的首要原因。

四、战略资产寻求型

中国是制造大国，却不是制造强国。在国际生产网络中，中国企业大多从事资源消耗大、污染排放多、资本技术密集度低、附加值不高的产品加工、装配等环节。中国制造业是国内各行业中产业升级、技术进步的重要保障，是经济结构调整的推动力。在跨国生产网络中，中国制造业的生产技术，尤其是关键

① http://finance.sina.com.cn/g/20090604/10346304137.shtml

技术依旧主要依靠国外，常受到国外上游生产活动的钳制。在这种发展瓶颈制约下，以制造业为主的浙商大企业有了对外寻求转型升级的需求。

战略资产是指能为企业带来长期竞争优势的资产，它是一种难以被模仿或难以被替代的、非交易性的、积累过程缓慢且符合市场需求的资产。企业一般通过两种途径来获取竞争优势：一是能够以比竞争对手更低的成本向顾客提供同样的产品或服务；二是能够为顾客提供竞争对手无法提供的产品或服务。这需要一系列有形和无形的资产来支持。而大部分中国企业的发展还处于初级阶段，特别是以技术为主的企业，创新能力、研发能力都远落后于国际领先企业。因此，获取以技术为主的战略资产是大部分企业进行国际并购的重要原因。这些战略资产包括专利、生产设备、制造图纸、技术人员智力资源等。①

第二节　浙商大企业国际化的主要模式

合适的对外投资模式是浙商大企业对外投资成功的重要前提。浙商企业的海外投资模式既符合国际上对海外投资模式的划分，即绿地投资和跨国并购，又有鲜明的中国特色。灵活运用国际上的海外投资模式，成为具有浙江本土特色的海外投资模式。

一、绿地投资模式

1. 建立海外销售渠道

一些企业在进行海外投资时，并非在东道国设立研发中心或生产基地，而是建立自己的销售办事处、代表处或国际营销机构，以此构建自己的海外销售渠道和网络，以便直接将产品销往海外市场，减少中间环节，从而提高企业的赢利水平。商贸部 2010 年的调查统计显示，设立销售办事处和代表处是中国企业采用最多的对外投资方式，其次是设立分销中心。这也反映了多数中国企业的对外投资还处于起步阶段。由于绿地投资中在他国新建企业是大部分中小企业经济能力及管理能力所不允许的，而建立海外营销渠道的经济成本远小于在海外新建企业。当然，这种模式也容易遭受国外包括反倾销在内的各种贸易壁垒的限制。

---

① http://www.zjsr.com/news/11522.htm

2. 境外加工贸易

境外加工贸易投资模式是指有些企业通过在境外建立生产加工基地，开展加工装配业务，以企业自带设备、技术、原材料、零配件投资为主，经加工组装成制成品后就地销售或再出口到别的国家和地区，借此带动和扩大国内设备、技术、原材料、零配件出口。境外加工贸易投资模式由于适合浙江省目前经济经济结构调整的要求，近年来日益成为浙江企业海外投资的一种重要模式。另一方面，相对于在海外建立营销渠道的投资模式来说，境外加工贸易模式能够合理利用原产地规则，避免和突破各种贸易壁垒。此类投资模式对企业的资金实力和国际化管理能力相对有较高的要求，因此大多是技术成熟、国内外市场成熟的制造业、机械行业等企业倾向于采用海外加工贸易投资模式。

3. 海外创立自主品牌

创立自主品牌投资模式是指我国一些企业在海外投资过程中，坚持在全球各地树立自主品牌，靠长期的投入培育自主的国际知名品牌，靠消费者对品牌的认同来开拓海外市场。这种海外投资模式属于"厚积薄发"型，虽然开始阶段起步艰难，风险大，但是一旦打造出世界知名品牌，就能在国际投资和生产中处于产业链的高端，获得超额利润，从而为企业的国际化经营和长远发展打下坚实基础。然而，这种投资模式具有相当的挑战性。首先要求企业拥有雄厚的资金和较强的经营管理能力，以及具有一定影响和知名度的品牌，同时，还需要企业有熟谙国外当地市场的专业人才来对品牌进行打造和管理。由于在国外林立的名牌之中创立自己的品牌是很难的，要将一个有待树立和打造的品牌在当地塑造成知名品牌更是难上加难。这就要求选择这种投资模式的国内企业起点要高。当然，很少有企业能达到要求。但是有一定实力想发展成为跨国公司的国内企业需要实施国际品牌战略，在对外投资中坚持使用自己的牌子，形成国际品牌，从而获得竞争优势。

二、跨国并购模式

浙江企业积极抓住世界金融危机之中产业分工、市场格局调整的机遇，大力发展海外并购。从之前的平均每年3～4个并购项目，在2009年迅速增加到了20个，2010年并购项目达到43个，并购规模占到同期对外直接投资的75%，并购目的地主要集中在我国香港，以及日本、美国、意大利、德国、阿联酋等国家和地区，在数量和规模上均居全国大陆省份第一。浙江省的海外并购投

资主体以民营企业为主，以传统制造业作为并购项目的主要领域，如吉利并购沃尔沃、三花股份并购海利福克斯等跨国并购案，大大提升了浙江省制造业的技术水平、品牌知名度及市场竞争力。通过海外并购，实现了向上端研发设计、供应环节和下端营销、品牌环节实行垂直扩张，快速获得被收购方的技术装备、研发团队、本土品牌和销售渠道，成为浙江本土企业迅速进入目标市场、推广自主品牌的有效途径。

1.海外并购品牌

海外并购品牌投资模式是指通过并购国外知名品牌，借助其品牌影响力开拓当地市场。一方面可以“买壳上市”，即先收购国外当地知名品牌的“壳”，借助其对产品进行包装，获得或恢复当地消费者的认同，快速进入市场；另一方面，海外公司现成的知名品牌仍具有一定的影响力和销售渠道，省去了海外品牌塑造和品牌推广的时间与费用。该模式适用于具有一定资金基础、信誉较好、有能力收购和驾驭海外知名品牌的大企业。中国企业目前在国际竞争中最差的就是品牌优势，通过海外投资并购一些国外知名品牌，取他人之长补己之短，与成本优势、产品优势共同实现三个优势的结合，有利于提升中国企业在国际市场上的竞争力。

2.海外资产并购

这种模式是指中方企业作为收购方购买海外目标企业的部分或主要的运营资产，或实现对其进行控制或参股的投资行为。中方企业在并购目标企业之后，一般不承担目标企业原有的债权债务及可能发生的赔偿，只承接目标企业原有的资产和业务。

第三节　浙商大企业国际化典型案例

浙江省民营资本十分充足，民营企业是进出口最强的引擎。随着经济的发展，越来越多的浙商大企业走到海外从事生产经验活动。其中，杭州杭氧股份有限公司、宁波裕人针织机械有限公司、浙江吉利控股集团有限公司、万向集团、海康威视、富丽达集团等企业的“走出去”都是成功的案例。本节根据浙商国际化不同的动机与模式，选取吉利汽车、海康威视、富丽达作为典型案例作具体分析。

一、吉利汽车案例

1. 企业简介

浙江吉利控股集团有限公司是中国汽车行业十强企业。1997 年进入轿车领域以来，凭借灵活的经营机制和持续的自主创新，取得了快速发展，现资产总值超过 1100 亿元，连续三年进入世界 500 强，连续十一年进入中国企业 500 强，连续九年进入中国汽车行业十强，是国家“创新型企业”和“国家汽车整车出口基地企业”。①

2003 年 3 月 24 日，主营吉利集团汽车产业发展的浙江吉利控股集团有限公司成立，同年，吉利汽车开始出口海外，实现吉利轿车出口“零的突破”。2004 年，吉利汽车出口 4846 辆，名列中国轿车出口第一名；2005 年，吉利出口轿车近 7000 辆，出口国扩展到 30 多个国家。这一年，吉利利用国润空壳，成功在香港上市。截至 2013 年年底，吉利汽车累计社会保有量超过 300 万辆。按照李书福为吉利规划的宏伟蓝图：到 2015 年，吉利的年销售量将达到 200 万辆，其中三分之二销往国际市场。②

2. 国际化概况

吉利的国际化历程如表 6-1 所示。

表 6-1 吉利集团国际化主要行为③

时间	国际化行为
2003	吉利国际成立，注资 2000 万，从事汽车出口
2005	在香港上市，打通融资渠道
2005	在马来西亚与 IGC 集团合作投资建厂，国际化开端
2007	以旗下一间公司 48％的权益换的英国锰铜公司 23％的股份
2008	收购五家联营公司各 44.19％股份

① 吉利控股集团网站集团简介. http://www.geely.com/introduce/intro/index.html，2014-08-15.

② 吉利控股集团网站企业大事记. http://www.geely.com/introduce/memorabilia/index.html，2014-08-15.

③ 资料来源：作者整理。

续表

时间	国际化行为
2009	收购澳大利亚 DSI 公司，成为世界领先自动变速器供应企业
2010	收购瑞典沃尔沃，打造世界豪车品牌
2010	法国弗吉亚集团、浙江利民公司、吉利集团签署全球战略合作协议
2013	收购英国锰铜控股的业务与核心资产

3. 动机分析

(1)收购澳大利亚 DSI 的战略动机

2009 年 6 月 15 日，吉利控股集团与澳大利亚汽车自动变速器公司 DSI (Drivetrain Systems International)在墨尔本完成交接仪式，标志着吉利集团正式成为这家全球第二大汽车自动变速器制造商的新东家。DSI 公司是全球知名的汽车自动变速器制造厂商，具有 80 多年专业制造历史，在自动变速器领域内具有世界领先地位。吉利收购 DSI 公司的动机主要在于获取核心零部件技术。通过收购，吉利获取自动变速器的核心技术，可以避免吉利在研发过程中走弯路。技术的直接获取可以使得吉利在很短的时间内跻身国际汽车巨头零部件供应商之列，使其直接跨入中高端产品市场。

(2)收购沃尔沃的战略动机

2010 年 8 月，吉利对外宣布，已经完成对福特汽车公司旗下沃尔沃轿车公司(VOLOV)的全部股权收购及相关资产。这次收购从 2008 年 4 月吉利向福特提交收购沃尔沃建议书开始，2009 年 7 月吉利提交第二轮标书，同年 10 月，福特宣布吉利成为沃尔沃首选竞购方，直到 2010 年 3 月最终尘埃落定。沃尔沃是世界知名豪车品牌，是瑞典著名汽车公司，被公认为目前世界上最安全的汽车。沃尔沃汽车原是北欧最大的汽车企业，也曾经是瑞典最大的工业企业集团。吉利收购沃尔沃的战略动机主要体现在市场扩张、获取技术、获取品牌、提升国际形象四个方面。

1)市场扩张。数据显示，中国已经成为全球最大的汽车消费市场。吉利可以借助沃尔沃在国内高端市场上获得更多的市场机会，获取市场份额。借助沃尔沃在国际上的知名度以及吉利在国内低成本的优势，较快进军国外高端车市场。另一方面，吉利可以借助沃尔沃，同时向国外市场推出其中低端经济型轿车。

2)获取技术。吉利收购沃尔沃解决了其在利用多品牌战略推进中高端产品的发展中急需先进技术来支撑其品牌发展的问题。吉利战略转型后提出要生产最安全的汽车，而沃尔沃是汽车行业安全性能最好的汽车。因此，可以借用沃尔沃在汽车安全方面的技术，实现其战略目标。当然，在其他技术方面，沃尔沃的技术并不完全适应吉利的车型发展，但吉利可以在不断的发展过程中借鉴这种经验，利用沃尔沃的研发队伍，形成自己的自主创新品牌。同时，沃尔沃作为福特曾经旗下的汽车品牌，在这几年的发展过程中也能够学习到福特公司先进的管理经验，加上自身在运营过程中的积累，可以给吉利在发展过程中提供帮助。

3)获取品牌。吉利从进入市场就一直以低端的形象出现在消费者面前，而沃尔沃则是高端汽车品牌的代表。这次收购，正是吉利突破其品牌发展瓶颈的机会。从细分市场来看，吉利的产品可以划分为吉利、华普、帝豪、全球鹰、上海英伦、沃尔沃，其中沃尔沃主打中高端，吉利代表中低端。通过收购，吉利丰富了其品牌线，能够更适应整个市场的需求。

4)提升国际形象。吉利收购沃尔沃很大程度上是出于提升其国际形象的目的。从吉利一开始决定收购沃尔沃，即在国内外媒体进行大量的宣传，使得国内大众对于吉利有了较高的预期，直接提升了吉利的国内形象。沃尔沃安全、时尚、豪华的形象，完全符合吉利战略转型后对自身的定位，因此这个收购可以很好地体现吉利“造最安全、最环保、最节能的好车”的战略定位。

(3)收购英国锰铜的战略动机

2006年10月25日，吉利与英国锰铜控股公司(MBH)签订协议，吉利汽车以旗下一间公司48%的权益换英国锰铜公司23%的股份。2013年2月，浙江吉利控股集团称，已按零现金/零债务模式以1104万英镑收购英国锰铜控股的业务与核心资产。至此，英国锰铜脱离了破产托管程序。作为伦敦标志性黑色出租车生产企业的英国锰铜，彻底归中国整车企业所有。英国锰铜成立于1899年，主业为出租汽车的生产和销售。其生产的出租车宽敞舒适，且设置了方便坐轮椅的残疾人使用的特殊功能，被当地人称为“Black Taxi”。锰铜控股于2012年10月22日交给指定的破产管理人普华永道会计师事务所，后者取代董事会的董事功能，全权处置遗留问题及资产出售或融资问题。吉利对英国锰铜的收购动机主要体现在以下几个方面：

1)拓展产品种类。英国锰铜公司致力于黑色出租车的生产，其先进性得到了西方许多城市的认可。其TX4型汽车于1948年投产，具有较高的安全性与技术领先性，是经过近70年实际运营考验的最具代表性、最受乘客欢迎、具有最高品质的经典出租车。吉利收购锰铜公司后，利用锰铜公司的先进技术，在

国内建立生产基地，将生产的黑色出租车再销往欧洲国家。同时，吉利还将利用锰铜公司在欧洲各大城市的销售网点和售后服务体系，拓宽吉利本身其他车型在欧洲各国的市场，这条通往欧洲的捷径减少了吉利自建销售机构或者建立海外生产基地的风险。

2)塑造企业品牌形象。吉利收购英国锰铜还有另外一个目的，即增强其海外形象。锰铜黑色出租车自 1948 年生产以来，在欧洲市场上建立起了良好的品牌形象。通过收购锰铜，吉利可以利用该公司形成的品牌形象，在欧洲市场推广经济车型，并打造自身品牌。同时，作为中国企业，收购来自英国仍处于赢利状态的锰铜公司，能够在国内外形成较大的舆论效益。

3)扩大融资渠道。吉利与锰铜合作的模式，在资本市场很容易被看好，从而吸引大量资金。通过与香港主板上市公司国润控股建立合营企业的方式，李书福在投入 10 亿资产的同时赢得上市公司注入逾 5.2 亿元现金。更重要的是，吉利还保有两大合营公司的绝对控股权和实际控制权，进退自如。严格说来，吉利只是拿出一部分业务与上市公司成立合营公司。而上市公司从资本市场不断融资注入合营公司，吉利汽车产业海外融资渠道实际上已经打通。至此，吉利方面并未染指上市公司股份，而国润旧股东所得也远超过卖壳所能得到的数目。这种双赢的大好模式在资本市场并不多见。2006 年 4 月 10 日，吉利控股完成新一批可换股债券的发行，成功集资 7.26 亿港元(扣除发行费用)。本轮发债募集说明，吉利对英国锰铜的海外投资已经可以自如地用来融资，吉利汽车产业与海外资本市场之间已然畅通无阻。

4)扩大利润来源。由于锰铜公司具有较强的赢利能力，通过在中国建厂进行生产，以低成本、高效率的方式生产黑色出租车，并出口欧美市场。按照合约，吉利汽车、上海华普与锰铜集团在华共建合资企业——上海英伦帝华汽车，三方分别持股 51%、1%和 48%，吉利则因为这笔交易，拥有锰铜集团 23%的股份，并成为锰铜的第一大股东。上海英伦帝华汽车将在上海生产伦敦的士、一款豪华轿车及两款小型轿车，上海英伦帝华汽车的注册资本为 5430 万美元。通过双方的合资公司，能够给吉利带来又一个利润增长点，实现赢利。

4. 国际化模式

吉利对外直接投资选择的模式基本都是直接收购。分析可知，吉利选择收购的投资模式主要是基于以下考虑：

(1)投资时机的选择

吉利的三次海外收购，选择了不同的时机。

对于澳大利亚DSI公司收购案例而言，当时的DSI公司产量锐减，并在2009年2月宣布破产。当月，吉利高层便率相关部门开始了收购DSI的紧张谈判，并于3月27日，吉利在港的上市公司吉利汽车控股，以闪电般的速度在悉尼新南威尔士州签署了对DSI控股购买协议，6月15日完成正式交接手续。这次收购带给我们的启示是，在世界经济不景气和市场动荡的情况下，破产公司目标估值会大幅缩水，有利于降低收购成本，也有利于减少国际并购交易的政治阻力，会大大加速整个收购过程，从而实现公司的快速转型。

对于收购瑞典沃尔沃公司，当时沃尔沃正拖欠福特公司35亿美元。由于金融危机的影响，销量大幅下滑，产能放空，采购成本过高。这次收购与DSI公司存在着类似的局势，但不同之处在于，吉利公司经历了一年多的时间才完成对沃尔沃的收购，考虑得更为详尽，准备得也更加充分。

对于收购英国锰铜，吉利于2006年入股英国锰铜控股，获得锰铜控股19.97%的股份，并在中国建立了英伦帝华公司。2012年10月，英国锰铜因为所生产的TX4出租车因转向故障进行召回，无力承担巨额召回费用及多年亏损，进入破产保护程序。吉利因而成为锰铜控股的最大的单一债权人。资料显示，截至2012年12月31日，英伦帝华未经审核资产净值约为3.399亿元。2011年经审核资产净值为3.552亿元；2012年，英伦帝华未经审核亏损为1532万元，2011年经审核的亏损为2084万元。收购完成后，吉利的重心是将锰铜控股现有产品和新产品的生产、销售以及售后服务恢复到托管之前的水平。充分利用锰铜公司尚未衰退的渠道、市场优势，通过转移生产到国内降低成本，反向OEM，从而实现更大的赢利。

(2)控制方式的选择

吉利收购了DSI公司81%的股份，成为公司第一大股东，具有很高的控制权。而对于沃尔沃公司和英国锰铜，吉利采取了全资收购的形式，100%的控股权使得吉利对于沃尔沃和英国锰铜的控制更强。

收购DSI公司则偏向于获取技术，将吉利产业升级，得到自动变速器的专利，因此其控股权高达81%。而全资收购沃尔沃，目的并不在于获取沃尔沃的技术，至少在现阶段吉利还并不能完全消化沃尔沃的技术，而是通过此次收购将吉利的品牌打响，吸引国内外的注意力。全资收购英国锰铜，是因为其具有悠久的专业经验、比较强的品牌代工基础，以及锰铜公司曾经长年代工劳斯莱斯的车身及其他零部件，这些积淀无疑对吉利未来提升产品品质能够起到一定的推动作用。吉利集团全资收购锰铜后，可以在更大程度上吸收英国锰铜的技术。另一方面的获益则是推动吉利集团的全球化，借助英国锰铜的销售网络推

动吉利汽车帝豪品牌在英国市场乃至欧洲市场的销售。

(3)政府支持

在吉利的对外投资过程中，政府给予了很大的支持，从政策、法规、融资、外汇，到税收、人才、信息与舆论。政府在中国经济中处于主导地位，因此中国政府的支持对于吉利的海外收购而言意义重大。以吉利收购沃尔沃为例，在这次收购中，收购及发展沃尔沃所需资金全部由国内外银行和相应机构提供。从图6-1中可以看到此次收购的资金来源，其中政府给予了吉利很大的支持。

同时，在此次投资中，吉利获得的帮助，不仅仅来自于中央政府和所在的浙江省各级政府，还包括了希望吸引吉利在当地建厂的北京市、四川省等地的政府部门。

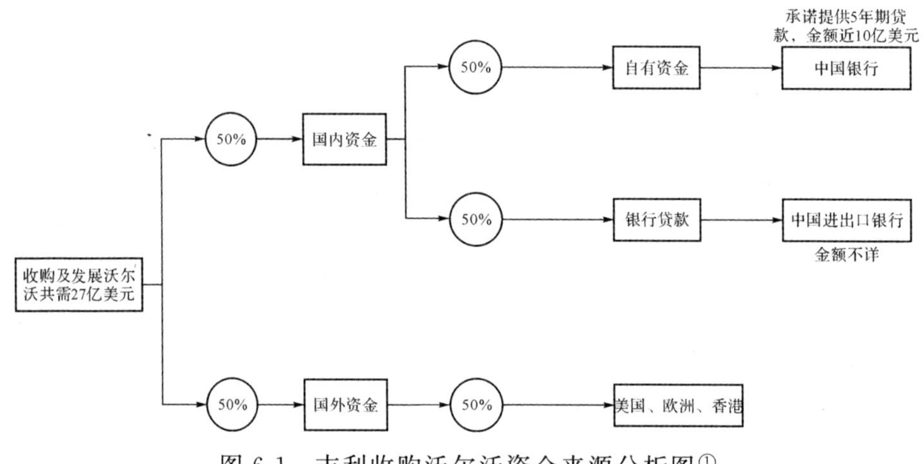

图6-1　吉利收购沃尔沃资金来源分析图①

二、海康威视案例

1.企业简介

成立于2001年11月的海康威视是领先的安防产品及行业解决方案提供商，致力于不断提升视频处理技术和视频分析技术，面向全球提供领先的安防产品、专业的行业解决方案与优质的服务，为客户持续创造更大价值。公司连年入选“中国安防十大品牌”、中国安防百强(位列榜首)；连续三年(2005—2007)入选德勤“中国高科技、高成长50强”、连续三年(2006—2008)入选福布

① 图表来源：中国外汇，2010年6月。

斯“中国潜力企业”；连续三年（2007—2009）以中国安防第一位的身份入选《安全 & 自动化》“全球安防 50 强”；2010 年名列 IMS 全球视频监控企业第 5 位，DVR 企业第 1 位；连年入选“国家重点软件企业”、“中国软件收入前百家企业”等。

据全球权威安防杂志《安全 & 自动化》评定，2009 年海康威视排名全球安防企业第 12 位，是中国唯一进入全球安防行业前 20 强的企业，在视频监控专业领域排名全球第 6 位。据世界著名电子行业研究机构 IMS Research 发布的《2012 全球视频监控设备市场研究报告》显示，在整个 CCTV 和视频监控领域，海康威视市场占有率升至第一名，DVR 产品继续保持全球市场占有率第一位的位置，摄像机产品（包括模拟摄像机和网络摄像机）上升至第四名。

2. 国际化概况

2003 年，海康威视开始通过以类似于现在的一些外贸公司那样在网上发电子邮件进行营销；2004 年开始招募海外营销人员，在阿里巴巴和 global source 上登广告；2005 年开始逐渐招人以在国外开展会等形式进行海外市场的拓展。2005 年年底发展到十几个人左右的海外营销团队。2006 年开始准备国际化。2007 年，海外的代理机构的营业金额已经达到 3500 万美元，在美国达到 500 万美元。

海康威视国际化的第一步是在美国。从市场角度来看，美国是世界上最大的安防市场，其监控产品的容量占到了全球的 30%～40%。但是美国也是竞争最大的市场，具有很大的挑战性。一开始，海康威视准备在达拉斯建立分公司，认为那里是美国的电子制造中心，然而后来海康威视发现其客户全部在东西两个海岸线附近。基于美国的经验教训，在接下来的海外机构部署中，海康威视基本上先通过大量的海外销售人员，通过“不落地”的销售，以跑来带动市场。当在一个国家或者地区的业务量达到一定量时，考虑在此设立一个公司以求更近距离地服务于当地的客户和合作伙伴，提供更好的售前、售后服务支持，加强与当地分销商和合作伙伴之间的沟通与联络。例如，印度合资公司的建立准备了半年至一年左右的时间，2008 年 3 月去印度进行考察，开始准备在印度开设一家公司。最后确定与 Prama Technologies 成立合资公司，此时这家公司已经为其代理产品 3～4 年左右的时间。

目前，海康威视在海外机构的部署采用了扁平化的网络，一个国家可能有多个公司，并不采用区域中心的模式。分公司不以一个国家为定位，一般以某个地区或者城市来讲企业，做的是平行网络。对于扁平化网络的概念，主要可

以从以下三点来了解：第一，以业务量为依据，打破国家边界，实现跨国汇聚，减少汇聚节点，减少汇聚层次；第二，在核心节点、汇接节点和边缘节点重叠的节点，内部简化为一个层次；第三，根据业务量，任何边缘节点可以直接连接核心节点，汇聚节点跨国直联。

海康威视对于海外公司的定位也正逐渐发生变化（如图 6-2 所示）。以往主要为窗口公司，拿工作签证之后希望可以在当地多跑跑客户，现在逐步转型为当地有库存和物流（第一阶段）；销售之后又有维修、服务和技术支持；再往前推进，在某些国家和大型市场会有短线装配，将散件运到当地，根据当地的习惯进行装配。因为其产品的核心是软件，因此在当地只要负责装配和测试，加快供货和反应速度。这类产品的核心竞争力是速度和定制化。

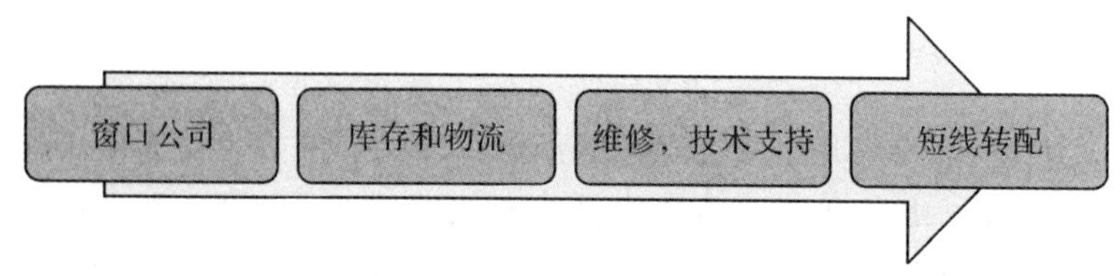

图 6-2　海康威视海外公司的作用

公司的营销及服务网络已覆盖全球，在中国大陆的 28 个城市已设立分公司。在企业发展初始，海康威视就制定了全面的发展战略，其中包括全球发展战略。目前，海康威视在海外设立了 14 个全球分支机构，包括 12 个独资公司和 2 个合资公司，如表 6-2 所示。

表 6-2　海康威视海外机构设立情况①

企业名称	设立时间	注册地	主营业务	股东结构
威视美国公司	2007 年 4 月 24 日	美国达拉斯市	出口业务，销售总公司生产的多媒体视频监控设备，并提供返修等技术服务。	海康威视持有 100% 股权
HDT 国际公司	2008 年 4 月 15 日	中国香港	出口业务，销售总公司生产的多媒体视频监控设备，并提供返修等技术服务。	海康威视持有 100% 股权
威视印度公司	2009 年 2 月 3 日	印度孟买	海康威视公司安防产品印度区域销售业务	海康威视持有 58% 股权，ASHISH DHAKAN 持有 42%

① 海康威视 2010 年、2011 年、2012 年及 2013 年年报。

续表

企业名称	设立时间	注册地	主营业务	股东结构
威视欧洲公司	2009年8月26日	荷兰阿姆斯特丹	海康威视公司安防产品欧洲区域销售业务	海康威视持有100%股权
威视俄罗斯公司	2009年12月1日	俄罗斯圣彼得堡	数字安防产品的销售、服务、维修及进出口业务	海康威视持有74.8%股权
威视迪拜公司	2010年3月	阿联酋迪拜		海康威视持有100%股权
威视南非公司	2012年2月	南非		海康威视持有100%股权
威视巴西公司	2012年2月	巴西		海康威视持有100%股权
威视意大利公司	2012年3月	意大利米兰		威视欧洲公司持有100%股权
威视新加坡公司	2012年3月	新加坡	执行年初中标并签约的新加坡海关FS6000DE系统集成项目以及威视在新加坡快检设备的售后维护	海康威视持有100%股权
威视香港公司	2013年6月		数字安防产品的销售、服务、维修及进出口业务	海康威视持有100%股权
威视澳大利亚公司	2013年9月			海康威视持有100%股权
威视法国公司	2013年11月			威视欧洲公司持有100%股权
威视西班牙公司	2013年11月			威视欧洲公司持有100%股权

3.动机分析

从海康威视的发展历程来看，其国际化的动机简单来说即为了搭建全球营销网络。海康威视通过与东道国企业的竞争，在保持原有国内市场份额的同时扩大了其在海外的市场份额。同时，通过带动相关产品的出口，扩大了国内和国外两个市场的市场份额。那么海康威视为何会形成这样的国际化动机呢？本节分别从外部因素和内部因素进行分析。

(1)外部因素

市场因素：海康威视是国内安防视频监控设备生产的龙头企业，主要产品

在国内市场占有率排名第一，也是全球最大的DVR及板卡生产厂家之一。2007年，公司安防视频监控产品国内市场占有率已达到8.17%，位居全行业第一，其中DVR和板卡合计占据了国内40.30%的市场份额。在如此高的市场占有率的基础上，要更进一步提升将需更大的努力。而同时，国内安防市场量的增长速度已经缓慢下来了，但是整个安防行业的发展势头十分强劲，国内市场已经无法满足，而全球金融危机后，海外市场的形势渐趋明朗。

业内竞争：由于视频监控产品生产不受资质限制，企业只需通过相关产品的认证或检测即可销售产品，市场准入不存在垄断，因此，海康威视所处的行业为完全竞争状态，市场竞争激烈。同时，国内巨大的市场容量也吸引了全球各大知名安防企业的进入。国际安防厂商纷纷通过并购、合资及独资等方式进入中国安防市场。如罗格朗并购TCL智能楼宇和深圳视得安，Axis在中国设立独资子公司，松下、三星在中国设厂，GE安防、霍尼韦尔、西门子、博世等将亚太安防业务总部移到中国，国内安防视频监控行业的竞争将日趋激烈。

(2)内部因素

国内巨大的市场容量吸引了全球各大安防业知名厂商的进入，这些公司凭借规模、资金、技术优势以及在各类行业应用的长期经验，在国内安防市场中的大型行业应用上占有较强的领先优势。海康威视想继续保持在国内领先的地位和较高的市场占有率就必须走出去，在实践中学习国外先进的技术和管理水平，这些将为企业自身提高技术实力、拓宽市场渠道、打造企业品牌赢得条件。

4.国际化模式

在海康威视发展初期，海外销售业务主要通过代理出口，但随着外销规模的不断扩大，从2006年8月开始，公司为扩大海外市场影响力开始采取自营出口的销售模式，通过国际营销中心与海外客户达成买卖意向后，由公司直接报关出口。海康威视在国际化的道路上，虽然面临各种挑战，但仍然坚持自主品牌战略，在巩固“海康威视”在国内安防视频监控产品市场领先品牌位置的基础上，加大海内外营销宣传力度，凭借后端产品的品牌优势带动前端产品的发展，通过各种方式扩大“海康威视”在全系列安防视频监控产品领域的知名度和美誉度，全面提升专业形象，努力改变中国安防产品在国际安防市场上品牌附加值低的现状，实现“HIKVISON”成为全球安防市场知名品牌的目标。

由于在新兴市场和成熟市场的不同，海康威视在不同的国家，根据其不同的商业环境和前期基础，选择了不同的进入模式。

(1)新兴市场的进入

2008年年末，为了进一步培育印度的安防市场，同时也能够让客户在购买海康威视产品时在当地即可以获得及时的技术支持，海康威视与Prama Technologies公司的总裁Ashish P. Dhakan签订了一项合资企业的备忘录(memorandum of understanding)，双方将成立一家合资公司，以进一步加大在目前蓬勃发展的印度安全市场上的推广力度。根据这份备忘录，海康威视和Dhakan签署了合资协议，合资公司在办理完法律手续之后，于2009年年初正式成立。

2009年12月1日，海康威视在俄罗斯圣彼得堡建立了ZAO Hikvision(威视俄罗斯公司)合资公司，占74.8%的股份，为当地市场提供更加本土化和更具针对性的产品和方案，并为更多的顾客和合作伙伴提供更为完整的产品线和完善的售前、售中和售后服务，以及更加便捷、及时和高效的交货、维修、技术支持等服务。

海康威视在印度和俄罗斯采用合资的方式建立分公司主要考虑的是当地的政策环境和人文环境。对于印度而言，印度市场存在一定的壁垒(主要体现在政府行政习惯、公共关系、当地文化等)，国外公司难以快速进入，海康威视在印度的市场拓展需要借助当地的力量来开展工作。通过当地的战略伙伴，成立合资公司，便于海康快速进入印度市场。此外，印度人了解当地的文化，从而使销售渠道更容易铺设。而俄罗斯没有独立的安防行业，俄罗斯称该领域为安全行业，包括技术安全和安全服务两大部分。海康威视在俄罗斯选择建立合资公司而不是独资形式，也是由于当地的法律体系不健全，商业环境和中国及其他发达国家相差非常大，需要当地人员进行协调沟通，建立新的业务模式。而且俄罗斯幅员辽阔，各地市场存在差异，国民使用俄语，日常交流不甚方便。

在接下来的海外规划中，海康威视将继续在金砖四国进行铺点，针对国家政策不透明、商业规则和法律体制不完善的国家，将继续采用合资占主导的方式进行海外市场拓展。例如，由于巴西本土保护性很强，只采购国产货，海康威视考虑在当地设立装配厂。

(2)成熟市场的进入

阿姆斯特丹作为荷兰首都及荷兰最大的城市，在17世纪就构建了世界贸易网络的基础。为了吸引中国企业，阿姆斯特丹外商投资办公室积极了解中国投资者的需求，提供针对性的帮助。从选择办公室和住宅，到为雇员申请居留证、工作签证，再到争取税收优惠和介绍当地合作伙伴等，还计划在上海设立商贸联络处，主要服务对象就是有意前来投资的中国企业。另外，荷兰人具有多

语言能力，98%的荷兰人会说英语，进行贸易往来操作方便。而英国的岛国因素明显，目前尚未使用欧元，签证手续也很麻烦，且与其他欧盟国家签证不通用。在比利时，普遍使用法语，语言问题成为不利因素，物流、税收方面也相对地存在这样那样的种种不便。在综合考虑之下，海康威视优先选择在荷兰开展国际化路线。

海康威视中东分公司——Hikvision FZE在迪拜成立，以集中东经济中心、金融中心和物流中心为一体的迪拜为基地，为阿拉伯、中东以及非洲等地区的客户提供持续的产品/技术培训和技术支持服务，让更多的客户及时了解海康威视最新的产品和解决方案。[①] 近年来，整个中东在改变市场环境、注重经济多元化发展的同时，局势依旧较为动荡，国家的安全防范问题也被摆在十分重要的位置，对安防产品的需求呈直线上升趋势。目前阿联酋的安防市场价值估计在7.5亿美元。在未来的5年中安全及相关的项目资金投入增长率将达到每年25%左右。政府也大力关注并投资安防产业，国防部等国家安全防护部门每年都采购大量的新科技产品以增强防御能力。

海康威视之所以在美国和欧洲等地建立独资形式的分公司，主要是因为这些国家的法律政策和商业环境相对透明。在一种完全不同于我们所熟悉的法律和人文环境中拓展市场，必须学会如何在公开透明的商业环境中运营。各国法律在细则上会有许多不相同之处，国内企业在海外开拓市场时如果不了解当地法律，很有可能会在竞标、贸易、施工等境外活动中陷入法律误区。[②] 相对于印度和俄罗斯的法律政策环境来说，美国和欧洲等地的透明度会更高，更加适合建立独资公司。在迪拜开设全资公司，是因为设在开发区内，否则在阿联酋的其他地方开设公司也需要当地有一位大股东进行签字和负责。

三、富丽达集团案例

1.企业简介

富丽达集团控股有限公司经营有粘胶纤维、纺织、印染、热电、进出口贸易、房地产开发等多个产业领域，下辖有浙江富丽达股份有限公司、富丽达纺织有限公司、浙江达丰纺织有限公司、浙江米罗利奥富丽达纺织有限公司、浙江富丽达防治技术研发有限公司、富丽达集团杭州进出口有限公司、杭州富丽达服饰

① http://security.zol.com.cn/182/1826895.html

② http://af.shejis.com/zxzx/jssc/201008/article_26117.html

有限公司等控股子公司、参股子公司 20 多家。年生产木浆粕 20 万吨、粘胶纤维 50 万吨、中高档服装面料 6000 余万米，印染能力 12000 余万米，发电量 4.5 亿千瓦时，生产蒸汽 220 万吨；是省、市、区重点骨干企业，多年跻身中国民企 500 强，中国最具竞争力 500 强；是国家唯一的“化纤仿毛产品开发基地”。①

2003 年是公司一个极为重要的发展阶段，那年富丽达集团收购了浙江省余姚市一家生产粘胶纤维的国有企业，宣布进入粘胶纤维行业。该工厂的粘胶纤维设计产能达 12 万吨，使得公司一开始进入粘胶纤维行业就有很高的起点。在此基础上，集团的核心产业机构——浙江富丽达股份有限公司成立，该公司为专业生产差别化粘胶纤维的化纤原料生产企业。2003 年，富丽达集团与香港(大丰集团)狮丰纺织业有限公司合作成立浙江达丰纺织有限公司，专门从事高档牛仔布的生产。由于进出口业务不断扩大，2003 年富丽达集团成立杭州进出口有限公司。进出口公司已和国内众多知名厂家建立起良好的合作关系，将集团和合作厂家的产品远销美国、英国、法国、乌克兰、土耳其、加拿大、希腊、摩洛哥、西班牙、印度、泰国、韩国等 30 多个国家和台湾、香港地区。经过 20 多年的发展，富丽达已经完成了原材料、纺织、印染、服饰整个纺织产业链的布局，并拥有支撑整个集团技术发展和业务拓展的研发公司和进出口公司。②

2. 国际化概况

在国际化进程方面，富丽达集团“引进来”和“走出去”两个战略布局都走在了纺织企业的前列。在“引进来”方面，集团先后与意大利米罗利奥集团以及香港(大丰集团)狮丰纺织业有限公司合作建立了合资企业；在“走出去”方面，集团成立了 20 多个海外销售网点，在俄罗斯建立木浆工厂，并收购了加拿大纽西尔公司，完成了核心业务——粘胶纤维的全球资源布局。此次收购被《浙商》杂志评为“2011 中国民企海外并购十大案例”第二位。

富丽达集团极具全球视野和战略眼光，积极开展国际合作，引进国外先进的技术和工艺设备，提升集团的综合实力。2003 年富丽达集团与香港(大丰集团)狮丰纺织业有限公司合作成立浙江达丰纺织有限公司，从事高档牛仔布的生产；2006 年与意大利米罗利奥集团合作建立了浙江米罗利奥富丽达纺织有限公司，引进意大利先进的技术和工艺设备，完成了集团印染业务的战略布局。

---

① 数据来源：富丽达集团网站资料：http://www.hzfulida.com/zjfld/gsjj.asp.2014.8.15.

② 数据来源：富丽达集团网站资料：http://www.hzfulida.com/jtcy/xw/index.asp?siteid=6.2014.8.15.

集团下辖的富丽达纺织有限公司和浙江达丰纺织有限公司都是出口导向的纺织企业，生产的牛仔布和化纤面料远销美国、英国、法国、乌克兰、土耳其、加拿大、希腊、摩洛哥、西班牙、印度、泰国、韩国等30多个国家和台湾、香港地区。为了更好地熟悉海外市场，规避贸易壁垒，集团先后在海外建立了20多个销售网点，以促进化纤产品及牛仔布在海外的销售。

2007年开始，富丽达集团在其核心业务——粘胶纤维业务方面大刀阔斧地进行全球布局，于2007年在俄罗斯投资1亿元人民币建立了木浆制造厂，为国内粘胶纤维的生产提供原材料；2009年收购了长期的战略合作伙伴加拿大纽西尔公司20%的股份，于2010年完成对其的整体收购。至此，富丽达集团逐步实现了年产80万吨粘胶纤维的战略布局。

2011年2月1日，富丽达集团控股有限公司斥资2.53亿美元成功收购了加拿大纽西尔(NEUCEL)特种纤维素有限公司的全部股份。加拿大纽西尔特种纤维有限公司是生产特种溶解浆的专业厂商，是全球40家生产此类特种溶解浆的企业之一。富丽达集团通过收购，有效延伸了产业链，降低了生产成本，实现资源整合的目的。

3.动机分析

(1)对外直接投资动机

富丽达在对外直接投资方面最主要的动机有两个：第一，开拓海外市场，贴近客户，规避贸易壁垒。这方面的举措主要是为其进出口业务服务，体现在富丽达在海外20多个国家和地区进行了全球销售网点的布局；第二，获取粘胶纤维的原材料——木浆的供应，体现在富丽达先后大规模的海外投资或建立或并购集团的木浆生产基地。同时，通过收购发达国家的原材料生产厂家，还能获取其专利技术，进一步扩大原材料来源，这也是驱动其全资并购的因素之一。当然，在这期间，国家积极鼓励有实力的民营企业“走出去”，在出口业务、信贷资金及海外政策方面给予有力支持也是驱动富丽达进行海外投资的主要因素。

(2)动机形成的外部因素

富丽达集团海外直接投资的原因是多方面的，从外部因素来看，粘胶纤维的产业特点和行业发展趋势、全球的资源分布以及国家的政策支持驱动了其海外投资。

1)产业特点——上游产业链占据了主要的利润空间

整个纺织的产业链如图6-3所示，源头是棉花和木材，通过加工成棉浆或者是木浆，进一步加工成粘胶纤维，纺织成纱，经过印染就成为服装面料了或者是工业用布了。整个产业链较简单，产业链下游竞争激烈，进入门槛低。与此相比，粘胶纤维行业，由于生产设备昂贵，启动资本高(1 万吨的产能需要至少 1 个亿的投资)，竞争环境相对较好，在位厂商有着较好的定价权和利润空间。虽然粘胶纤维技术很成熟，技术壁垒低，但是该行业需要巨额的启动资金和充足的材料供应，因此谁占据了原材料资源，谁就占据了战略的制高点。

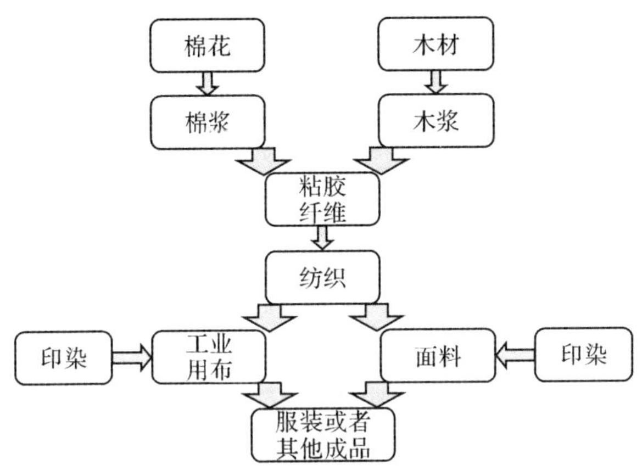

图 6-3　粘胶纤维产业链

2)粘胶纤维的市场需求强劲

从 2002 年开始，粘胶短纤在机织面料及非织造布领域的应用增加，粘胶纤维的需求出现了强烈的反弹。1999—2007 年间，我国粘胶纤维复合增长率为 14%，远高于世界水平。2008 年，受全球金融危机影响，我国粘胶纤维产量下降了 15%；但 2009 年以来，粘胶行业快速复苏，2009 年 1—8 月产量已恢复到 2008 年同期水平，全年实现粘胶产量 151.22 万吨，同比增长 14.33%(见图 6-4)。

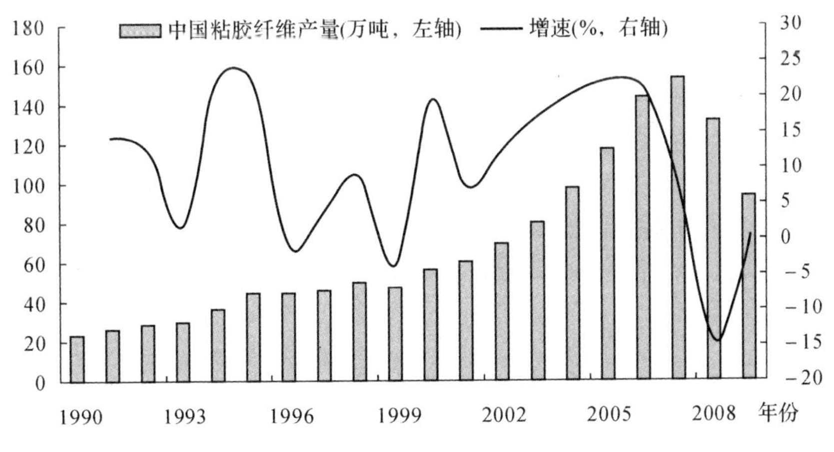

图 6-4　中国粘胶纤维产量变化

3)国内粘胶纤维原材料紧缺

棉浆粕是生产粘胶短纤的传统原料，生产1吨粘胶纤维约需消耗1.04吨棉浆或者木浆。2010年我国粘胶纤维产能为180万吨，如果产能完全利用，对棉浆、木浆的需求约为156万～187万吨。由于我国木浆粕尚未大规模、产业化生产，而国外木浆粕供应较为充足，行业内企业大多采取进口木浆粕的方式来满足生产经营需要。

我国溶解级化学木浆进口来源地主要是巴西、美国、瑞典、加拿大、南非等国家，其中巴西占比最大，达到35%；美国其次，占15%；然后是瑞典、加拿大、南非，分别占到14%、12%、9%；从美国进口的主要为醋酯纤维，用于粘胶纤维的木浆主要来源地为巴西、瑞典、加拿大、南非等国。

根据海关总署的统计，2005年我国木浆粕进口量为29.37万吨，2009年进口数量达到85.12万吨，2005—2009年间年均复合增长率达30.48%(见图6-5)。①

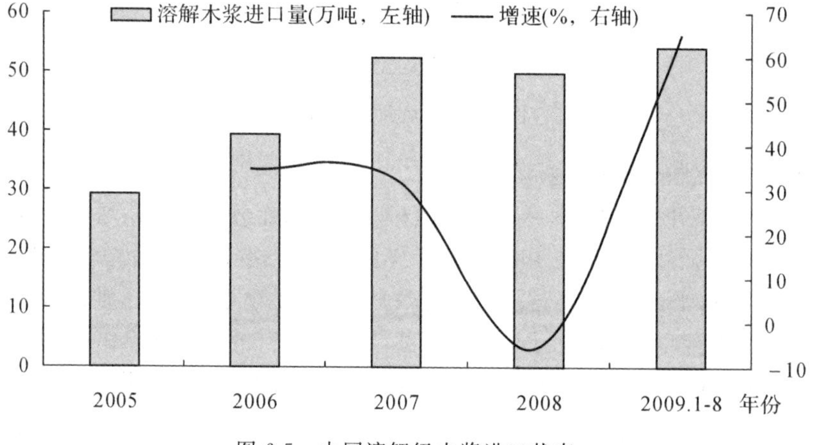

图6-5　中国溶解级木浆进口状态

4)国家政策的鼓励与驱动

富丽达作为国内粘胶纤维龙头企业，其在全球布局原材料资源的供应，以不断发展壮大，对中国粘胶纤维产业的发展意义重大。2010年4月，国家工信部出台了《粘胶纤维行业准入条件》文件。《准入条件》规定，对于新增的项目，必须保证粘胶短纤维为年产8万吨及以上，产品差别化率高于30%才能予以批

① 数据来源：中国国家海关进出口数据. http://www.customs.gov.cn/default.aspx?tabid=400.

准，并要求采用自动化程度高、运行稳定性好、生产成本低、劳动强度小，且生产过程安全、环保、清洁的先进工艺技术和装备。这样的准入条件大大提高了粘胶纤维行业准入门槛，将一大批高耗能、技术装备低下的中小进入者拒之门外，有利于富丽达这样的行业龙头进行产业整合。

国家《纺织工业调整和振兴规划》指出，纺织企业要在不违反WTO规则的前提下，实施灵活的出口税收政策，积极应对贸易摩擦，稳定纺织品国际市场份额；实施出口市场多元化战略，积极开拓新兴市场，培育新的增长点；鼓励有实力的纺织企业"走出去"，在具有相对优势的国家和地区投资设厂。同时，国家对符合条件的非公有制企业从事国家鼓励的境外投资、资源开发和工程承包业务，给予信贷支持。此外，商务部、外交部制订的《对外投资国别产业导向目录》也鼓励在加拿大投资纺织业，并对经核准持有对外投资批准证书的企业在资金、外汇、税收、海关、出入境等方面提供优惠政策。

(2)动机形成的外部因素

从内部因素来看，集团自身的资源和能力的积累以及集团的战略目标是驱动其海外直接投资的主要因素。

1)企业自身的发展战略——实施国际化发展战略，建设国际性集团

"在粘胶纤维行业中，只有不断扩大产能，才能不断超越竞争对手，最终成为全球的行业领军者"，这是富丽达高层管理者描述的富丽达长期的战略规划。2007年，富丽达集团控股子公司在新疆投资设立新疆富丽达纤维有限公司，成为集团公司跨区域发展的重要实践。随着富丽达集团对进口木浆需求量的持续增加，集团公司控股子公司于2009年参股加拿大NEUCEL公司，以期获得更为稳定的原材料来源。之后，富丽达出资2.535亿美元全面收购加拿大NEUCEL公司剩余的全部其他股份和相关债权，进一步控制原材料供应和价格风险，实现资源全球优化配置，推动集团公司走上国际化发展道路，步步为营，直指全球第一的产能目标。

2)获取原材料，占领战略制高点

无论是在俄罗斯投资建厂还是在加拿大海外并购，公司目前的对外投资都是为了获取长期、稳定的原材料供应。目前，富丽达集团控股的股份有限公司浆粕年需求量约为28万吨，公司规划未来五年实现粘胶纤维的年产量达80万吨。为了保障原材料的供应，除了新疆棉花种植基地提供20万吨之外，还需要从海外输入60万吨的原材料。因此，公司需要适时进入上游原料产业，巩固与主要供应商的长期战略合作伙伴关系，为原材料供应提供充足有力的保障。

3)获取专利技术，进一步扩大原材料来源

富丽达收购纽西尔公司，除了获取了稳定的原材料供应外，还获取了该公司一项专利技术——将造纸浆改造为溶解浆。拥有这项技术，公司可以通过技改，扩大木浆原料来源，收购其他制浆工厂，将其输出转化成溶解浆，以作为公司的另一个原料来源。以此为跳板，富丽达计划下一步整合加拿大的原材料行业龙头，收购加拿大另一家粘胶纤维公司的造纸浆厂，依据这个纸浆厂目前的产能，富丽达可以获取22万吨的原材料供应。

4.国际化模式

(1)对外直接投资

富丽达集团早期的海外投资主要是在国外建立自己的营销网络和贸易公司，促进公司的进出口贸易。正式对外大规模的投资始于2007年在俄罗斯投资建厂，整体投资1亿元人民币，依靠俄罗斯丰富的森林资源进行木浆的生产加工，提供粘胶纤维的原材料。该项目是由黑龙江省政府及杭州萧山金马集团主导的，富丽达作为参股方只是为了获取其原材料供应，并没有承担主导的投资者角色。

2007年粘胶纤维的需求比较平缓，木浆供应并不紧缺，在俄罗斯投资建厂是一种前瞻性的试验性投资。集团在投资前并没有在俄罗斯运营的经验，不熟悉俄国的投资环境，双方几次三番的协商结果与合同都一再推翻。在俄罗斯投资的经验使得富丽达在后期的海外投资中更关注东道国的政治和社会环境，并且相信在东道国积累的丰富的运营经验和知识是对外投资成功运营的重要基础。

随着棉浆在国内越来越短缺，市场价格波动起伏，而国内又不能生产产业化、大规模木浆，为了不影响公司的营业利润和发展规划，公司一直寻求海外长期稳定的原材料来源。加拿大纽西尔(NEUCEL)公司是生产特种溶解浆的专业厂商，主营产品为使用铁杉木进行加工处理所得的特种溶解浆粕，是加拿大3家和全球40家生产此类特种溶解浆的企业之一，年生产能力16万吨，经技术改造后产品年生产能力最高可达20万吨。此外，纽西尔公司还有一项专利技术，可以将造纸浆改造为溶解浆。2008年全球金融危机时，大宗原料价格大幅下降，木浆的价格也有降到历史最低位点——500美元/吨，在700美元/吨的生产成本压力下，纽西尔工厂的运营难以为继。富丽达公司此时果断地进入，以非常优惠的价格购买了其20%的股权，并签订了长期供货协议，双方规定纽西尔常年以最优惠的价格每年供应富丽达集团10万吨木浆。到2010年，木浆市场恢复到正常水平。木浆需求旺盛，价格也逐步走高，纽西尔的原有大股东计划在此时退出，准备将纽西尔公司整体出售，为了保证原材料的供应，富丽达集团将其整体买下。

(2)进入模式选择

在俄罗斯投资建厂的经验使富丽达在之后的国际合作中更为谨慎，更为主动。2010年，富丽达完成对加拿大纽西尔公司的整体收购。加拿大不仅是木浆的主要生产国，而且属于北美自由贸易圈。通过收购纽西尔公司，富丽达成功占据了加拿大原材料资源并进入北美贸易市场。在此基础上，富丽达计划下一步收购加拿大另一家纸浆厂，通过集团的技术将造纸浆改造为溶解浆，为集团每年新增22万吨的木浆供应。这样，富丽达完成了在北美的整个战略布局。

(3)区位选择

在俄罗斯建厂不顺利的经验使得富丽达在之后做大规模的投资前先进行前期接触，在全面、深入了解东道国的社会状况和投资环境后再进行投资。

因此，富丽达并购加拿大的纽西尔公司，显得水到渠成。第一，并购前双方有着长期的接触和合作，建立了良好的关系和信任；第二，加拿大投资环境好，社会环境和政治环境都很稳定，有利于收购后加拿大子公司长期稳定运营；第三，加拿大员工教育背景较好，素质高，学习能力强，能够支撑企业长期的发展；第四，当地政府规定对于木材的砍伐必须按照桉树的生长期进行，并且定期种植保护，严格限制对木材的过度砍伐，从长期保证了原材料的稳定供应。

与巴西、南非等发展中国家相比，加拿大的人工成本高，且对于环境保护要求非常严格。公司暂时没有选择在巴西等发展中国家投资建厂的原因是“在巴西、南非这些国家没有过前期的接触，不熟悉这些国家的社会环境，并且相对而言，社会环境和政治环境不是很稳定，所以暂时没有考虑去巴西或者是南非这些国家投资”。

总之，富丽达集团在选择海外投资地点时，前期的合作经验和知识是影响其后期决策的重要因素，除此之外，东道国的政治环境、社会环境以及当地员工的素质都是决定其地点选择的重要考虑因素。

四、讨论与总结

通过以上案例分析我们可以发现，吉利、海康威视、富丽达的国际化过程都是典型的浙商大企业对外投资行为。吉利对外直接投资选择的模式基本都是

直接收购。从吉利收购英国锰铜公司、澳大利亚DSI公司以及瑞典沃尔沃这三大吉利海外并购的案例来看，吉利收购DSI公司的动机主要在于获取核心零部件技术；吉利收购沃尔沃的战略动机主要体现在市场扩张、获取技术、获取品牌、提升国际形象四个方面；吉利收购英国锰铜的动机主要体现在拓展产品种类、塑造企业品牌形象、扩大融资渠道、扩大利润来源四个方面。海康威视作为高技术产业的典范，其进行绿地投资的国际化动机是为了搭建全球营销网络。针对国家政策不透明、商业规则和法律体制不完善的国家，海康威视采用合资占主导的方式进行海外市场拓展；而在那些政策透明度相对较高、商业规则和法律体制较完善的国家，则采用建立独资公司的对外直接投资模式。富丽达在对外直接投资方面最主要的动机有：开拓海外市场、贴近客户、规避贸易壁垒，这方面的举措主要是为其进出口业务服务，体现在富丽达在海外20多个国家和地区进行了全球的销售网点的布局；获取粘胶纤维的原材料——木浆的供应，体现在富丽达先后大规模的海外投资或建立或并购集团的木浆生产基地；与此同时，通过收购发达国家的原材料生产厂家，还能获取其专利技术，进一步扩大原材料来源，这也是驱动其全资并购的因素之一。

所以，浙商大企业对外直接投资主要从市场寻求、资源寻求型和战略资产寻求这三种动机出发。采用的对外直接投资模式一方面是绿地投资中的建立海外销售渠道投资模式，以此构建自己的海外销售渠道和网络，可以直接将产品销往海外市场，减少中间环节，从而提高企业的赢利水平；另一方面则是海外并购。浙江省的海外并购投资主体以浙商大企业为主，以传统制造业作为并购项目的主要领域，大大提升了浙江省制造业的技术水平、品牌知名度及市场竞争力。通过海外并购，实现了上端研发设计、供应环节和下端营销、品牌环节的垂直扩张。快速获得被收购方的技术装备、研发团队、本土品牌和销售渠道，成为浙江本土企业迅速进入目标市场、推广自主品牌的有效途径。

（本章执笔：吴晓波、杜健、雷李楠）

本章参考文献

[1]周春霞.浙江省对外直接投资的经济效应研究[D].宁波：宁波大学，2011.
[2]崔君.基于全球价值链的北京企业对外投资模式研究[D].北京：北京工业大学，2013.
[3]丁蔚琳.中国企业海外投资模式的比较分析[D].武汉：华中科技大学，2010.
[4]卢进强，闫实强.中国企业海外投资模式比较分析[J].国际经济合作.2005(3):24—29.
[5]邓骞.走出去：吉利的世界汽车之梦[J].科技智囊，2006(5):33—36.
[6]李申.吉利演绎国际化战略“三级跳”[J].时代汽车，2005(7):52—53.

[7]杜悦英.牵手弗吉亚:吉利提速零部件全球化战略[N].中国经济时报,2010-12-09(1).
[8]李彤.吉利借壳英国锰铜[J].商界,2007(4):64—65.
[9]王剑.DSI如何点燃吉利[J].汽车观察,2009(9):57—59.
[10]韩一丹,陈金丹.中国自主汽车品牌的荣耀之路——记吉利汽车的跨国经营[J].杭州,2010(9):58—59.
[11]李云峰.吉利并购前传:三次华丽转身[J].中国外汇,2010(6):21—24.
[12]王跃生.从吉利并购沃尔沃说起[J].中国经济,2010(9).
[13]中国民(私)经济研究会.中国民企海外并购案例研究——吉利并购沃尔沃的多重蕴含[J].新经济导刊,2010(5):85—95.
[14]吴晓波,陈凌,李建华.2013全球浙商发展报告[M].杭州:浙江大学出版社,2013.
[15]坚持自主品牌战略,以服务提升国际影响力——访杭州海康威视数字技术股份有限公司国际营销总监杨沛文[J].中国安防,2011(11):19—21.
[16]高钰.中国制造业跨国企业母子公司双向知识转移机制研究[D].杭州:浙江大学,2013.
[17]中国纺织工业协会.《2009年中国粘胶纤维行业研究报告》[R].北京:中国纺织工业联合会,2009.
[18]邱有龙.粘胶纤维行业新技术、新产品的发展现状及趋势[J].纺织导报,2010(9),84—87.

第七章　海外浙商回乡创业投资

浙商是一个广义的概念，其中广大在海外旅居、侨居的浙江移民及其后裔，构成了海外浙商的主体。无论是从历史渊源、文化基因还是社会经济联系上，海外浙商都与浙江经济紧密地联系在一起。特别是在过去的三十多年里，海外浙商通过回乡创业投资，成为推动浙江地方经济发展的一支无法忽视的力量。海外浙商为浙江经济发展做出的巨大贡献，也是浙江省改革开放发展进程中的一抹亮色。海外浙商回乡创业投资，不光是浙江人奋斗创新、爱国爱乡在新时代的体现，也是海外浙商乃至浙江民营企业家对于实现“中国梦”的具体实践。

第一节　海外浙商的历史渊源

浙江位于中国大陆的东南沿海，自古以来就以优越的地理位置、发达的造船与航海技术以及宁波、杭州、温州、舟山等天然良港为基础，形成了浙江人敢于向外开拓、不畏艰难的独特精神。而浙江人的海外贸易以及移民，则更是有着悠久的历史。早在秦汉时期，在今宁波地区就有大量的浙江人往来于中国和日本及朝鲜半岛之间，从事小规模的贸易活动。至唐宋时期，浙江海外贸易得到了更快的发展，特别是中日贸易变得非常活跃，浙江作为沿海省份，距离日本不到五百海里，这为浙江人从事对日贸易提供了极大的便利。除了日本和朝鲜半岛外，此时的浙江商人还远至东南亚甚至是阿拉伯国家进行国际海外贸易。至南宋时期，整个中国的政治和经济中心南移，使得浙江经济得到了更快的发展。此时的浙江商人的海外贸易就更加活跃，例如温州就在这一时期成为全国造船业的中心之一，温州商人开始把浙江乃至全国的商品贩运到东南亚、日本和印度等海外国家。明清时期，由于中央政府在其统治的大多数时间里都实施海禁，浙江的海外贸易遭到了很大的遏制。在中央政府有限的取消海禁的时间内，浙江商人已经开始将贸易的足迹踏上了欧洲和美洲等地，只是由于海禁令的反复，这些贸易行为被迫常常以走私的形式进行。

在近代，浙江的宁波等海港成为较早被迫开放的港口，一大批浙江商人又开始重新涉足轮船航运业，在特殊的中外贸易大环境下，浙江又成为海外贸易的桥头堡。从这个时期开始，浙江出现了近代以来较大规模的海外移民。最初的海外移民主要是来自于第一次世界大战期间及以后英、法、美等国在中国招募的华工，其前后规模总计近百万。这些劳工中相当大的一部分来自于浙江，而这部分劳工及其后代继续留在海外而成为华侨，并由工矿业转向服务业，如批发零售、餐饮、皮革制衣等，就成为近代海外浙商的早期先驱。从这之后，又有大量的浙江人通过亲缘或乡缘的联系，为了生计移民到海外。抗战胜利后，又有大量的原国民党军政人员、科技文化届人士以及工商界人士离开大陆，并以港澳台等地作为中转跳板迁居欧美等地，成为海外浙商中重要的一支来源。

浙江著名侨乡文成的发展历程①

文成县是浙江省温州市下辖的六个县之一，于 1946 年从瑞安、青田、泰顺三县边区析置而成，以明朝开国元勋刘基(刘伯温)的谥号“文成”作县名。县境位于浙江省南部山区，温州市西南部，飞云江中上游。文成人出国历史悠久。早在 1905 年，文成县东溪乡黄河村胡国恒就出国谋生。20 世纪 20—30 年代，玉壶镇穷苦农民赴日本、新加坡等国做工已形成高潮。他们以三五年短期打工的形式为主，赚点钱返乡或还债或置地盖房。据统计，新中国成立前出境的老华侨有 1312 人，仅二战前后从日本、新加坡等国返乡的归侨就达三百多人，这成了文成县海外浙商的早期代表，也成了文成商人回乡投资创业的早期主体。回乡的华侨面临着家乡经济发展水平非常落后的局面。就连最初的文成侨联都是白手起家。为了解决办公和接待场所，有关部门在县前街划拨了一块地基，但建房资金仍需要自己解决。文成侨联的建立，极大地激发了广大侨胞、归侨和侨眷的爱国爱乡的热情，他们都深深地感受到党和国家的亲切关怀。建造文成侨联大楼的决定，得到他们的热烈响应。他们以侨联为家，就像自己家盖房子一样。许多归侨、侨胞、侨眷纷纷捐款，短期内就集资 34725 元，捐款人共 187 人。工程从 1963 年动工，同年 10 月竣工。

① 浙江省文成县侨联文史资料:《文成侨联五十年》。

文成侨联大楼共三间三层，建筑面积450平方米，砖木结构，成为全省县级侨联第一座大楼，也是文成侨乡的第一座标志性建筑。

不久，文成侨联就在大楼内开办了文成华侨旅馆，共33张床位，一个厨房，实行食宿一条龙服务，华侨终于有了一个属于自己的家。因为价格低廉，安全卫生，该旅馆成为侨胞住宿的首选。除了侨胞、侨眷外，凡从省地领导部门来的干部，基本也住这里，实际上已成为县府机关招待所。华侨旅馆开办不久，声名日隆，被国内外乡亲亲切地称为“华侨科”，文成侨联一下子扬名海内外。文成侨联建立以后，积极宣传党和国家的各项路线、方针和政策，特别是侨务政策，宣传爱国主义，鼓励广大归侨、侨眷积极参加社会主义建设。侨联还积极宣传国家关于保护侨汇的政策，提高侨胞汇款的积极性，使文成县的侨汇收入逐年增加。1962年全县侨汇9万元，1966年21万元，1978年109万元，1990年613万元，1995年2.1亿元，2005—2010年全县累计侨汇157亿元，有力地支持了文成县的建设。

1966年至1976年整整十年的“文革”给文成县的侨务工作带来了灾难性的后果，侨联工作基本停止。在特殊的年代里，各种“反革命”的帽子满天飞，搞得人心惶惶。许多侨眷不敢与国外亲友通信，恐怕落个“里通外国”的罪名。大家都害怕与华侨有所牵连，一时间“华侨”一词在政治生活中成为“间谍”的代名词。例如，1974年落成的文成玉壶影剧院，资金全部系华侨捐资，冠名“玉壶华侨影剧院”是很自然的，可当时加上“华侨”二字就是通不过审批。直到1979年经上级批准，才改名“玉壶华侨影剧院”。十一届三中全会以后，中共中央颁发了〔1978〕3号文件，明确提出“侨联同工会、共青团、妇联、科协、工商联五大人民团体一样待遇，加上侨联就是六大人民团体”。从1978年4月起，国家还实行奖励侨汇政策，侨眷可凭侨汇券购买物资，基本上满足了归侨、侨眷的物质生活需要。

1984年12月24日，中共中央办公厅和国务院办公厅转发了《关于加快落实华侨私房政策的意见》的通知后，文成县历时三年，至1987年年底基本完成落实华侨私房政策。土改时被没收的44户华侨房屋，计7833平方米，通过退还原房或经济补偿，全部落实了政策，得到妥善解决。土改私房政策的落实，体现了党的有错必纠的政策，极大地调动了侨胞、侨眷和归侨的积极性。1984年，为了解决归侨、侨眷的住房困难，经县政府批准，在县城安排土地30亩，用于建造华侨新村。至1987年年底，222间新房全部建成，一共引进侨汇706万元。

改革开放以后，广大侨胞回乡投资建设的热情也被激发了出来，文成华侨回乡投资、捐资的工作进入了快车道。在投资方面：1984年，旅荷侨胞胡克盛向侨联提出建造华侨饭店的提议，经县政府同意，胡克盛与华侨公司、侨办三方合资建造文成华侨饭店，外方出资55万元，于1992年正式营业，成为改革开放后文成县内华侨投资较早的一例。

1994年，旅荷华侨胡志敏、胡克顺、胡建树、胡邵西、叶兆禄，比利时华侨陈生，意大利华侨郑国栋等集资人民币8800万元合资建造高龄头二级水电站。这是华侨大宗投资的首例。1997年旅法侨胞程花菊、程延梳、胡绍麻、胡允多和胡志载集资1300万元建造东溪三级水电站。2004年旅意侨胞胡守坦投资2400万元，兴建位于上林境内的东溪五级水电站，还有侨胞投资大壤坑下山水电站等，为文成县的水电事业发展做出了很大的贡献。除此之外，华侨投资的领域还包括房地产、教育、服装、食品、保健品、百货、商城、矿产等。从投资地点来看，文成的华侨政商除了回家乡文成投资外，还到瑞安、温州、杭州、上海、北京及全国各地进行投资。近几年来，由于北美、西欧等地相继出现金融危机，海外的文成浙商回乡投资的势头更猛了。在捐资方面，文成华侨浙商有着历史悠久、面广人多、项目众多、效益巨大的特点。早在侨联建立前，许多华侨已开始捐资家乡公益事业，如修桥铺路就是文成民间的优良传统。大规模地捐资是在最近五十年，特别是改革开放以后。捐资涉及交通、教育、文化、卫生、赈灾、风景名胜等领域，据不完全统计，华侨政商捐资总额超过1.3亿元，在全县范围内建造钢筋混凝土大桥36座，全额兴建和助建的教学楼就有38座，历年来捐资总人数达上万人次。

德高望重的文成老侨领①

胡志潺先生是欧洲华侨华人联合会第七届理事，意大利米兰华侨华人工商会会长，他事业有成，回报祖国、回报家乡不遗余力。在《文成华侨志》中，有这么一段文字：在1963年至1998年的三十多年的时间中，胡志潺捐赠家乡基础设施建设27.28万元；文成卫生事业30.55万元；兴教育才37.7万元；修建风景名胜21.5万元，合计214.28万元。文成的老百姓，不忘胡志潺的这份乡情，2013年，在世界文成人大会上，文成县人民政府授予胡志潺先生"文成县爱乡楷模"的光荣称号。佩着红绶带，站在这主席台上，年过七秩的胡志潺先生笑容满面。

① 资料来源：http://www.zjsql.com.cn/20140504/21363.html

胡志滹为人诚恳厚道，乐善好施，支持家乡建设捐赠60多次，范围之广、数额之多，为文成侨胞捐赠之最。在文成二中有胡志滹独资建造的"胡志滹实验楼"；在玉壶乡村有胡志滹捐资助建的八座桥梁，三条水泥路；在大峃镇，有胡志滹与胡克胜等华侨捐资重修的丛林佛院七甲寺。耸立在地平线上的一座座建筑，是爱国华侨心系故里心迹的倾情表现，是乐善好施人品的有形展示。回忆当年的创业之路，胡志滹的开场白是"非常艰难，非常辛苦"八个字。1956年，胡志滹在叔叔胡忠鹤的引领下来到荷兰谋生。他先到别人开的餐馆里跑堂，起早摸黑，拼命赚钱。当时他心时里只有一个念头：要开出自己的餐馆，要为妻子、儿子挣一份家业，让他们有安身之处。

1963年，在荷兰索梅根胡志滹开出了自己的店铺——"皇城酒楼"。胡先生为人厚道，诚信经营，加上他手脚勤快，脑子机灵，"皇城酒楼"旗开得胜，生意很兴旺。有了一定的资金后，1975年，胡志滹又在阿姆斯特丹开办了东方贸易公司，主要经营粮油食品类。1986年，胡志滹又图谋新发展，他变卖了荷兰的家产，到意大利米兰再展宏图。在意大利米兰，胡志滹凭着自己的为人和智慧，事业做得一帆风顺。在米兰开的"皇城酒楼"，顾客盈门，兴办的意大利国际贸易集团有限公司也做得红红火火。

事业有成的胡志滹热心于侨团工作。他先后担任意大利米兰华侨华人工商会副会长、会长。做了许多有利于祖国、有利于家乡、有利于广大华侨的大好事。比如筹集资金，建立健全"华侨之家"，让旅居米兰的华侨们有个聚会的场所，有互叙乡思的机会；创办《华侨通讯》，及时报道祖国社会主义建设的喜讯，介绍中华文化历史，宣传华侨华人的创业精神，报道各华人社团的活动情况；创办中文学校，让华侨的下一代有学习中文、了解中华文化的机会；在春节、中秋节举行华侨联欢会，请来祖国有名的艺术团体到意大利米兰演出，让华侨们享受乡音乡曲的视听之美，等等。

祖国改革开放的大好形势激起了胡志滹先生回国投资的热情。20世纪80年代他就回家乡投资，在温州创办了长盛汽车出租公司；在河北创办了"皇城针灸有限公司"，生产用于中医的一次性针灸用针，然后外销到欧洲各国；在浙江临安创办了"海尔思生化药品有限公司"，生产生化方面的药品。德高望重的胡志滹先生多次受到国务院侨办的邀请，回北京参加国庆盛宴，也多次受到浙江省人民政府、温州市人民政府的邀请，回故乡参政议政。现在胡志滹与妻子胡荷花回国安度晚年，居住在杭州。

创业成功的老华侨

胡忠鹤先生是胡志濤的叔叔，也是胡氏家族中出国创业的起始人，胡氏家族一拨一拨人走上从文成到欧洲的创业之路，都是由于受到胡忠鹤先生的慷慨相助和热心引领。胡忠鹤先生于1915年在玉壶出生，家有兄弟4人，经济贫困，生活无着。1933年他离开玉壶，动身去荷兰。漂泊流浪到荷兰之后，他以做苦力、摆地摊生存。到二战结束，他靠做小商贩，赚了钱，发了家，并娶妻生子。胡忠鹤的妻子是荷兰人，他们生育了四个女儿，一个儿子。他聪明机灵，经商有道，在荷兰开"长城餐馆"和面坊。面坊专门生产面食，供应当地的酒楼、饭庄。不久，胡忠鹤成为荷兰华侨中有名的富商。富裕的胡忠鹤乐于助人，在胡忠鹤的帮助下，他的弟弟胡忠座、胡忠杰、侄子胡志濤等人相继都去了荷兰。一些刚到荷兰谋生的华人，生活无着，胡忠鹤先生常常会热心帮助他们解难。爱国爱乡的胡忠鹤先生在故乡老百姓口中留下了一则则佳话：他是建造玉壶电影院的出资者之一；玉壶的一些桥、路的捐建者名单中也能看到胡忠鹤先生的大名。

中荷两国建交后，胡忠鹤得到喜讯非常兴奋，他觉得在外华人从此有了扬眉吐气之日，他多次回国探亲，在全国各地参观、考察，欣赏中华民族的大好河山和悠久的历史文物，他多次表示要为祖国建设出一份力，不幸的是1980年他突然患病辞世。

热爱中华文化的下一代

胡志濤、胡荷花夫妇育有两个儿子：允超、允繁。允超在荷兰大学获硕士学位，是电脑方面专家，曾在爱立信公司工作过，现任华谊电脑公司中国深圳公司经理。他的妻子叫周金华，是温州茶山人，金华的父母都是温籍的荷兰华侨。允超的两个儿子叫立帮、立帅，女儿叫晶晶。允繁在荷兰驻意大利米兰领事馆工作，他精通荷兰、意大利、英国语言，也会说中文。允繁的妻子胡淑芬也是玉壶人。他们的两个儿子叫立教、立郁。

2013年4月初，胡志濤的孙子胡立郁——一个文质彬彬的帅小伙子在文成参加世界文成人大会。"15年前，我还只有12岁，跟着爷爷第一次来到文成，也是住在文成宾馆，条件很简陋。当时，这里是文成县最好的宾馆了。这次，我们又入住文成宾馆，今非昔比，条件好多了。我对这里的一切感到很亲切，文成县城这几年变化实在太大了，一条泗溪从县城中穿过，两边高楼林

立，山清水秀，县城真美！我是玉壶人，当年爷爷从玉壶到荷兰，再到意大利发展事业的故事，我很喜欢听。我的老家玉壶的变化也非常大，我的好几个亲戚都在修建新房子，很多亲朋好友过来帮忙，大家互相出力，互相帮助。这么热闹、这么温馨的场面在外国是从来没有的，我的国外的同龄人可没有我这样的机遇！”一见面，胡立郁就滔滔不绝地叙说着自己回故乡文成的诸多感受，动情之处，他两颊泛着红光。

胡立郁是胡允繁的二儿子，他在荷兰出生，在荷兰接受教育。2008 年，他特地到北京华文学院学习了两年中文。胡志潺先生介绍他的孙子时说：立郁很懂事，也很孝顺，他在荷兰长大，中文不行。我把他送到北京学中文，两年后，立郁毕业了，他学习很认真，现在中文不错，能说会写。

在胡立郁发来的照片中，我们看到了这位华侨后裔在首都北京中文学校如鱼得水的学习生活画面：有聚餐、有堆雪人活动、有旅游。有一张照片最引人注目，那是 2008 年胡立郁和他的同学们在汶川地震时，由于积极参加赈灾助困工作，被国务院侨办嘉奖的合影。立郁与他的同学们由于在赈灾中表现出色，获得了“侨爱工程——抗震救灾温暖行动先进集体”的荣誉。现在，完成了学业的胡立郁在上海意达纺织机械(中国)有限公司任物流部经理助理、国际事务专员。

这几年来，回到祖国的胡立郁每年清明都会回玉壶参加宗亲们举办的清明祭祀活动。“这个传统的中国礼节很有意义，我们一定要保持下来。我们姓胡的家族是个大家族，宗亲很多。每年清明，我们都会聚集在胡家祠堂祭祀祖先，然后扫墓，这是一种文化，我们很感兴趣。这次我的一个远房姑姑(胡忠鹤的女儿胡莉茜)带着她的荷兰丈夫，也来参加祠堂的祭祀活动。他们到了文成，我们在宾馆里谈了很久，他们也很敬重先人们流传下来的这个有意义的礼仪活动。”

第二节　海外浙商回乡投资创业概况①

自 20 世纪 80 年代初，浙江省第一家海外浙商投资企业西湖藤器有限公司在浙江杭州落户，经过三十多年的发展，综合 2005 年浙江省侨办第一次基本侨情调查和近十年来基本情况估计，目前华侨华人、港澳同胞在浙江省已经登记

① 资料来源：浙江省侨办。

的投资企业超过3万余家，约占全省引进外资的六成左右。目前回到浙江省投资的海外浙商投资企业来自世界60多个国家和地区，其中来自港澳地区的超过四成，来自日本、新加坡、菲律宾等亚洲国家的超过两成，来自美国、加拿大等美洲国家的超过一成，来自澳大利亚、法国、荷兰、意大利等国家的也有相当大的比例。目前海外浙商回乡投资创业企业主要分布在杭、宁、温以及嘉兴、绍兴等经济发达地区，其中注册在杭州、宁波、温州、嘉兴的企业就占海外浙商投资创业企业一半以上。行业分布主要有机械制造、基础设施、纺织服装、医药化工、电子工业、IT设计、咨询服务、旅游、物流、酒店等。同时，经过近年的发展，也形成了如杭州高新区的高新科技产业，杭州余杭区、宁波象山县的纺织、服装、家纺，湖州德清的木业、医药化工，湖州安吉的竹木、家具等的块状产业特色。浙商回乡投资创业企业的不断发展壮大，为浙江的经济建设注入了活力，也为浙江经济发展和社会进步做出了积极贡献。一是为浙江创造了数以百万计的就业岗位，扩大了社会就业空间，增加了浙江人民的收入，改善了生产生活水平；二是输入了先进的管理经验和理念，为浙江培养了一批达到或接近国际水平的管理人才和技术人才；三是引进了先进的技术和设备，加快了浙江科技进步和产业创新的速度，增强了浙江的经济实力、产品开发能力和参与国际竞争的能力；四是拓宽了国际市场的营销渠道，加速了浙江产品走向国际市场的进程，推动了浙江与世界各国的贸易、合作和友好往来；五是支持了社会公益事业的发展，对浙江精神文明建设起到了促进作用。

近些年来海外浙商回国回乡创业投资主要有以下特点：

1.投资项目由小变大，规模不断扩大

20世纪80年代初，落户杭州的第一家海外浙商投资企业西湖藤器有限公司投资总额只有10多万美元；1995年全省有登记的7350多家海外浙商投资企业中，投资总额在500万美元以上的有2588家，占当时全省登记海外浙商投资企业的35.2%，投资总额在1000万美元以上的有1228家，占当时全省登记海外浙商投资企业的16.7%，投资总额在3000万美元以上的有265家，占当时登记海外浙商投资企业的3.6%；到2000年，在全省登记的12287家海外浙商投资企业中，投资总额在500万美元、1000万美元和3000万美元以上的企业有5100家、3970家和1068家，分别占当时全省登记海外浙商投资企业的41.5%、32.3%和8.7%；而到2004年，总投资1000万美元以上的大项目所占比重进一步提高，仅宁波市2004年总投资在1000万美元以上的投资项目就有240个。

2005 年 1 至 8 月份，嘉兴平均单个项目合同利用海外浙商投资近 500 万美元。[①]如今，全省规模大、效益好的侨商投资企业日益增多，影响也不断扩大。

海外归国创业浙商[②]

1974 年，金喆出生在温州的一个家庭。生来就有经商血统的金喆从小就养成了勤奋好学的品质和坚韧不拔的拼搏精神。1993 年在北京对外贸易大学短暂学习后，1994 年金喆就到美国留学，先在昆西大学学习工商管理，1996 年至 2000 年转到麻省理工学院继续深造，并先后取得工商管理和经济学双学士学位。在美国留学期间，金喆开始就地创业建立 JIC 公司，并取得了相当的经营成效，"更重要的是获得了在异国他乡从商创业的经验，在与当地经济、文化的融合交流中，增长了知识、阅历和才干"。金喆认为那几年在美国的创业为自己打下了良好的基础。[③]

2004 年回国创业的金喆坚持从基层开始、以专业特长为切入点，在世界包装组织亚洲包装中心及其所属公司担任译员、国际部部长、副总裁。正是有了这些努力，2012 年金喆出任世界包装中心执行总裁、世界包装集团有限公司总裁。"世界包装中心是个大舞台，我经常代表世界包装中心出席世界包装组织、国际包装组织、亚洲包装联合会等机构举办的各类国际会议和包装博览会，这让我有机会了解国际形势，也结交了更多的朋友。"正是有了这些朋友，金喆促成了浙江省与巴西共和国米纳斯吉拉斯州之间民间的半官方友好交往，受到省领导的高度重视和支持。

现在，金喆结合世界包装中心总部和制造业基地建设，积极展开各种形式的招商引资活动，特别是对引进国际组织、国际大企业集团总部入驻世界包装中心建设的核心项目和标志性建筑世包国际中心，进行了卓有成效的工作。世包国际中心总投资超过 25 亿元，总建筑面积达 24 万平方米，由两幢高达 180 米的摩天钻塔楼和 6 万平方米的主题商业广场裙楼组成。目前，世界包装组织、全球中小企业联盟等国际组织和一批世界 500 强企业、大公司、大集团总部与世界包装中心已经达成入驻协议。

就任执行总裁以来，金喆积极参与世包国际中心建设及世界包装中心的经营活动，同时还直接主持多家企业的投资建设和经营管理，其中投资 6 亿

---

① 数据来源：浙江省侨办第一次全省侨情调查。

② 资料来源：http://www.zjsql.com.cn/20140122/20219.html

③ http://www.zjsql.com.cn/20140122/20219.html

元建设的位于钱江经济开发区的杭州嘉美国际包装有限公司引进国际一流的纸包装生产线已建成投产，综合效益显现。

对外交往是金喆工作的最大优势。他积极参与主办2004年3月"亚洲包装中心建设与中国包装产业发展高层论坛"；2006年4月19日北京召开的2006世界包装大会；2008年11月在杭州召开的"亚洲包装大会"；2010年10月在北京举办的2010世界包装大会和2013年11月在杭州举办的中国(杭州)世界包装产业高峰论坛等一系列在国内外产生重要影响的大型活动，体现出其强有力的组织才干。

2.随着时代的变迁外浙商回乡创业的投资行为和投资结构悄然发生巨变

从改革开放开始，海外浙商的投资结构从劳动密集型逐渐向资本和技术密集型转化，涵盖了基础设施建设、交通能源这些需要大量资本投入的项目，也涵盖了生物、IT、制药、先进设备制造等高技术密集型项目。这种嬗变的原因首先来自海外浙商群体自身结构与成分的变化。海外浙商作为海外华人中比较早在外从事商业活动的群体，也经历了巨大的时代变迁。早期海外浙商因自身条件所限，投资的项目以服装、皮具加工等劳动密集型的小型制造业为主。随着海外华人华侨的成长以及留学人员的不断增加，依托海外浙商回乡投资项目，各种高新技术企业陆续落户浙江。1995年浙江省引进的7350个海外浙商投资项目中，纺织、服装、小型机械制造等劳动密集型项目有6071个，占当时引进海外浙商投资项目的82.6%；而电子、IT、生物制药领域的项目约650个，只占当时引进海外浙商投资项目的8.8%左右；1995年至2000年之间，浙省引进5200多个海外浙商投资项目中，涉及电子、IT、生物医药等高新行业的有1600多个，占此期间引进海外浙商投资项目的30.8%；从2000年至2004年年底，浙江省引进的14000多个海外浙商投资项目中，电子、IT、生物医药、新型材料、基础设施、交通能源等行业的项目近6700个，占此期间引进海外浙商投资项目的47.3%。可见海外浙商投资项目投资结构变化明显。

海外浙商高科技创业典型[①]

姚力军于1996年获哈尔滨工业大学工学博士学位，1997年获日本广岛大学金属材料专业博士学位，曾就职于世界500强的Honeywell公司，担任

① 资料来源：http://www.zjsql.com.cn/20101102/9737.html

Honeywell 公司电子材料部门日本生产基地总执行官，2004 年出任 Honeywell 公司电子材料事业部大中华区总裁。

2005 年姚力军带领多名海外博士、日本及美国籍的专家回到中国创业，在浙江省宁波市创立宁波江丰电子材料有限公司，并担任董事长兼总经理。公司注册资本 1733.26 万美元，总投资 5000 万美元，承担的溅射靶材项目被列入国家 863 计划引导项目。公司专业从事超大规模集成电路制造用溅射靶材的研发和生产，结束了该产品长期依赖进口的历史，为超大规模集成电路制造用溅射靶材的国产化做出了特殊贡献。公司于 2008 年被认定为国家级高新技术企业。

溅射靶材是制造半导体芯片所必需的一种极其重要的关键材料，其原理是采用物理气相沉积技术(PVD)，用高压加速气态离子轰击靶材，使靶材的原子被溅射出，以薄膜的形式沉积到硅片上，最终形成半导体芯片中复杂的配线结构。溅射靶材以超高纯金属(铝、钛、铜、钽等)为原料，具有金属镀膜的均匀性、可控性等诸多优势，被广泛应用于半导体领域。随着半导体产业的迅速发展，对溅射靶材的需求越来越大，溅射靶材已成为半导体行业发展不可或缺的关键材料。

经过五年的艰苦创业，公司的规模不断扩大，现已发展成为国内规模最大、设备最先进、技术最领先的溅射靶材生产基地。公司已经成为中国电子材料产业的领军企业，拥有一系列的研发成果和自主知识产权，现在已有 4 项靶材制造发明专利，2009 年产品荣获"中国半导体创新产品和技术奖"，打破了中国同类产品完全依靠进口的历史，填补了国家的产业和技术空白，在同行业中成为能够与美国及日本的跨国公司竞争的唯一中国企业。

目前，项目产品已经形成规模化批量生产，靶材产品已在全世界主要半导体企业实现批量销售，如台湾地区：台积电、联合电子等；中国大陆：中芯国际、台积电(上海)、华虹 NEC 等；新加坡：全球代工、美光等；日本：NEC、富士电机、东芝、索尼、日立、松下等；韩国：海士力、东部等；欧洲地区：菲利普半导体、英飞凌、意法半导体等。

由于具有成本优势，该公司生产的溅射靶材价格比国外主要竞争对手低 30%，非常有利于占领市场。产品推出以来，销售业务发展迅速，销售收入以 100%的年均速度增长，利润也保持较好的增长态势，具有优越的赢利能力，为公司创造了显著的经济效益。2009 年在国际金融危机的大环境下，公司仍然保持了增长率 94%的良好势头。

姚力军博士在科技创新及回国创业过程当中取得了突出的成绩，入选“2009十大风云甬商”、“宁波市优秀留学回国人员”、“2009年全国第二届百名华人华侨杰出创新创业奖”，并作为高层次海外归国创业人才，入选中组部“千人计划”。2014年8月，他获得中国侨界“创业创新人才奖”。

3. 投资领域从一、二产业向第三产业，特别是服务型产业方向发展

1995年之前浙江省引进的海外浙商投资项目中，除涉及酒店业、旅游业之外，很难涉及其他服务行业。近年来，随着我国进一步对外开放，外商投资的物流、咨询服务、律师服务等服务行业项目不断涌入浙江省，仅2004年，浙江省引进的海外浙商投资项目中，涉及现代服务的项目就有416家，占当年引进海外浙商投资项目的17.7%；湖州2004年共引进海外浙商投资项目340家，其中酒店、物流、旅游行业项目有30多家；绍兴2004年引进的项目中，涉及物流、咨询、旅游行业的就有近30家；杭州、宁波引进的项目除以上这些服务业外，还有医院、律师事务所等项目。

4. 投资主体从老一代侨领侨商向新华侨华人和海外留学人员转移

1995年之前，浙江省引进的项目中，老一代华侨华商投资的项目占全部项目的91.3%强，但到2004年，全省新引进的近2500个海外浙商投资项目中，由华侨华人新生代及留学人员投资的项目就有1190多个，约占当年引进海外浙商投资项目的47.8%。随着我国出国留学人员的不断增加，海外侨胞中的专业人才，尤其是新华侨华人专业人才正在迅速崛起。据统计，浙江省出国留学人员总数达4万人以上，仅杭州市在海外的专业人士就有1万余人，约占该市海外侨胞总数的十分之一。近年来，已有3000多名新华侨华人专业人士到浙江创业发展和工作，创办企业390多家，项目总投资为50多亿元人民币，2004年创利税近40亿元人民币。这些企业中，落户在杭州市的企业达到140多家，其中技工贸总收入达180多亿元人民币，涌现了如产值超过170多亿元的UT斯达康，及浙大中控、艾康生物、大和热磁、浙江通普等一批明星企业。

回国科技创业的科学家浙商詹正云①

尽管掌管着一家颇具名气的制药企业，詹正云还是更多地被人称呼为“教授”。以其姓氏命名的“詹氏催化剂”(ZhanCatalyst)不仅被广泛应用于一些国际知名药企的药物研制，其衍生产品更可能改变中国数千万丙肝患者的命运。

这位从温岭走出去的中年人有着令人瞩目的科研履历：在芝加哥大学化学系获得有机化学博士学位，在加州理工学院的院士实验室从事抗病毒药物的博士后研究，在诺贝尔奖获得者的实验室从事不对称催化反应及应用的研究工作，分别在美国 Schering-Plough 和 Array 生物医药公司从事新药研制工作。

2003 年，刚过不惑之年的詹正云回国创业，在上海创建赞南药业有限公司。10 年间他以第一发明人的身份获得 4 项国际发明专利、4 项美国发明专利和 8 项中国发明专利，不少成果迅速实现产业化。2012 年，国家公布第七批海外高层次人才引进计划(简称“千人计划”)，其中评选难度最大的创业类人才不过寥寥数十人，詹正云跻身其中。而在几千家高新技术企业云集的上海莘庄工业园区，他也是兼有国家“千人计划”和“上海市领军人才”称号的唯一一人。

化学情结

1980 年，18 岁的詹正云从温岭中学考入杭州大学化学系。这位温中学子对化学的爱好似乎与生俱来，上高中时他就拿过全校化学竞赛的第一名。进入大学，詹正云更是如鱼得水。1984 年，詹正云以高分考上了中科院大连化学物理研究所的研究生。他的勤勉在第二年就获得了回报。这年 10 月，全球最好的化学应用杂志《德国应用化学》发表了他的导师蒋锡夔院士、詹正云等四人联合署名的学术论文。1988 年，已经在大连化学物理研究所攻读博士学位的詹正云幸运地迎来了自己的第一个人生转折：中科院与美国有关院校推出联合培养计划，成绩优异的詹正云被推送到美国普渡大学完成博士论文的研究工作。普渡大学以理工科见长，被称为“美国航空航天之母”，也是我国“两弹元勋”邓稼先的母校。在攻读三年后，因为导师变动，詹正云应聘到美国先灵葆雅药物研究所担任副研究员。工作三年后，就在很多亲友认为一切应该顺理成章地走下去的时候，詹正云却做出了让他们意外的决定：到世界最顶尖大学继续深造。

① 资料来源 http://www.zjsql.com.cn/20140122/20208.html

放弃眼下的待遇并不容易。先灵葆雅研究所既给他提供了优厚的工资,也允许他同时继续自己的实验以取得博士学位,放弃这些等于重新回到清苦的校园研究生活。但是詹正云最后还是做出了决定,他说:人生有很多东西不能看得太近。1994年,边工边学的詹正云考入梦想已久的芝加哥大学。这里是诺贝尔奖获得者的摇篮、原子能的诞生地,华裔诺贝尔奖获得者李政道、杨振宁、崔琦都是从这里走出来的博士生。靠着踏踏实实的钻研,詹正云在芝大完成了全球首例无酶条件下DNA催化有机合成的创新成果,还拿到了美国政府颁发的1996—1997年度GAANN Fellowship奖学金。

创业梦想

只用了短短三年,詹正云在芝大就完成了博士学位,以完美的成绩结束了求学生涯。1997年,他来到美国西海岸,进入加州理工学院。这里是中国著名科学家钱学森、周培源、谈家桢的母校。在美国科学院院士Dervan教授的实验室里,詹正云开始了药物化学的博士后研究。2000年3月,詹正云进入诺贝尔奖获得者Sharpless教授的实验室担任副研究员,从事不对称催化反应及应用的研究工作。4个月后,他受聘Array BioPharma生物医药公司担任高级研究员,从事新药研发工作。而就是这里,给了詹正云科研之外的全新视野。Array是一家充满活力的新型创业公司,1998年以22个人、800万美元起家。詹正云刚到Array工作时,公司的内部期权激励股价是0.6美元每股,半年之后公司上市不久,股价就一路飙升到了16美元。一年时间,股价飙涨25倍,这就是科技和资本有效结合的魅力。在多重激励下,2002年成了该公司热火朝天的一年。那段时间,他几乎很少在凌晨1点半之前睡觉,短时期内成功研发了高效新型的"BK-1B"先导化合物,并作为核心发明人申报了两项世界发明专利。

实业报国

2003年8月,詹正云作为紧缺高级人才被引进回国。一方面,他受聘担任复旦大学药学院教授和博导;另一方面,他在莘闵科技创业园创办了赞南药业有限公司,以董事长、总经理兼技术总监的身份开始了自己的创业历程。这是一次破釜沉舟的决定,向Array公司递交辞职信时甚至连家人都不知道他已决定回国创业。创业初期的詹正云,手里只有500万元人民币的启动资金。如何用小钱办大事,詹正云选准了催化剂这一潜力无限的研发方向。催化剂既是新材料、新药物的核心,又是评价反应效果和性能应用最快,研发周期最短的。对一家有科技实力,但缺少资金支持的企业来说,没有比它更合适的起点了。催化剂有成千上万，选择哪一种开始呢？烯烃易位复分解催化反应是诺贝尔奖获得者Grubbs教授"垄断"10多年的研究领域。"但是为什么不这么想：超越他的研究成果很难，可一旦打破了，你就站上了最高点，成为这个领域的下一个王者！"詹正云说。两年时间夜以继日地研发，他们拿出了自己的成果。这是一种高催化活性的新型钌络合物，结构与所有报道的催化剂不同，解决了催化剂在空气和水中不稳定等问题，催化性能和应用范围明显优于Grubbs催化剂。2005年7月，詹正云为其自主创新成功研发的产品分别申请了中国专利、美国专利和世界专利，并正式以他的名字命名为"詹氏催化剂"。新型的詹氏催化剂迅速被默克等国际知名制药公司广泛用于大环状丙肝等新药研发生产，有关詹氏催化剂的许多研发应用成果已发表在各种国际一流的专业杂志上。而另一个证明其突出性能的例子是：日本企业用产自中国的詹氏催化剂研制生产出了自己最高档的高分子新材料产品，而其原有产品反而退居次席。

产业"催化"

如同化学中神奇的催化功能一样，作为核心的研发生产应用平台，詹氏催化剂也迅速催发了赞南科技的高速发展。高性能"氢化丁腈特种橡胶(HNBR)"系列产品是一种重要的战略物资，具有优良的耐油性、耐腐蚀、耐氧化、耐高温性、机械性能和拉伸强度，在汽车、钻井、高铁、航天飞机上都有着广泛应用。过去30年间，这一产品专利长期被日本瑞翁和德国朗盛两家厂商二分天下。只用了不到两年时间，詹正云团队就成功研发出HNBR产业化核心制备技术。垄断被打破了！2011年年底，年产500吨的HNBR生产线顺利投产，实现了重要战略物资国产化，并为赞南今后的做强做大、稳定发展奠定了基础。与此同时，詹正云又自主创新研发了高强度的聚双环戊二烯(PDCPD)新材料，其产品性能超过了垄断国际市场的两家日本公司和一家美国公司，在交通、电气设备、土木建筑材料、体育娱乐设施、铸造、通讯等领域应用前景广阔。更让他寄予厚望的是"高效治疗丙型肝炎病毒的抑制剂新药"的研发。丙型肝炎是全球性严重的传染疾病，全球约有3%～5%人口、总计高达2.1亿人患有丙型肝炎。据公开报道，2010年中国的丙型肝炎患者已高达4000多万人。为了防止病情恶化，不少美国患者每年光吃药就要花费四五万美元。让中国乃至世界上的丙肝患者得到更有效、更低价的治疗，是詹正云的梦想。过去几年间，詹正云领导的研发团队研发的高效抑制丙肝病毒的新药已经完成了临床前各项试验，即将进入临床试验阶段。相比国外进入临床三期的同类药品，詹正云对他们自主研发的“Me-Better”重大新药前景充满期待。希望最终能成功研制一个具有国际竞争力的1.1类“重磅炸弹”原创新药，能够安全有效地治愈丙肝患者，为国家战略性生物医药产业的发展做出贡献。

5.海外浙商投资的区域不断扩大

传统海外浙商投资的区域多集中于沿海发达地区，例如杭州、宁波、嘉兴等地区。这些地区一方面具有区位优势，另一方面在改革开放后比较早地打开对外交流的窗口，便于吸引海外浙商实现投资落地。但是近年来，由于这些沿海发达地区在土地、能源、劳动力等方面普遍遇到了资源瓶颈，特别是土地的价格在最近10年里提高的幅度巨大，从客观上将一些制造业企业投资从沿海地区向浙江中西部地区进行挤压。此外，虽然浙江省中西部地区的发展基础不如沿海开放地区，但是在近几年里浙中地区各级地方政府纷纷推出优惠政策吸引海外浙商到这些地区进行投资，例如金华地区就喊出“浙中崛起”的口号来吸引投资。因此，海外浙商逐渐看好浙江省中西部地区，在近年来浙江省引进的浙商项目中，中西部地区的比重不断加大。

第三节　浙商企业回国发展中遇到的主要问题和困难

海外浙商的回国发展的历程中，并不是一帆风顺的，还有许多问题和困难影响和制约着海外浙商回乡投资创业。特别是国内还处于市场经济发展的过程中，很多政治、经济、社会的制度规范还在不断改革、完善中，长期在外的海外的浙商在回乡投资创业的过程中，常常会遇到以下的问题和困难：

(1)海外浙商回国发展过程中遇到的最主要的问题和困难就是来自于投资环境。国内的投资环境，特别是软环境亟待进一步改善。多年以来，各地为了吸引海外投资，都加大了对投资环境的改善力度，取得了一定的成效，但是不可否认的是，在实际操作过程中还存在着大量的问题，阻碍着海外浙商回乡投资，或者使海外浙商回乡投资后得不到足够的支持。主要表现在如下几点：一是在招商引资过程中，招商单位的部分承诺难以落实，缺乏诚信度。有的是因为国家对土地资源宏观调控的客观因素所致，而有的则是人为因素所造成。如某医药公司落户某市后，协议上讲明厂房租期3年，但后来厂房所在地块要征用，才

租了1年的厂房就要强行搬迁。对企业来说，这么大的一件事，有关部门只是口头通知，没有一个正式的书面文件，而且态度生硬，没有商量的余地，使企业感到政府做事草率，说话不算数。二是个别部门尤其是窗口部门，办事效率不高且不负责任。有些政府工作人员由于对引进海外浙商项目的重要性缺乏必要的认识，有的甚至存有偏见，使得一些海外浙商投资企业办事困难，投资热情受挫，对一些人为设置的障碍感到忧虑重重。如某机电有限公司因为企业年检没有被及时告知，导致企业的信用从A级降为B级，为此公司负责人往当地市工商局跑了6次，区工商局跑了4次，现在问题虽然解决了，但是企业因此在经济上蒙受了损失。三是政府有些部门重引进、轻管理、疏服务的现象在一定范围内依然存在，尤其是在对海外浙商投资企业主动沟通、引导和服务方面，还需要进一步做好工作。如国家在进出口方面改革出台了很多新政策，由于有关方面宣传不够，致使有些海外浙商企业在进口设备时仍按照老经验操作，到港口后方才发现手续不齐，阻碍了进关，影响了生产。

(2)投资鼓励政策还存在不适应、不协调、不到位的问题，有待进一步调整和落实。引进海外浙商投资工作是一个系统工程，必须做到各方配合，环环相扣，上下结合，前后呼应。近年来各级党委、政府以“规范、透明、稳定、高效”为指导原则，从税收优惠、出口奖励、行政规费减免、产业政策倾斜到享受“绿色证书”保障等诸多方面为侨商来浙投资提供了多方面的鼓励政策，不同程度地收到了效果，但在实际操作中还存在一些问题。一是部分优惠政策失去时效性。如国家当前税收制度的涉外税赋政策就已经不能适应加入WTO后的规则要求。1994年税制改革中实现内外资企业所得税税率的统一，给予外商投资企业15项超优惠待遇，但这些政策不符合国际惯例和WTO的基本原则。二是各地优惠措施缺乏统一性。各市县、各开发区有自己的优惠措施，甚至同一个地方不同的人操作也会开出不同的优惠条件，而这些措施又涉及工商、税务、土管等不同的职能部门，没有横向认同基础。因此，一方面是招商主体为了把海外浙商投资引进来，竞相抬高优惠条件，各自为战，无序竞争，使侨商无所适从，也无法理解。另一方面，有些优惠措施横向得不到认同，到职能部门难以实施，失去其严肃性，降低了政府的诚信度。如省侨办在介绍引进美国某海外浙商投资项目的过程中，由于预选地各县区有着不同的土地价格，而在统一的税收优惠条件下不同的县区又有不同的更多的优惠措施，致使侨商心中无底，对投资环境的可信度感到疑惑，最后放弃在浙江投资而选择了其他地方。三是有些政策措施缺乏稳定性。有的是因宏观调控原因，原有的协议条款不能全面执行，补偿问题未周全考虑，使投资商意见很大；有的是一些政策措施易受决策者的变化以及决策者对问题看法的变化而变化，使得政策措施在执行中很不稳定，随意性大。如嘉兴凯林瑞制衣有限公司，刚征的地还没有建设到位，当地就通知企业该地块已经另有规划，并且要求搬迁，但新地块没有用地指标，旧地块又不能继续建设，已经三年了，事情就这么不死不活地拖着，严重影响了企业的发展。

(3)维护侨商投资者合法权益的保障措施还不够有力，有待进一步关注和加强。近几年来，一般华侨信访出现回落，但涉侨经济纠纷案件投诉相对增多。2003—2005 年三年中，全省侨务系统受理的涉侨经济纠纷有近 500 起之多，因各种原因不能及时结案的有 20 多起，仅省侨办协调处理的时至 5 年以上尚不能结案的纠纷案件就有多起，侨商投资的合法权益得不到充分保障。一是地方保护主义现象在个别地方依然不同程度地存在。有些侨商投诉案是投而无效或久拖不办。如西班牙某侨领在某市的投资款纠纷案，尽管省有关领导多次批示，省侨办多次协调，当地领导也表示会重视处理，但由于侵权者有某种背景，相关部门为之犯难推诿，致使问题至今还未得到解决，在西班牙侨界反响很大。二是解决涉侨经济纠纷缺少协调机制。侨商投诉的案件，常常涉及多个职能部门，而各个职能部门又有各自的规定。各级侨办在受理并协调处理纠纷时，往往感到力不从心，缺少手段。三是在海外浙商投资引进过程中缺乏一种招商主体和有关部门协同配合开展管理和服务的机制，一旦出现纠纷，一方面是侨商多头投诉，方向不清，四处碰壁，最后是怨声载道，另一方面是侨办不能及时了解掌握情况和介入协调工作，往往失去解决纠纷的最佳时机，延长了解决问题的时间。

(4)海外浙商投资企业竞争激烈，外部和内部制约因素多，企业的发展面临较大的压力。一是受宏观调控政策影响带来的土地、水电等因素的制约，加大了企业的生产经营成本。在这一大环境下，往往一些规模大、科技含量高、管理理念先进的企业应对能力较强，在经营和竞争中给那些较小、较落后的海外浙商投资企业带来较大的竞争压力。二是海外浙商投资企业的行业性质和内部管理模式造成了内部压力。海外浙商投资企业既不同于国有企业，也不同于民营企业，在管理上既有外国的模式，又不可避免地留有中国的痕迹，是一种典型的中外合璧的管理体制。尤其是早期投资的规模小、劳动密集型海外浙商投资企业，追求的是“短、平、快”效益，一般采取的是“家族式”管理或是“委托式”管理，不按合资企业法和公司章程经营，任人唯亲，企业凝聚力差，造成企业效率低下、活力不够。三是海外浙商投资企业人才短缺，发展源动力不足。部分海外浙商投资企业的投资地在县乡一级的非开发区内，离城市远，环境艰苦，生活、交通不便，而企业又不注重员工生活和工作环境的提高和改善，以致劳动力

向条件好和大型企业转移，从而出现部分企业劳动力严重不足且很不稳定的问题。

第四节　海外浙商回国投资创业的对策和建议

为了让海外浙商回国回乡投资能够达到更好的效果，并且在国内和浙江省内转型升级的大背景下，使海外浙商一方面能够更好地实现自我发展，另一方面能够实现对区域和地方经济的带动作用，我们认为针对目前海外浙商投资企业存在的实际问题，应有以下对策和建议：①

1. 在海外浙商投资企业的引进与管理方面

要加强海外浙商投资企业的界定工作。一般的海外浙商投资企业，不应简单等同于台资和港澳企业，特别是海外浙商投资，常常具有华侨背景，所以海外浙商回乡回国投资应得到相关侨务部门的支持和配合。特别是各地的侨务部门可以联合外经贸、工商、税务、统计等部门建立统一的海外浙商投资企业资料档案库，实行资源共享，并且建立相应的服务绿色通道，为海外浙商投资提供便利。并且建立相应的信息服务平台，及时向浙商投资企业传达政府各项政策信息，也及时向政府反馈浙商投资企业的需求与呼声。

2. 在改善投资环境方面

一方面要进一步加大政府和其他公共服务部门对海外浙商投资的扶持力度，加强对引进海外浙商投资重要性的宣传和教育，尤其是加强对政府职能部门的宣传，进一步明确海外浙商投资有别于一般外资的概念及其经济和政治意义，加深对做好海外浙商投资企业服务工作重要性的认识，强化涉侨工作人员为海外浙商投资企业服务的意识。浙商历史上一直有着在艰难条件下仍顽强生存、创业的传统，只要基于浙商平等宽松的环境，浙商就能够踏实地进行发展（张仁寿，2006）。二是建立健全中介服务组织，尽力降低投资者办事的难度，采用市场和政府多层次的合作，为海外浙商回国回乡投资提供一站式的服务，减少因信息不对称造成的海外浙商投资困难，以及拓展海外浙商回乡投资的渠道。三是深入落实国务院关于减少行政审批及简政放权的若干文件精神，在政

---

① 资料来源：浙江省侨办。

策允许的范围内，尽量减少浙商投资企业在注册、登记、审批等环节所花费的时间和成本，实现海外浙商投资企业的迅速扎根成长。四是积极听取海外浙商投资企业的反馈与建议，各级政府与相关主管部门应相应地调整自身的工作方法，优化工作流程，使得海外浙商投资能够安心落地，踏实发展。

3.鼓励海外浙商回国回乡投资建立现代企业

传统的老一代海外浙商所创办的企业，普遍具有规模小、效益低、劳动密集型等特点，这与历史经济发展水平、老一代浙商的知识和管理水平以及企业的技术水平有着重要的联系。在未来新一轮的海外浙商投资中，要注意引导海外浙商创办具有现代企业制度的、有市场竞争力的和职业化的企业。在这个过程中，要注意引导海外浙商中的家族企业进行现代转型。家族企业在转型经济体中具有独特的效率优势，这是不能否认的(陈凌，1998)。但是同时需要注意的是，要去引导海外浙商的家族企业进行现代转型，特别是引导海外浙商中的年轻的一代，如何才能更好地参与企业的经营与管理，在将自身的才能提高的同时，促进企业的发展。这不光需要企业和企业家主体进行不断的探索，更需要制度环境得以不断改善，从而促进企业效率的提高(陈凌等，2013)。在实践中，要引导海外浙商注意自身的传承与治理，特别是要建立一个可持续发展的、有竞争力的企业。

4.将扶持海外浙商投资与区域经济转型升级相结合，制定对海外浙商投资企业的产业导向

浙商未来的转型已经是大势所趋(于永海等，2014)。今后引进的海外浙商投资项目要注重引进产业链的上游企业，促进海外浙商投资企业呈产业链状发展，逐步形成块状产业特色，提高企业之间的依存度，实现企业共赢。要注意对企业的引导。对部分规模小、效益低、劳动密集型的海外浙商投资企业，当地政府要适时引导，促进其内部改革，加速其产业结构调整，更新其管理理念，逐步实现管理科学化，提高企业竞争力，帮助企业走出困境。从历史上看，浙商一直是制度和管理创新的探索和实践主体，要引导海外浙商投资企业完成管理方面的转型升级，从而建立能够应对未来竞争挑战的现代企业(吕福新，2004；2007)。要完善人才竞争机制，主要是出台鼓励人才在海外浙商投资企业尤其是在中小型海外浙商投资企业工作的优惠政策和措施，如使海外浙商投资企业引进的境外员工享有浙江居民同等待遇。大力发展劳动力技能培训机构，规范劳动力市场，为海外浙商投资企业提供需要的产业工人。可以由劳动部门协

调，在周边省份等地设立劳动技能委培点，根据浙江劳务市场对劳动力的需求与要求，由委培点异地招工并培训，然后有组织、按计划输入，既提高了劳动力的自身素质，又解决了企业劳动力紧张问题。

5.在制定投资鼓励政策方面

一是建议建立统一、规范、具体的优惠措施，对全省各市、县现有的各种优惠措施进行清理整顿，废除部分突破政策底线的竞争性的优惠承诺，并且可按照区域经济发展的现实情况，按照经济发展的基础，对省内不同区域进行适当的优惠政策高低搭配。二是为海外浙商投资企业提供一个公平的政策环境，既不利用超国民待遇去好大喜功地吸引投资，也不另外设立门槛，抬高条件阻碍投资，要鼓励和支持海外浙商投资企业公平的参与市场竞争。三是引入优惠政策监督机制。由各地的人大、政协、政府相关部门、行业协会以及侨商企业代表，组成政策执行监督小组，不定期走访海外浙商投资企业和当地群众，了解当地招商主体对区域优惠政策和优惠措施执行情况，听取广大侨商对政府引进海外浙商投资工作的意见和建议，及时反馈有关部门或上一级组织，从根本上克服执行政策随意性问题。

（本章执笔：陈凌、王昊）

本章参考文献

[1]陈凌. 信息特征，交易成本和家族式组织[J]. 经济研究，1998(7)：12.
[2]陈凌，王昊. 家族涉入、政治联系与制度环境——以中国民营企业为例[J]. 管理世界，2013(10).
[3]吕福新. 再论浙商新优势：制度和管理创新[J]. 管理世界，2004(10).
[4]吕福新."浙商"从企业主到企业家的转型研究[J]. 管理世界，2007(2).
[5]于永海，吕福新，唐春辉. 浙商企业网络的生态重构[J]. 华东经济管理，2014(5).
[6]张仁寿，杨轶清. 浙商：成长背景、群体特征及其未来走向[J]. 商业经济与管理，2006(6).
[7]余长年，姜敏达，李义海. 海外侨商来浙投资发展情况调查报告 2006[R]. 浙江省侨办.

第八章　国际新创企业:基本特征与浙商经验

随着中国国际化进程的加快以及经济全球化整合的加深,国际新创企业或天生国际化企业①作为一种不同于传统的企业组织形式随之涌现。近几十年来,这种组织形式不断得到理论界和实业界的关注。本章主要介绍什么是国际新创企业,国际新创企业具有哪些主要特征,浙商国际新创企业的相关经验有哪些。以下分析不仅从理论上对国际新创企业的概念进行明确界定,利用对2700家民营企业的调查数据来系统分析国际新创企业的主要特征,还基于个案分析对浙商国际新创企业的驱动因素和绩效等相关问题进行深入探讨,以期为相关实践提供理论依据和经验参考。

第一节　国际新创企业的界定

伴随着创业型经济的兴起和经济全球化的发展,一种不同于传统企业组织形式的组织产生和发展起来了。这种组织在成立之初就开始进行国际化活动。

---

① McDougall(1989)以实证研究比较了国内新创企业和国际新创企业的不同,这拉开了对于国际新创企业研究的序幕。1993年,"天生的国际化企业(Born Global)"这一概念由麦肯锡公司首先在一份报告中提出,用来表示那些从一成立即选择国际化的企业。1994年,Oviatt和McDougall所发表的论文"国际新创企业理论",首次提出了国际新创企业(International New Ventures)的概念。在国外的研究中还出现了许多其他的称谓,比如Instant Internationals(Preece,1999)、Global Start-ups(Jolly,1992)、Born Globals (Knight和Cavusgil,1996;Madsen和Servais,1997)、Infant Multinationals (Lindqvist,1991)等,这些称谓没有非常明显的定义区别(McDougall和Oviatt,2003)。International New Ventures和Born Globals是在学术文献经常使用的术语。

它们将产品销往一个或多个国外市场，并且在国外市场上与成熟企业展开竞争。这种新型组织最早被麦肯锡这家国际著名管理咨询公司在澳大利亚发现，随后在世界各国不断涌现，引起了企业界和理论界的关注。国际商务著名学者McDougall和Oviatt在1994年发表了"国际新创企业理论"一文，对国际新创企业(International New Ventures)进行了概述和定义，称其为成立之初就在超过一个国家进行产品销售和使用当地资源并以此来获得竞争能力的组织。这一标志性的论文使得企业界和理论界越来越关注国际新创企业在国际市场上所发挥的越来越重要的作用。随后，经济合作组织(OECD)的一份报告也承认了这一现象，并指出，虽然大多数创业型企业的活动范围限制在国内市场，但不可否认的是越来越多的新创企业正在参与全球化。众多事实证明，国际新创企业的产生、凸显和不断发展将是一种越来越普遍的现象，而不仅仅是个例。但目前对国际新创企业的研究显然还是滞后的，尽管最近几年发展迅速。

我们可以从如下几个方面来识别一家企业是否为国际新创企业。第一，作为一种典型的国际创业活动，进行早期国际化是国际新创企业必须具备的要素。也就是说，国际新创企业是在成立初期就在超过一个国家进行国际化经营来获得竞争力的组织。第二，国际新创企业是处于初创阶段的企业。一般认为企业成立8年之内的企业可以称之为为新创企业，最大年限可以到16年。

随着中国加入世界贸易组织，中国的国际化进程不断加快，中国与世界上其他国家的经济往来也越来越密切，随之涌现了一批国际新创企业。但是，国际新创企业的国际化过程既不同于传统企业的创业模式和国际化道路，也与传统意义上跨国公司的全球化经营模式相异。而且，国际新创企业具有与生俱来的资源以及规模上的劣势，使得它们在国际市场经营的风险大大增加。那么，为什么世界范围会不断涌现国际新创企业？为什么不少国际新创企业能够在激烈竞争的国际市场取得成功？

第二节　国际新创企业的特征

本节主要探讨的是国际新创企业的特征。利用对中国2700家民营企业的调查数据，我们将首先比较非国际化企业和国际化企业的特征区别，在了解国际化企业特征的基础上，我们进一步分析国际新创企业的主要特征。

一、国际化企业与非国际化企业的特征比较

1. 行业分布比较

在所调查的2700家民营企业中，发现其中2051家为非国际化企业，国际化企业数为649家。从制造业、服务业和零售业这三大行业分类上看，在非国际化企业中，制造业企业1140家，占56%；服务业企业765家，占37%；零售业企业146家，占7%。在国际化企业中，制造业企业552家，占85%；服务业企业85家，占13%；零售业企业12家，占2%。虽然两类企业在行业分布上都是制造业占比较大，但总体上国际化企业比较多地发现在制造业(见图8-1和图8-2)。

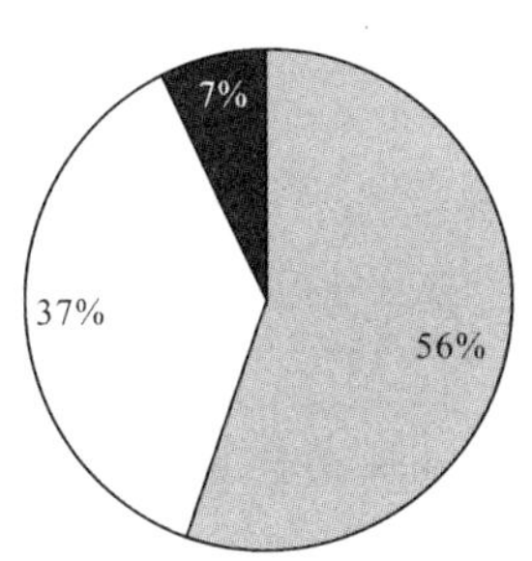

图8-1 非国际化企业的行业分布

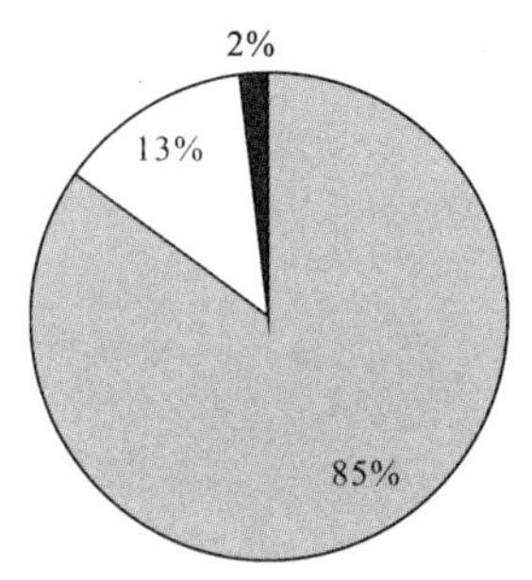

图8-2 国际化企业的行业分布

尽管制造业在非国际化企业和国际化企业中都占着非常重要的比例，但进一步分析发现，非国际化的制造业企业中又以金属制品、食品制造、化学制品、电子产品制造、塑造制品等企业居多；而在国际化的制造业企业中，以纺织、服

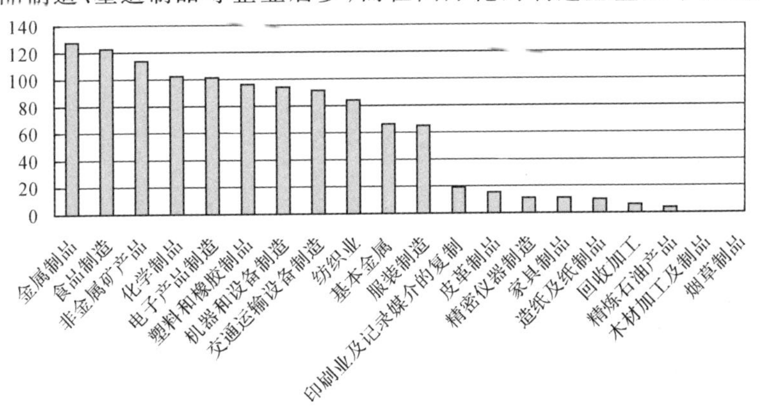

图8-3 非国际化企业中制造业企业行业具体分布情况(单位：家)

装、电子产品制造、机器和设备制造为多(见图 8-3 和 8-4)。但我们很难说,行业是中国民营企业国际化的一个关键因素。

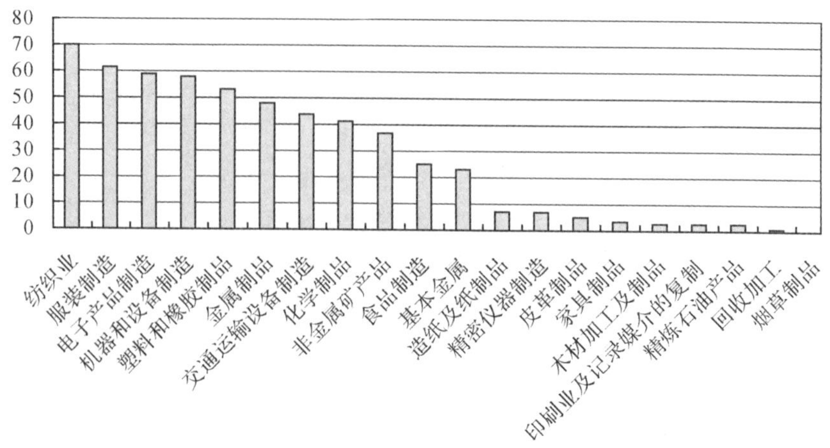

图 8-4　国际化企业中制造业企业行业具体分布情况(单位:家)

2. 企业年龄比较

从统计结果来看,成立时间在 6 年之内的企业所占比重很小,企业成立时间在 12 年以上的企业占的比例最多,一大部分企业的年龄集中在 6～12 岁。除此之外。在国际化企业中,各有 35%的企业的年龄在 7～12 年和 17 年以上,27%的企业的年龄在 13～16 年,只有 2%的企业的年龄在 6 年以下;在非国际化企业中,42%的企业的年龄在 7～12 年,年龄在 13～16 年的企业占 28%,26%的企业的年龄在 17 年以上,4%的企业的年龄在 6 年以下。可见,国际化企业和非国际化企业在年龄分布方面并无明显差别(见图 8-5 和图 8-6)。

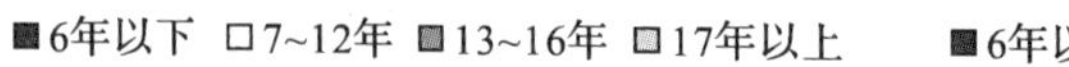

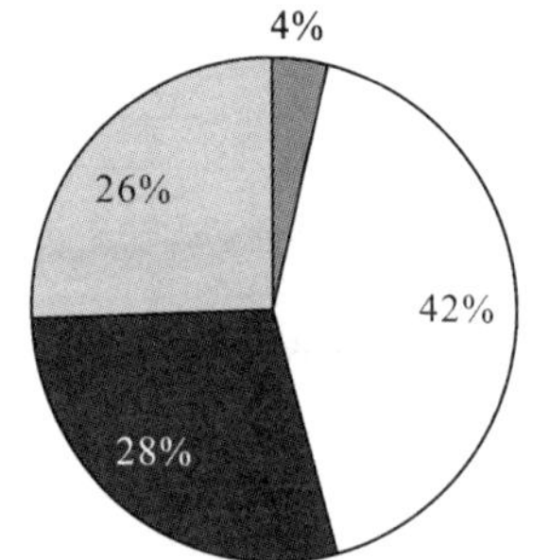

图 8-5　非国际化企业年龄分布图

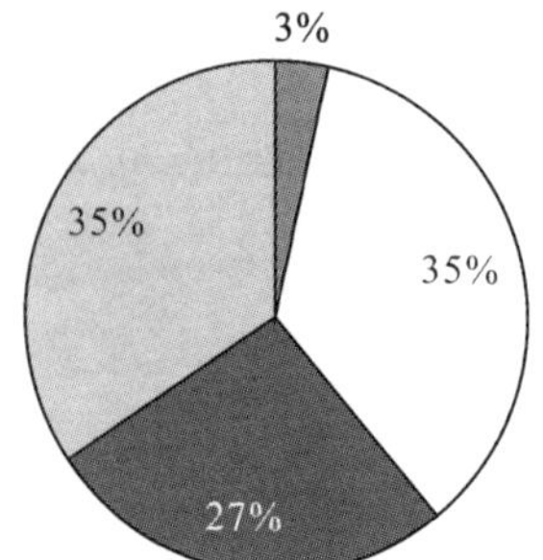

图 8-6　国际化企业年龄分布图

3. 企业规模比较

对于企业规模，本文采用 Yusuf 等(2002)和 Lee 等(2001)的做法，通过企业员工数来测度企业规模。企业规模主要分为三类：微型企业(员工人数小于等于 19 人)；小企业(员工人数大于等于 20 人，小于等于 99 人)；大中型企业(员工数大于等于 100 人)。从统计结果可以看出，非国际化企业的规模分布较为均匀；而对于国际化企业，小型规模企业所占的比例很少，大中型规模企业占 55%，这说明企业规模是企业国际化的一个重要特征(见表 8-1)。

表 8-1　企业规模情况描述

项目	项目类别	百分比(%)
非国际化企业	微型企业	26
	小等企业	38
	大中型企业	36
国际化企业	微型企业	9
	小等企业	36
	大中型企业	55

二、国际新创企业的特征

根据第一节对国际新创企业的介绍，在本章中，国际新创企业指的是成立时间在 12 年以内有国际业务的企业。从理论上讲，国际新创企业有一些区别于一般企业的独特特征：(1)全球化的视角；(2)拥有广阔的国际网络；(3)拥有领先的技术；(4)公司产品和产品的延伸服务密切相关；(5)公司的各个部门在世界范围内紧密配合；(6)公司的管理者具备国际经验。其中，全球化的视角、拥有广阔的国际网络和公司管理者具备国际经验这三个特征对于国际新创企业来说显得尤为重要。在国际新创企业的能力特征上，Ram Mudambi(2000)指出，国际新创企业的主要特征是拥有独特的知识和国际社会网络。在国际新创企业的文化特征上，Covin 和 Slevin(1991)指出，国际新创企业具有创新、积极和寻求风险的特征；Knight 和 Cavusgil(2004)强调了国际新创企业所具有的创新文化。除上述之外，还有学者认为国际新创企业最突出的特征是它们所具有的领先于竞争对手的识别和追求机会的能力(Shane 和 Venkataraman，2000)和突破企业本身资源限制的能力(Zahra 和 Dess，2001)。

除了这些特征，相对于成熟企业，国际新创企业还具有先天上的劣势。首

先是年龄劣势。一般而言，国际新创企业在年龄上都较为年轻，从某种程度上来说，相对于成熟企业，它们会缺乏一定的经验和资源。其次是规模劣势。新创企业的规模都相对较小，因而它们的资金资源、人力资源等都相对有限。最后是外来者劣势，国际新创企业需要面对国际市场在消费者、市场环境等方面的特殊性。下面，我们对 248 家国际新创企业进行特征分析。

1. 行业分布

从大行业分类上看，有 85％的国际新创企业为制造业企业，在服务业和零售业所占的比例很小(见图 8-7)。在制造业中，国际新创企业主要集中在纺织业、服装制造业和电子产品制造行业，总体上都是劳动密集型行业以及一些新兴的科技型行业，这也与中国产业经济的优劣势现状相符(见图 8-8)。

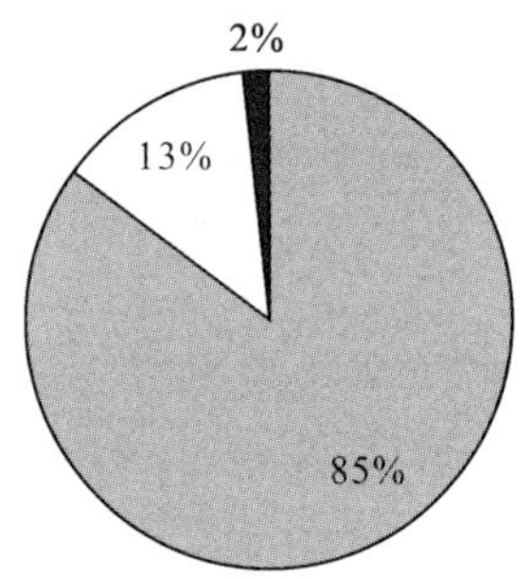

图 8-7　国际新创企业行业分布情况

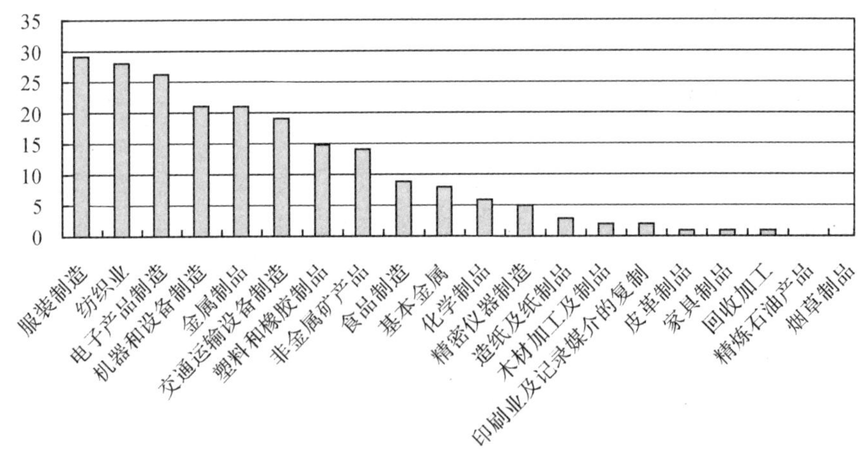

图 8-8　国际新创企业中制造业企业行业具体分布情况(单位：家)

2. 年龄分布

从样本统计的结果来看，成立时间在 6 年之内的企业所占比重很小，为 9%；较大部分企业年龄集中在 6～12 岁这个区间，占 24%；成立时间在 9～12 年这个区间的企业占了很大比重，为 67%(见图 8-9)。这也说明，由于中国市场经济起步较晚，新创企业在资源和能力方面的劣势较为明显，所以，国际新创企业的年龄可能要大于西方发达国家的国际新创企业。

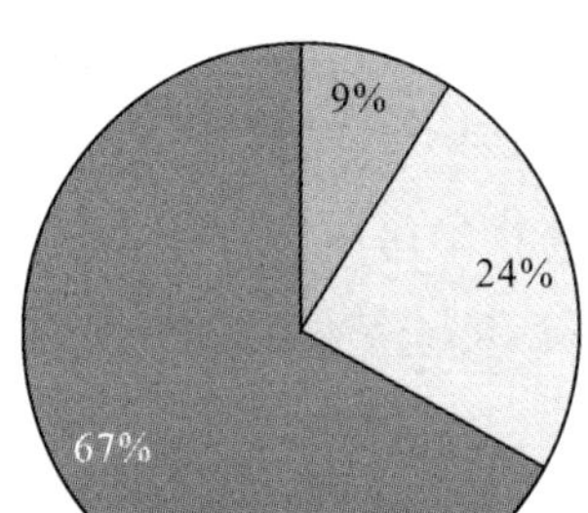

图 8-9 国际新创企业年龄分布

3. 企业规模

从统计结果可以看出，国际新创企业小中等规模和大中型规模企业占大多数，分别占 34%和 52%(见表 8-2)。可见，国际新创企业往往是规模相对较大的新创企业，因为资源和能力是企业成功早期国际化的一个关键因素。

表 8-2 国际新创企业规模情况描述

项目	项目类别	频次	百分比(%)
国际新创企业	微型	34	14
	小等	84	34
	大中型	130	52

4. 首次国际化时间

首次进入国际市场的时间代表企业国际化的速度。相关研究指出，早期国际化的公司比起那些首次国际化晚一些的企业可能有“先行的学习优势”。通

俗地讲，企业进入国际化时间越早，那么这个企业在国际市场上学习得越快，因为年轻的国际化公司具有学习的灵活性，这种灵活性来自更少的本国的工作惯例的束缚、更少的植根于本国活动的政治权利以及对外国或国内的伙伴更少的关系义务（Autio、Sapienza 和 Almeida，2000；Eriksson、Johanson、Majkgard 和 Sharma，1997）。所以，首次国家化时间对于国际新创企业的国际化决策和后期的绩效非常重要。

首次国际化时间以企业进行第一次出口时的企业年龄来测量。从企业首次进入国际市场的时间来看，在国际新创企业中，绝大部分（占 65%）的企业在成立一年以内就选择进入国际市场，2～3 年就进入国际市场的企业占 22%，这样，87%的企业可以被称作天生国际化企业（Born Globals），其余企业进入国际市场的时间也比较早（见图 8-10）。这很好地说明，国际新创企业普遍在较早就进行国际化活动了，天生国际化企业在中国也是常态。

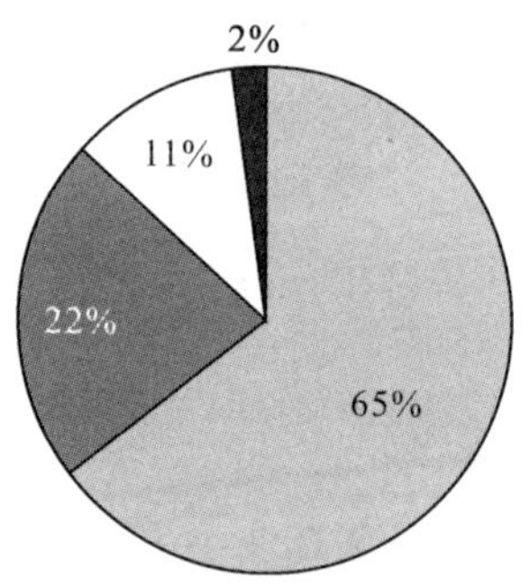

图 8-10　国际新创企业首次国际化时间分布

5. 国际化经验

企业国际化经验是指企业第一次国际化活动至 2014 的年限。企业国际化的经验会对国际新创企业学习、经验积累等产生影响，进而影响企业的绩效（Sapienza 等，2006）。从结果来看，国际新创企业的国际化经验集中在 6～10 年，占 57%；其次是 6 年以下，占了 29%（见图 8-11）。这说明国际新创企业在国际化过程中成功生存下来，并累计了较为丰富的国际化经验。

6. 高层管理者的行业经验

企业家和高层管理者对国际新创企业的作用在很早以前就得到了学者的

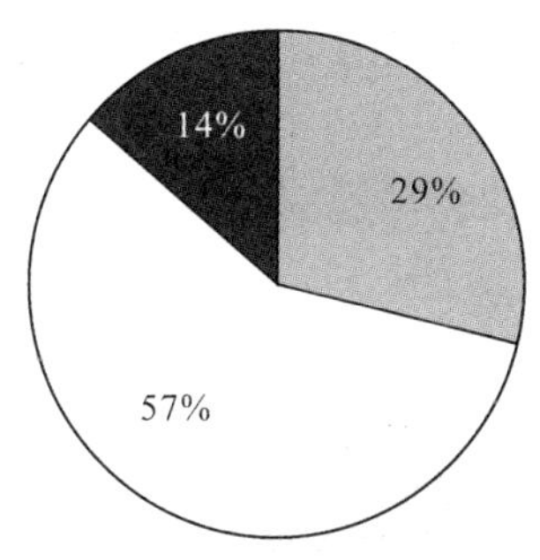

图 8-11　国际新创企业国际化经历分布

关注。他们的背景、工作经验、接受的教育、国际视野等与国际新创企业的绩效相关。在世界银行的调研中，主要调查高层管理者的行业经验。调查中并未指出这种行业经验来自于国内公司或是国外公司。但无可否认的是，对于国际新创企业来说，在各方面资源缺乏的情况下，高层管理者的经验、视野将对其起着战略性的作用。从统计结果来看，51％的高层管理者拥有 10～20 年的相关行业从业经验，人数最多；32％的高层管理者行业经验在 10 年以下（见图 8-12）。

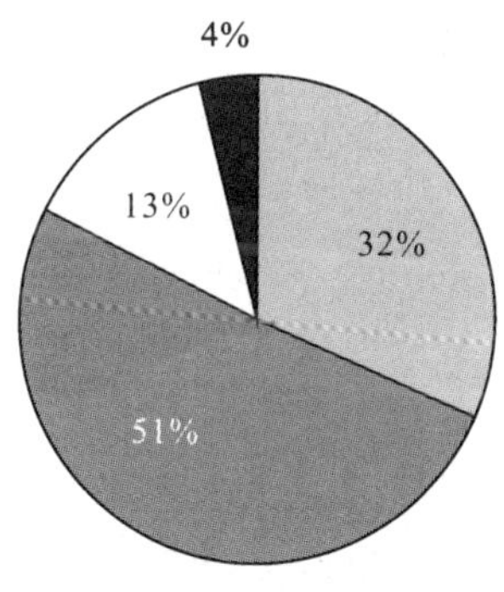

图 8-12　国际新创企业高层管理者行业经验分布

7. 国外市场销售收入比重

有的学者强调了国际新创企业的海外市场销售收入。如，Knight(1997)认为国际新创企业的海外销售收入在总收入的比重不小于 25％，McDougall(1989)认为国际新创企业的标准是至少有 10％的海外销售收入。但是，Zahra

等(2000)却认为这个标准制订得偏高，认为5%比较合理。从统计结果可以看出，国际新创企业销售额来自于海外市场的比重都比较高。只有12家企业的海外市场销售收入占总收入的比重小于等于5%；大多数企业的海外市场销售收入占总收入的比重在25%以上，占企业总数的70%；甚至还有39家企业销售收入100%来自于海外市场，是完全意义上的国际化企业(见图8-13)。

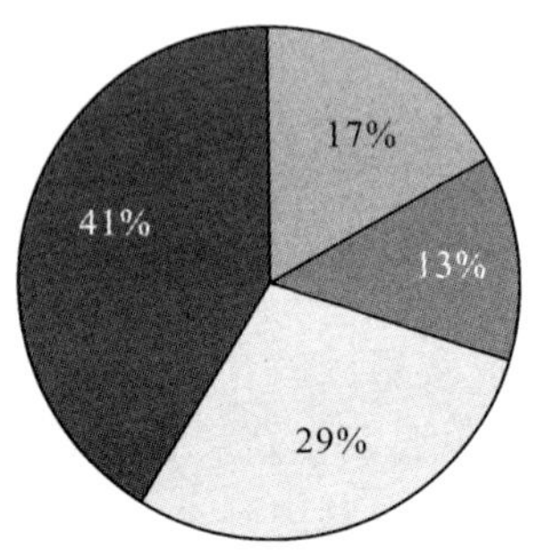

图8-13　国际新创企业销售额来自海外市场比例分布

8. 产品主要销售市场

产品销售的主要市场体现企业的国际化程度和企业的战略布局重点。在这些国际新创企业中，有77家国际新创企业的产品主要销售市场在国外，占比36%；55%的国际新创企业还是把全国市场作为一个比较重要的市场，这也是国际市场和国内市场并举的战略导向。

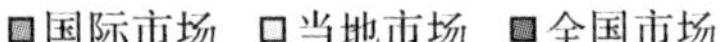

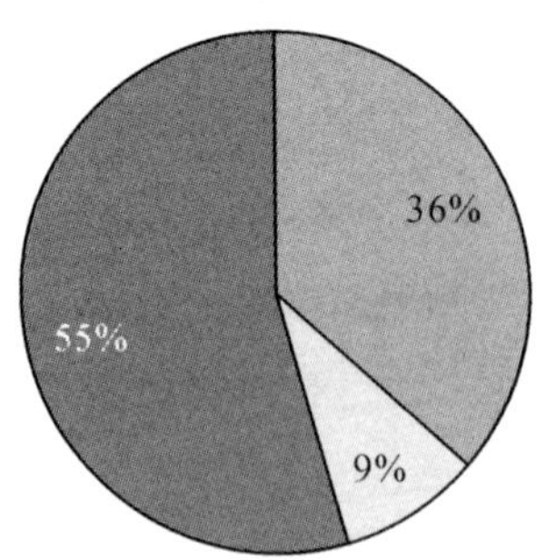

图8-14　国际新创企业产品销售的主要市场分布

第三节　新创企业国际化的驱动因素和绩效实现：浙商经验

一、新创企业国际化的驱动因素

1. 理论观点

国际新创企业为什么选择进入国际市场是学者在研究国际新创企业相关问题时重点关注的议题。学者们从不同的角度提出了不同的观点。比如，Brush 和 Vanderwerf 在 1992 年的研究中提出制度、产业以及组织等因素会促使新创企业走向国际化。Zahra 和 George(2002)提出了企业国际化的行为和效果是多个因素综合作用下的结果，这些因素包括组织、企业所处的外部环境、企业的战略等。Rialp 等(2005)指出，企业无形资源的管理是企业在特定环境中产生持续竞争优势的关键因素，并且也很好地解释了国际新创企业的国际市场进入决策。Zucchella 等学者(2007)对新创企业国际化的动因做出了归纳和总结，在他们看来，这些因素不外乎归为以下四类：一类是受企业管理者的影响；一类是由于企业所处的社会网络；还有一类是归因于企业所处的区位；最后是企业经营发展战略的影响。类似的研究和学者观点还有很多，本节根据以往学者关于新创企业国际化的动因的研究，提出了新创企业国际化动因的多因素模型，并对每个层次下的具体因素进行介绍和总结。

(1)外部环境因素

新创企业所处的环境影响了企业做出是否参与国际市场竞争以及是否进入国际市场的决策。一些学者很早就认识到环境因素对于企业决策的重要性(Boyd 等，1993)。总体上，国内和国际市场的竞争的激烈程度、国内市场的成长空间、东道国和目标国的制度完善程度、行业自身的技术属性以及地理等外部环境因素都会影响企业是否在早期就进行国际化(见表 8-3)。

表 8-3　外部环境层面对新创企业国际化的影响因素

因素细分	研究成果
国内竞争强度	● 国内市场饱和程度是企业早期国际化的一个驱动因素(Karagozoglu 和 Lindell，1997)

续表

因素细分	研究成果
国际竞争激烈程度	● 国际新创企业在国际竞争激烈的行业竞争(McDougall,1989) ● 国际竞争的强烈程度是高新科技新企业快速国际化的一个重要原因(Coviello 和 Munro ,1995)
有限的国内增长	● 国内市场的有限增长是高新科技新企业快速国际化的主要原因(Coviello 和 Munro,1995)
制度环境	● 新创企业倾向进入的国家拥有更有利于创业的规章制度,或者对知识产权更好的保护、更少的腐败、更加透明和健全的资本市场(Lee,2007;Peng,2003;Puffer 和 McCarthy,2001)
行业类型	● 高科技行业企业通常在企业生命周期的早期阶段采取国际化经营方式(Zahra 等,1997) ● 快速的国际化在高科技企业中频繁出现,原因在于在技术密集产业中研发投入较大,新创企业需要去追寻更大的国际市场来获得与投入相当的回报(Jones 和 Coviello,2005) ● 相较于其他行业,服务型企业不倾向于参与国际化(Burgel 和 Murray,1998)
地理位置	● 在商业发展中心的企业选择国际化经营的速度更快,国际化的水平更高(Beamish ,1999 ;Shalllla,1998)

资料来源:作者根据相关资料整理。

(2)企业家和高层管理者因素

越来越多的学者和研究关注到了创业者个人和高层管理团队对国际新创企业战略和决策的影响。在研究中,比较关注的点包括企业家和高层管理者的教育、国际经历、视野、行业经验、社会关系等对于新创企业早期国际化的重要性(见表 8-4)。

表 8-4 企业家和高层管理者层面对新创企业国际化的影响因素

因素细分	研究结果
海外工作经验积累	● 企业管理者在国外工作生活的经历和经验对新创企业的国际化速度和成功率有促进作用(Oviatt 和 McDougall,1994;McDougall 和 Oviatt,1996) ● 大部分国际化的新创企业的经理都有在国内的外国企业工作的经历(Burgel 和 Murray,1998)

续表

因素细分	研究结果
国外教育经历	● 管理者在美国之外所接受的教育与新企业国际化有正向但不显著的联系(Bloodgood 等,1996) ● 比起不进行国际化的新企业来说,进行国际化企业的管理者大部分在国外接受教育(Burgel 和 Murray,1998)
全球视野	● 企业管理者的见识决定了新创企业进入国际市场的速度和成功率(Oviatt 和 McDougall,1995)

资料来源:作者根据相关资料整理。

(3)资源层面因素

国际新创企业的国际化行为和决策受企业所拥有的资源影响,这些资源包括企业所拥有的知识、技术、人际网络等。企业内部不同资源及其不同用途构成了企业竞争优势的基础。知识是国际新创企业最重要的无形资源,是企业在国际市场生存和获得竞争优势的关键来源。国际新创企业所需的知识包括市场知识、制度知识和国际化知识。就国际新创企业来说,知识是促成国际化的最主要的无形资产(Bloodgood、Sapienza 和 Almeida,1996;Carpenter、Pollock 和 Leary,1997)。近年来的研究也显示了以知识为基础的观点和学习理论对于企业国际扩张决策的重要性(Barkema 和 Vermeulen,1998;Eriksson、Johanson、Majgard 和 Sharma,1997)。

国际新创企业处于企业生命周期的早期,面临资源匮乏以及外部环境的不确定性,所以必须通过其他方式来获得企业所需的资源(Vesper,1990),包括资金、设备等有形资源和技术、人才等无形资源。社会资本理论认为:企业的外部网络对于企业国际化的绩效发挥着重要作用。企业可以从社会网络中获取互补性资源,提高战略地位,控制交易成本,学习新技能,获得合法地位,以及积极适应不断的技术变革(Alvarez 和 Barney,2001;Bonaccorsi,1992;Hitt 和 Ireland,2000;Das 和 Teng,1998;Gulati,1995)。国际化社会网络还有助于企业家了解国际市场信息和技术信息等可供决策参考的信息(Bun,2000)。国际新创企业都嵌入在其构建的国际社会网络中。鉴于早期新创企业在资源上的匮乏,案例研究显示社会网络对企业发现新机会、进入外国市场和建立竞争优势至关重要(见表 8-5)。

表 8-5　资源层面对新创企业国际化的影响因素

因素细分	结果
网络	• 社会网络是新创企业成功国际化的重要因素(Oviatt 和 McDougall,1995) • 技术网络与新创企业国际化的状态、速度与程度有正向且显著的关系，并且这种效应在研发投入高的企业更大(Zahra 等,2000)
知识	• 拥有特殊无形资产的新企业能够快速而且成功的进行国际化(Oviatt 和 McDougall,1995) • 知识是促成国际化的最主要的无形资产(Bloodgood、Sapienza 和 Almeida,1996;Carpenter、Pollock 和 Leary,1997) • 技术知识对于企业早期国际化的重要性，因为技术知识会影响到产品适应本地市场的能力和市场活力(Bartlett 和 Ghoshal,1987)

资料来源：作者根据相关资料整理。

(4)企业文化因素

这里所探讨的文化主要指的是企业所具有的国际化导向和创业导向。国际新创企业的创业导向包括三个维度：先行性、创新性和风险承担性(Oviatt 和 McDougall,2000)。企业进入国际市场的时间和国际化的行为可以看作是企业创业导向的一个体现。Zahra 等(2000)认为，尽管新创企业由于新企业劣势将增大其失败的风险，但是早期进入国际市场可以给企业增长创造的机会。因为随着企业不断地适应外国的商业环境，新创企业可以从它们的经验中学习，这种知识将有可能提高企业的总体绩效。许多研究新创企业国际化的学者都认为早期国际化的新创企业的一个重要优势就是它们的创业导向。这可以使企业快速地发现国际市场机会并相应地提高自己的能力来获得成功。McDougall 等(1994)认为许多新成立的企业进入国际市场是因为它们独特的创业导向和视野。创业导向可以使企业发现和利用其他企业所忽视的市场机会。因此，这类企业的创业导向促使了企业的早期国际化，进而促进了企业绩效的增长。很多学者的研究表明，企业所具有的创业导向是企业做出早期国际化决策和后期绩效的重要决定因素(Jones 和 Coviello,2005;Knight 和 Cavusgil,2004;Oviatt 和 McDougall,1994;Zahra,2005)。

2. 浙商经验

浙商中涌现出了不少国际新创企业。我们选择两家典型的浙商国际新创企业作为案例分析对象，原因在于：(1)这两家企业是真正意义上的国际新创企业，它们从成立不久就开展了国际化业务；(2)这两家企业的国际化进入模式比较常见，以出口为主，但其出口的产品和服务却是具有较高技术水准的，这具有学习借鉴意义;(3)尽管很难在较短的时间内判断一家国际新创企业是否成功,但在现阶段看,这两家企业的国际化运营都比较成功。所以,我们以此两家企业作为分析对象,识别其国际化的驱动因素,了解企业国际化成功的内在逻辑。为了深入分析,我们不仅浏览了案例企业的官方网站、参阅了相关文件、新闻报道等文字资料,还进行了实地访谈①,以确保信息的及时性和准确性。

案例企业 A

位于浙江大学科技园的 A 公司是中国最早和最领先的视力障碍辅助器具和设备供应商,其主要产品和服务有电子助视器、智能盲用阅读器、光学助视器、低视力验配、各级客户的方案设计(低视力康复中心、无障碍阅览室、盲校教室)等。该公司由一位浙江大学的博士生在读博士期间成立。公司成立初期以研发为主,团队中一半以上的成员皆为研发人员,后来逐渐扩展到生产和销售领域。

公司在 2007 年成立之初主要在国内市场进行销售。2008 年,国际市场对助视产品的需求特别旺盛,公司以展会为契机,通过与一家加拿大企业的合作开启了国际化的历程。早期的合作模式是,公司只负责设计和生产,销售由代理商负责,双方以一年为一个周期签订合作协议,代理商能完成在协议中拟定的销售量和销售利润,双方继续合作,不能完成就更换代理商或者由公司自己开拓销售渠道。后来,公司发展出了一些更深层次的合作方式,如代理商可以提出所需产品的数量和要求,公司根据对方要求进行生产;一些具备研发能力的代理商与公司进行技术合作,共同完成技术设计,然后在中国进行生产,最后由代理商在国外销售。公司成立 4 年来,销售额每年翻倍增长,国外代理商已有 40 多家,产品远销 60 多个国家和地区,绝大多数产品销往欧美市场。其电子助视器系列产品均通过美国联邦通信委员会、欧盟等国际认证,受到了国际市场的广泛认可。

公司在视力障碍辅助领域研发实力居国内第一,国际排名前三。公司把"全世界每一位障碍人士的需要都能得到满足"作为公司愿景,把"以人为本——完全针对障碍人士的需求提供产品"和"以诚立业——在我们涉及的一切领域倡导恪守诚信的理念"作为公司宗旨,坚守"创新"理念,致力于为全世界的障碍人士提供性价比最高的科技辅助工具。

① 我们再次感谢两家企业的创始人欣然接受我们的实地深度访谈,提供了很多非常丰富和细节的研究素材。

在成立之初，公司所生产和研发的产品主要供应给政府残联机构。当时公司通过参加上海、北京的一些展会，结识了重要的国外代理商。可以说代理商这个社会网络是A公司进入国际市场的一个重要机遇和契机。但是，仅有这个机会还是远远不够的。对于A公司来说，高层管理者的语言能力以及创业导向对公司的国际化之路起着举足轻重的作用。在展会上以及展会后，企业的创始人能够与这个潜在代理商进行有效的沟通，这对于建立国际合作关系至关重要。A公司的创业导向使得公司紧紧抓住以国外代理商为切入点进入国外市场这一契机，具体来说创业导向体现在公司对风险的承担上。当国外代理商来寻求合作时，公司创始人坦陈当时他们对海外市场是一无所知的，而且公司的三位创始人都没有相应的业务、创业和国际经历。用他们的话说“我们当时做第一个产品时真是什么都不懂”，“我们当初对海外市场一无所知”，“我们对创立公司都没有经验”。但是，难能可贵的是他们还是选择抓住了国外市场的机会。可以说，公司的创始人充分认识到进入国际市场的风险，但是显然国际市场呈现出的机会对他们来说更有吸引力，所以他们选择承担这种风险。

正是因为公司创始人良好的英语沟通能力、公司对风险的有效承担所体现出的创业导向以及通过展会所获得的加拿大市场的社会网络，A公司成功地将公司产品打入了国际市场。当时，国际市场对视力辅助产品的需求非常旺盛，这个市场处于上升趋势。从此，A公司开启了国际化发展之路。迄今为止，A公司在全球已有三四十家全球代理商，销售网络覆盖全球，销售额每年基本上以2倍速度增长。可见，创业导向、社会网络和语言沟通能力是驱动该公司成功进入国际市场的三个重要因素。

案例企业B

B公司成立于2007年，坐落于浙江大学科技园，专注于信息与网络科技的研发与运营，注册资金1000万人民币。公司下辖网游、互联网与教育三大事业部。公司秉承着“只做精品游戏”的理念，在短短几年间已成长为全球领先的游戏研发公司，产品线涵盖角色扮演ARPG、横版战棋RPG、策略类RPG、战争类SLG、休闲游戏、手机游戏等。公司团队成员均来自以浙江大学为首的全国各高校。创始人是浙江大学软件工程专业本科毕业生，在此前曾有多次创业成功经历，涉及餐饮行业、数据恢复行业、培训行业等。随着市场扩大以及公司迅猛发展，业务逐渐遍布全国，广受大家青睐。其他几位创始合伙人是浙江大学的硕士生，是一支年轻而专业化的管理团队。

B公司的国际化进程主要由以下几方面的因素驱动：首先，公司拥有的技术能力和力量是开展国际合作和走向国际市场的前提和基础。B公司拥有众多对网络游戏有深入研究的优秀技术人员、创意人员，以及拥有多年游戏运营经验的管理者，使公司在同行业中始终保持领先的技术实力。公司所具有的技术积累使其有信心和有能力走向国际化。

其次，外部环境因素促使B公司寻求国际化发展之路。B公司选择国外市场主要是因为它们认为国外市场跟中国市场有很大的区别，中国游戏市场竞争非常激烈，而国外的市场其实竞争没有那么激烈，比如中东地区、东南亚某些国家、欧美的某些国家、欧洲的某些国家，这些国家基本上没有研发能力，它们的市场对于游戏的需求却很强烈。

再次，企业的知识储备和获取是企业做出国际化决策的基础。在选择最终进入国家上，公司对整个国际市场做了一定的了解和学习。公司主要考虑的是欧美市场和中东市场。但是欧美市场竞争比较激烈，最终选定了中东地区，因为中东人口多，市场广阔，中东国家非常富有，人均财产1亿。而那里本地的产品非常少，做得好的游戏只有一两个，且欧美的游戏不是很符合当地文化，综上来说，中东对企业来说是很好的市场。

最后，社会网络使B公司的国际化成为可能。B公司的国际化始于创始人一位叙利亚朋友的介绍，使得几位创始人发现了中东游戏的巨大潜力，于是双方在香港成立了合资公司，正式进入中东国家的游戏市场，开启了国际化的进程。目前B公司在中东、欧美、东南亚等国家的游戏市场广受欢迎。可见，国内竞争态势、技术知识和朋友网络促使该公司成功进入国际市场。

二、战略导向、国际化学习与市场绩效

1. 案例公司A的战略导向

(1)创业导向

公司在国内率先研发助视产品。“这些产品的需求量很大，但主要依赖国外进口，那个时候国内没有一家做”，“我们当时做第一个产品时真是什么都不

懂”。创业者看好市场的潜在需求，并且认为可以通过技术创新生产出比现有产品更好的产品，因此决定成为这个行业的先动者。事实上，公司在创立初期面临着巨大的风险，除了产品本身充满了未知以外，几个创业人员也缺乏相关的技术经验和管理经验。“我们对创立公司都没有经验，很多东西是慢慢学起来的，当时走了很多弯路”。即使在市场份额稳定增长之后，公司还一直在寻找新的增长点，一方面每年推出三四款新助视产品，另一方面尝试将产品扩展到相关行业以寻找新的发展平台。创业者总担心“市场上有一些潮流的东西没赶上，或者新的机会没有抓住”。公司有着把“中国制造变为中国创造”的美好愿景，致力于自主研发和自主创新，创造能为顾客带来满意度更高的新产品。

(2)市场导向

首先，公司有明确的目标客户，“戴着眼镜能看，拿着放大镜能看的，这类人肯定不是我的目标客户。我的目标客户就是戴着眼镜或是拿着放大镜都看不见，但还是想看的人”。公司还将这些目标客户根据需求进行市场细分(低视力患者、老年人和学生)，设计出不同的产品，来满足不同的消费者需求。公司还非常重视用户体验，认为用户体验决定了产品是否能够获得消费者的接受和欢迎。公司努力通过与顾客的面对面直接交流获得用户体验的相关信息，进而开发出不同功能的产品。

(3)技术导向

公司格外注重企业在技术上的研发能力，奉行自主设计，把技术看作是公司进一步发展的重要瓶颈，花很多的精力从国外的企业挖技术人才，建立技术团队，形成自己的研发实力。目前，公司拥有了由多位各前沿学科博士、硕士及资深工程师组成的强大研发团队，研发实力在视障辅具领域居国内领先，国际排名前列。公司成立至今，共研发了 20 多种新产品，拥有全部知识产权，申请专利多项。同时，公司与政府机构、科研院校、国内外上下游厂商有着广泛而深入的合作关系，并参与国家级大型科研项目和国家标准的制订。

2. 案例公司 A 的国际化学习

公司很注重通过国际化学习来支持国际化经验活动。

(1)国外市场学习

在进入国外市场的过程中，公司对各个国家的市场需求情况进行了比较分析。创始团队利用近一年的时间考察欧洲、东南亚、日本、美国、加拿大等国市场。同时，通过参加一些行业内的展会和学术会议，与同行企业和经销商进行交流，加深对行业的了解。比如，公司调查发现东南亚市场的需求比较低端，适合投放低价产品，与其中高端的产品定位不符，所以公司对东南亚市场的拓展很有限。而欧美国家经济发达，社会保障体系相对完善，消费者购买力较强，也更能接受中高端产品价格，因此欧美市场一直是公司国际化进程的主要着力点。代理商也是公司搜集国外顾客需求信息的一个重要渠道。“在跟代理商聊的时候，你更多的时候要引导他的话题，聊完之后你才能更多地从他那里拿到信息”。

(2)国际合作学习

公司的国外销售主要通过当地的代理商，代理商往往成为公司与国外消费者之间的媒介。因此，公司在了解和选择代理商方面做出了很多努力。通过参加展会和朋友介绍，公司结识了很多国家代理商。对于每个潜在的代理商，公司都会搜集详细的资料进行全面的分析，细致到以前代理过哪些产品、现在正在代理哪些产品，还会通过电子邮件和电话与对方进行直接交流。经过多方面的深入了解后，最终选择合适的代理商进行合作。

(3)国际技术学习

公司对国外同行的助视产品进行研究，了解每一个产品所应用的技术平台和技术手段。在公司起步阶段，甚至拆解过所有国外公司生产的助视产品，以了解其技术设计原理。这种深入学习导致公司对国外产品的技术知识非常了解。公司与国外公司合作也进一步提升了学习先进技术的能力。比如与加拿大的代理商开展了深层次的技术合作。使得公司掌握了更多的国外先进技术知识，从而继续维持自己在技术上的优势。

3.案例公司B的战略导向

(1)创业导向

公司的创业导向主要体现在两个方面：一是敢于承担业务转变和经营策略转变所带来的风险；二是在经营方式和管理方式上的大胆尝试。公司成立之初的主要业务是硬盘数据恢复和企业信息化，两年后开始涉足网络游戏领域。对于进入网游行业，当时的公司存在着一定技术风险和市场风险，但创业者认为“一方面蛮有风险，一方面可能也会有蛮大的机遇”，所以还是想“赌一把”[①]。公司在管理模式上也进行了很多大胆尝试和创新。比如，与同行不同，公司以项目奖金而不是以年终奖来确保人员的稳定，而且不以项目完结作为项目结束的标志，而是以市场稳定作为项目结束的标志，通过这样的方式保持了项目的完

① “ ”里面的内容为访谈对象的原话，下同。

整性和人员的稳定性。公司还大胆尝试开展异业合作，也就是与其他行业的企业在各自的产品中进行互相推广。

(2)市场导向

公司的市场导向首先体现在顾客导向上。公司将市场细分为高中生市场和中年人市场。由于中年人的支付能力和支付意愿远高于高中生，因此公司以中年人市场为主，主要针对中年人的需求去设计开发游戏。公司清楚中年市场客户群偏好策略游戏，因此针对性地开发产品。对于游戏的收费方式，为了更好地满足顾客需求，公司十分注重对目标顾客的心理分析，从人性的角度去满足顾客需求，设计出了道具收费模式①。公司的市场导向还体现在竞争者导向上。比如，公司发现国内每年出 400 多款游戏，但只能存活两三款，更新很快，市场竞争激烈。而中东、东南亚等地区国家的电子游戏研发能力较弱，但市场需求强烈，一款就可以在市场上存活四五年，现有的游戏都比较老，处于急待更新的状态。而且，中东市场还少有实力强劲的竞争对手。因此，公司毅然决定进入国外市场，避开了与国内企业的正面竞争。

(3)技术创新

公司在技术创新上投入了大量资源，以技术创新来把握和满足顾客需求。公司拥有自己的技术团队，并建立了一个完整的培养机制，从实习生就开始培养，逐渐建立起了多样化的梯队。所以，公司在成立初期就凭借其突出的技术实力争取到了国外合作伙伴的认可，此后更是通过灵活运用技术知识来构建新技术解决方案来满足顾客的需求。如在完成顾客心理分析之后，通过技术手段来创新收费模式并实现客户价值最大化。

4. 案例公司 B 的国际化学习

对于进入新的国际市场，公司缺乏相关的国际经验，于是开展了一系列富有成效的国际化学习。

(1)国外客户学习

虽然对中东市场的关注源于朋友的介绍，但在进入该市场之前，公司对当地市场的客户需求进行了认真细致的市场调查。通过调查，公司发现中东地区的游戏产品几乎都是欧美和日韩的产品，而且，这些产品只通过最简单的语言翻译，没有经过任何文化上的调整就被推向市场。通过与阿拉伯顾客的沟通交流，公司发

---

① 举例子来说，在游戏过程中，有的时候顾客所扮演的角色为了完成一项任务，需要付出一些代价，而通过购买某种道具，就不用再去付出这样的代价，这就是游戏收费的基本原理。

现阿拉伯顾客非常认同并乐于看到游戏里采用他们的文化符号，“中国人在战场上骑马，他们会骑骆驼，这个简单的变化会使阿拉伯国家的顾客觉得非常亲切”。公司还调查发现，中东国家的游戏用户会排斥国外风格的游戏，更喜欢经过本土化后的游戏。于是，公司在针对中东国家的游戏设计中注重文化的本土化处理，设计出符合当地文化与传统的游戏，使得产品受到当地游戏用户的欢迎。此外，公司对国外游戏消费者的消费模式进行了调查，发现前十名的付费用户占了游戏的总收入的一半左右，因此对这些用户进行深挖，确保留住这些大客户。

(2)国外竞争者学习

公司注重通过国际市场调查来了解国外市场的竞争状况，评估自身的优劣势。公司发现，中国的中小游戏公司有上千家，韩国的游戏公司也有上百家，日本的游戏公司也较多，但阿拉伯国家没有一家本土游戏公司，游戏产品全部来自外国，而且产品的数量和种类都很少，竞争不激烈，市场空间很大。“通过对各国竞争环境的掌握和分析，公司最终决定进入阿拉伯和东南亚这两个竞争对手弱势的市场”。公司也会通过参加一些动漫节等游戏厂商的展会，来研究日韩国家一些处于前沿的竞争对手成功的产品和成功的路径，从中吸取经验与知识，并为自己所用。

(3)国外机构制度学习

由于游戏产业在很多国家属于文化产业，有着明确的文化管制和壁垒。因此，为了顺利开展国际业务，公司在香港成立了中外合资公司。该公司目前主要负责中东地区的业务，未来也可能面向欧美业务。“香港公司的国际认知度和带给别人的信任感相较于大陆会强一些”。这个合资公司的建立为公司国际化提供了有利的条件。

表 8-6 比较了两个案例企业的战略导向、国际化学习与绩效。

表 8-6 案例企业的战略导向、国际化学习与绩效

		案例企业 B	案例企业 A
战略导向	创业导向	敢于承担业务转变和经营策略转变所带来的风险；在经营方式和管理方式上的大胆尝试。	成为行业先动者并承担巨大风险；持续寻找新的技术进行市场拓展
	市场导向	进行市场细分并对顾客进行心理分析；根据竞争环境进行国际化决策，并时刻关注竞争对手	满足不同分区的消费者需求；重视客户体验
	技术导向	大量技术投入；通过技术创新为顾客提供全新的商品价值，并创造新的市场	注重自主研发；建立一流的技术团队；在研发上大量的资金投入

续表

	案例企业 B	案例企业 A
国际化学习	国外顾客需学习：进行游戏产品的本土化；研究当地消费者消费模式； 国外竞争者学习：对各国竞争环境进行国际调查；从竞争对手学习经验； 国外制度文化学习：在香港成立三方控股的合资公司	国外顾客需求学习：通过实地考察进行市场需求调查；通过与顾客沟通获得客户体验信息； 国外公司合作学习：对国外代理商进行细致深入的了解，并与当地市场匹配； 国外先进技术学习：对国外同行业产品进行技术上的研究和学习
国际市场绩效	销售额快速增长，在中东、欧美、东南亚等国际市场崭露头角，在中东市场占有较高市场份额	销售额快速增长，40 多家国外代理商，产品远销 60 多个国家和地区，绝大多数产品销往欧美市场

3. 相关经验总结

通过对两家案例企业的深度分析，我们总体上发现了新创企业的战略导向、国际化学习与国际市场绩效三者之间的可能关系，即战略导向通过影响企业国际化学习进而影响其国际市场绩效。具体地，对于案例企业 A，市场导向促使公司主动了解国外顾客的需求，注重对客户体验信息的搜集，据此设计开发出新产品。对顾客需求的高度重视促使公司对代理商进行认真调查和了解，以选择最能接近当地顾客与最能提高当地顾客满意度的代理商进行合作。为了在技术上跟得上潮流，公司一直强调学习国外先进的技术知识，通过参加展会、学术会议以及与代理商深度技术合作来了解和掌握国外产品的最新技术知识，从而提高企业技术水平。这些国际化学习则促进了企业的成功国际化。如，对国外顾客需求的了解和学习，使得企业能够开发出针对性的产品，与海外公司合作与学习为公司开拓国际市场提供了支持，学习先进的国外技术知识则使得企业保有一定的技术优势，这都成为公司市场竞争优势的重要来源，帮助企业实现快速成长(见图 8-15)。

对于案例企业 B，一方面战略导向影响着公司的国际化学习行为。首先，在香港成立合资公司是公司创业导向的重要实践，合资公司有力地促进了公司深入与中国有着显著制度和文化差异的中东市场，解决了公司在国际市场的合法性不足问题。而在国外游戏市场上的开拓，直接影响了其对国外顾客需求的学习。因此，创业导向影响着公司的国际化学习。其次，由于强调市场导向，公司会积极地去了解和掌握国外目标市场的需求，并据此对游戏设计做出调整，以更好地满足当地客户的需求。对竞争者的关注也促使公司去主动调查了解

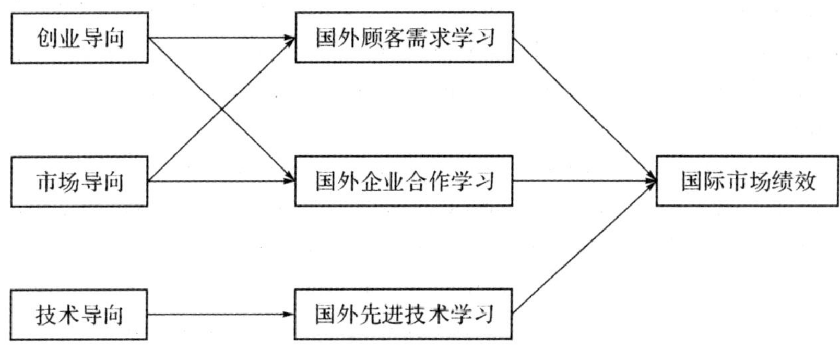

图 8-15 案例企业 A 经验总结

各个国家的竞争环境，以趋利避害，获得竞争优势。最后，对技术的关注导致公司对国外同行产品开展深入的技术学习，并进行超越。另一方面，国外顾客需求学习增强了公司对顾客需求更深入的理解和更好的满足，国外竞争者学习促使公司吸收了大量来自竞争者的先进知识，国际机构制度学习则为公司国际化克服了制度和文化障碍或冲突(见图 8-16)。

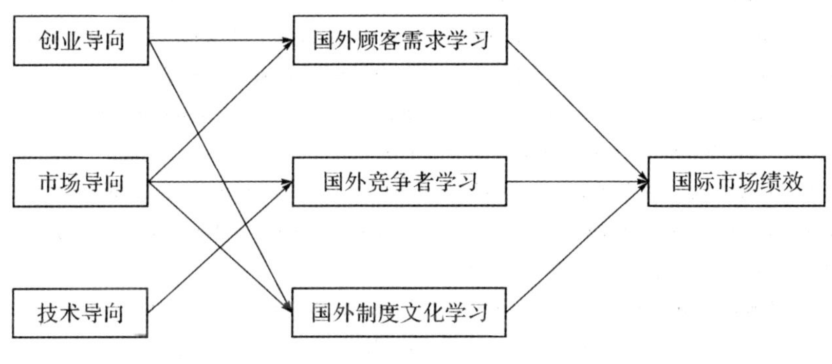

图 8-16 案例企业 B 经验总结

(撰写人：邬爱其、徐宇斐、孙启梦)

本章参考文献

[1]Alvarez S A, Barney J B. How entrepreneurial firms can benefit from alliances with large partners [J]. The Academy of Management Executive, 2001, 15(1): 139-48.

[2]Autio E, Sapienza H J, Almeida J G. Effects of age at entry, knowledge intensity, and imitability on international growth [J]. Academy of Management Journal, 2000, 43(5): 909-24.

[3]Barkema H G, Vermeulen F. International expansion through start-up or acquisition: A

learning perspective [J]. Academy of Management Journal, 1998, 41(1): 7-26.

[4]Bloodgood J M, Sapienza H J, Almeida J G. The internationalization of new high-potential US ventures: Antecedents and outcomes [J]. Entrepreneurship Theory and Practice, 1996, 20: 61-76.

[5]Burgel O, Murray G C. The international activities of British start-up companies in high-technology industries: Differences between internationalisers and non-internationalisers [J]. Frontiers of Entrepreneurship Research, 1998, 18(4): 47-63.

[6]Carpenter M A, Pollock T G, Leary M M. Testing a model of reasoned risk-taking: governance, the experience of principals and agents, and global strategy in high - technology IPO firms [J]. Strategic Management Journal, 2003, 24(9): 803-20.

[7]Coviello N E, Munro H J. Growing the entrepreneurial firm: networking for international market development [J]. European Journal of Marketing, 1995, 29(7): 49-61.

[8]Covin J G, Slevin D P, Covin T J. Content and performance of growth-seeking strategies: a comparison of small firms in high-and low technology industries [J]. Journal of Business Venturing, 1990, 5(6): 391-412.

[9] Das T K, Teng B S. Between trust and control: developing confidence in partner cooperation in alliances [J]. Academy of Management Review, 1998, 23(3): 491-512.

[10] Eriksson K, Johanson J, Majkgard A, et al. Experiential knowledge and cost in the internationalization process [J]. Journal of International Business Studies, 1997, 337-60.

[11]Gulati R. Social structure and alliance formation patterns: A longitudinal analysis [J]. Administrative Science Quarterly, 1995, 619-52.

[12]Hitt M A, Ireland R D, Lee H-U. Technological learning, knowledge management, firm growth and performance: an introductory essay [J]. Journal of Engineering and Technology management, 2000, 17(3): 231-46.

[13]Jolly V K, Alahuhta M, Jeannet J P. Challenging the incumbents: How high technology start—ups compete globally [J]. Strategic Change, 1992, 1(2): 71-82.

[14]Jones M V, Coviello N E. Internationalisation: conceptualising an entrepreneurial process of behaviour in time [J]. Journal of International Business Studies, 2005, 36(3): 284-303.

[15]Knight G. Born Global [M]. Wiley International Encyclopedia of Marketing, 1996.

[16]Knight G A, Cavusgil S T. Innovation, organizational capabilities, and the born-global firm [J]. Journal of International Business Studies, 2004, 35(2): 124-41.

[17] Madsen T K, Servais P. The internationalization of born globals: an evolutionary process? [J]. International Business Review, 1997, 6(6): 561-83.

[18]Mcdougall P P. International versus domestic entrepreneurship: new venture strategic behavior and industry structure [J]. Journal of Business Venturing, 1989, 4 (6): 387-400.

[19][21]Mcdougall P P, Oviatt B M. New venture internationalization, strategic change,

and performance: A follow-up study [J]. Journal of Business Venturing, 1996, 11(1): 23-40.

[20]Mcdougall P P, Shane S, Oviatt B M. Explaining the formation of international new ventures: The limits of theories from international business research [J]. Journal of Business Venturing, 1994(9):469-487.

[21][24]Oviatt B M, Mcdougall P P. Toward a theory of international new ventures [J]. Journal of International Business Studies, 1994, 45-64.

[22]Preece S B, Miles G, Baetz M C. Explaining the international intensity and global diversity of early-stage technology-based firms [J]. Journal of Business Venturing, 1999, 14(3): 259-81.

[23][26]Rialp A, Rialp J, Knight G A. The phenomenon of early internationalizing firms: what do we know after a decade(1993—2003)of scientific inquiry? [J]. International Business Review, 2005, 14(2): 147-66.

[24]Sapienza H J, Autio E, George G, et al. A capabilities perspective on the effects of early internationalization on firm survival and growth [J]. Academy of Management review, 2006, 31(4): 914-33.

[25]Zahra S A. Entrepreneurial risk taking in family firms [J]. Family Business Review, 2005, 18(1): 23-40.

[26] Zahra S A, George G. Absorptive capacity: A review, reconceptualization, and extension [J]. Academy of Management Review, 2002, 27(2): 185-203.

[27]Zahra S A, Ireland R D, Hitt M A. International expansion by new venture firms: International diversity, mode of market entry, technological learning, and performance [J]. Academy of Management Journal, 2000, 43(5): 925-50.

[28]Zucchella A, Scabini P. International Entrepreneurship: Theoretical Foundations and Empirical Analysis [M]. Palgrave Macmillan, 2007.

[29]孙启梦. 战略导向对国际新创企业绩效的影响机制研究[D]. 浙江大学, 2012.

[30]杭州瑞弗科技有限公司网站 . http://lianzhengkeji. cn. alibaba. com/

[31]百度百科,杭州瑞弗科技有限公司. http://baike. baidu. com/view/6306414. htm

[32]杭州天卓网络有限公司网站,http://www. tianzhuo. com/index. html

[33]搜搜百科,杭州天卓网络有限公司 http://baike. soso. com/v30074711. htm

索　引